新疆师范大学智库课题（ZK202314B)阶段性成果

新疆高校科研业务费科研项目(XJEDU2024J153）阶段性成果

新疆师范大学教学工程项目《中学语文学科教学设计》案例式教学方法研究与实践（SDJG2023-29)阶段性成果

中学语文教学案例与研习

赵新华　康金娥　李蓉 主编

Cases and Studies
of Chinese Teaching
in Middle School

天津出版传媒集团

天津人民出版社

图书在版编目（CIP）数据

中学语文教学案例与研习 / 赵新华，康金娥，李蓉
主编 . -- 天津 ：天津人民出版社，2024.5
ISBN 978-7-201-20471-0

Ⅰ . ①中… Ⅱ . ①赵… ②康… ③李… Ⅲ . ①中学语
文课－教学研究 Ⅳ . ①G633.302

中国国家版本馆CIP数据核字(2024)第092452号

中学语文教学案例与研习
ZHONGXUE YUWEN JIAOXUE ANLI YU YANXI

出　　版	天津人民出版社
出 版 人	刘锦泉
地　　址	天津市和平区西康路35号康岳大厦
邮政编码	300051
邮购电话	(022)23332469
电子信箱	reader@tjrmcbs.com
责任编辑	岳　勇
装帧设计	汤　磊
印　　刷	天津新华印务有限公司
经　　销	新华书店
开　　本	710毫米×1000毫米　1/16
印　　张	19
字　　数	270千字
版次印次	2024年5月第1版　　2024年5月第1次印刷
定　　价	58.00元

目　录

▷ **第一章　新闻教学案例与研习** ………………………………001

　新闻"活动·探究"单元教学设计 ……………………………003

　案例研习

　　以新闻的方式学习新闻

　　　——新闻单元教学说明与反思 ……………………………010

　　新闻教学探析 ………………………………………………016

▷ **第二章　说明类文本教学案例与研习** ………………………025

　《中国石拱桥》教学设计 ……………………………………027

　案例研习

　　多维说明,感悟匠心

　　　——《中国石拱桥》教学设计与反思 ……………………033

　　说明类文章教学探析 ………………………………………042

▷ **第三章　小说教学案例与研习** ………………………………055

　《范进中举》教学设计 ………………………………………057

　案例研习

　　一切从教材出发

　　　——《范进中举》教学内容的选择及学习方式的探索 ………062

　　小说教学探析 ………………………………………………076

▷ **第四章　现代诗歌教学案例与研习** ·················089

《我爱这土地》教学设计 ·················091

案例研习

品读红色经典　传承革命精神

——《我爱这土地》教学设计探索 ·················100

现代诗歌教学探析 ·················107

▷ **第五章　中国古代诗词教学案例与研习** ·················121

《行路难(其一)》教学设计 ·················123

案例研习

诗言志,歌咏言

——《行路难(其一)》教学设计探索 ·················131

初中语文古诗词教学探析 ·················139

▷ **第六章　古代写景散文教学案例与研习** ·················157

《三峡》教学设计 ·················159

案例研习

模山范水,描境写景

——《三峡》教学说明与反思 ·················164

古代写景散文教学探析 ·················173

▷ **第七章　古代议论文教学案例与研习** ·················187

《鱼我所欲也》教学设计 ·················189

案例研习

横看成岭侧成峰

——《鱼我所欲也》教学说明与反思 ·················194

古代议论性散文教学探析 ·················202

▷ **第八章　现代议论文教学案例与研习** ……………………**215**

　　《敬业与乐业》思辨性阅读教学设计 ……………………217

案例研习

　　《敬业与乐业》教学设计探索 ……………………………222

　　现代议论性文章教学探析 …………………………………230

▷ **第九章　口语交际教学案例与研习** ……………………**245**

　　《辩论》教学设计 …………………………………………247

案例研习

　　用辩论的方式学辩论

　　　　——《辩论》教学说明与反思 ……………………252

　　"口语交际"专题教学探析 ………………………………259

▷ **第十章　整本书阅读教学案例与研习** …………………**267**

　　祥子的"微信"世界

　　　　——《骆驼祥子》整本书阅读教学设计课例 ………269

案例研习

　　《骆驼祥子》整本书阅读教学说明与反思 ………………278

　　整本书阅读专题教学探析 …………………………………285

▷ **后　记** ……………………………………………………**295**

第一章
新闻教学案例与研习

第一章

新闻"活动·探究"单元教学设计

【教学目标】

1.区分不同新闻体裁的特点,初步形成新闻阅读能力,学会撰写新闻作品,言之有据地表达。

2.通过熟悉新闻采访的一般步骤和方法,培养学生采用合理、科学、有效的方法多方面获取事实真相的能力。学写采访提纲,理解新闻采访与新闻写作的关系。

3.学习跨媒介阅读与交流,体会媒介的多元性和丰富性。学会根据评价量表进行学习评价。

4.创设情境,激发学生自觉践行道德规范,涵养良好品格,弘扬中华传统美德。

【教学重、难点】

1.学会在采访的基础上撰写新闻作品,理解不同体裁、语言形式对建构新闻事实,表达写作意图的不同作用。

2.尝试探究不同媒介的表达特点,根据目的与对象选择合适的媒介进行交流与沟通。

【教学创意】

本设计将单元任务统整在同一主题情境下展开,党的二十大胜利召开,为塑造新时代中国特色社会主义合格建设者和可靠接班人,营造良好的社会风尚,学校"红心向党"记者站要推出一期"发现我身边的'美德少年'"主题报刊,现面向八年级学生征集小记者,寻找我们身边的"美德少年",将其故事通过新闻报道出来,辑录出刊,献礼党的二十大。设计三个学习任务,学生在新闻阅读、新闻采访的基础上进行新闻写作,并为后期制作新闻小报或新闻网页提供素材,最后结合评价量表进行评价,充分体现学生的主体性与语文课程实践性的特点。

【教学内容】

一、任务播报

党的二十大胜利召开,为塑造新时代中国特色社会主义合格建设者和可靠接班人,营造良好的社会风尚,学校"红心向党"记者站要推出一期"发现我身边的'美德少年'"主题报刊。现面向八年级学生征集小记者,寻找我们身边的"美德少年",将其故事通过新闻报道出来,辑录出刊,献礼党的二十大。

二、任务内容

小记者们需要勇闯三关,每一关都有一项活动任务,只有完成本关任务才能进入下一关,连闯三关,通关就能收获"记者证"一枚,正式成为学校"红心向党"记者站的小记者。

任务一:辨体识裁,思辨异同

在新闻阅读学习中,我们了解到本单元的新闻作品体裁不同,写法各异。小记者们第一关的任务是:比较五篇不同体裁的新闻作品,思考、辨析异同,完成下列表格。

出示表格,学生自主填写。

表1-1　各类新闻体裁特征对比分析表

篇目	新闻体裁	时效性	篇幅	结构特点	报道对象	表达方式
《消息二则》	消息	强	短	包含标题、电头、导语、正文、结语	事件主要信息	以叙述为主
《首届诺贝尔奖颁发》	消息	强	较短	包含标题、电头、导语、正文、结语	事件主要信息	以叙述为主
《"飞天"凌空》	特写	有一定的时效性	较长	无电头、导语	截取新闻事件中的某一个场景	以叙述、描写为主
《一着惊海天》	通讯	弱	长	无电头、导语	事件的整体与全貌，包括相关背景和细节	以叙述为主，包含多种表达方式
《国行公祭，为佑世界和平》	新闻评论	有一定的时效性	较长	无电头、导语	围绕新闻事件，重在讲述作者观点	以叙述、议论为主

小结:把新闻当作"新闻"来读,消息、新闻特写、新闻通讯、新闻评论,在呈现新闻事实时侧重点各有不同。消息的任务是"报道新闻事件",新闻特写是"描绘新闻瞬间",通讯是"讲述新闻故事",评论则是"阐释新闻观点"。在报道对象、结构、表达方式等方面都有各自的特点。把握不同新闻体裁的特点,学会分析新闻要素、梳理新闻结构,把握不同新闻体裁语言独特的表现力。掌握新闻阅读方法,学会通过多种媒介阅读新闻。

任务二:迁移知识,学习采访

在第一关中,我们认识了不同的新闻体裁,了解了不同体裁新闻各自的特点。第二关的任务是新闻采访。已经给小记者们一周的时间,来发现身边"美德少年"的感人故事,根据自己列出的采访提纲对其进行实地采访,相信小记者们搜集到了很多新闻素材,这节课就来展示我们的采访成果吧!

1.回顾采访准备。

(1)认识"新闻采访"。

新闻采访是指记者为获取新闻对客体进行观察、询问、倾听、记录和思索等活动。新闻采访是新闻写作的前提,是一种特殊的调查研究。采访是获取第一手资料的重要手段,也是记者的基本功。"采",选取、搜集;"访",向人询问、调查。

(2)明确采访任务。

从"尊师孝亲""自立自强""诚信守礼""勤学好思""热心公益""尽责奉献""助人为乐"这六方面来寻找、发现"美德少年"的感人故事,草拟新闻提纲并对其进行实地采访,为体现其突出的道德品质搜集新闻素材。

(3)制定采访方案。

①确定采访主题:宣传身边榜样,弘扬美德风尚。

②选择确定采访对象:根据采访主题,通过观察或询问的方式寻找并选定采访对象。

③联系采访对象:提前约定采访主题和采访地点,如有必要还可以提前沟通采访内容。

④明确采访方式:现场采访、电话采访、微信语音或视频采访。

⑤采访时长和采访时间的约定:与受访者提前进行沟通。

⑥采访场所的准备:适合采访的相对私密、安静一些的环境。

⑦其他准备:心理准备、礼仪准备等。

(4)草拟采访提纲。

表1-2　采访提纲

采访时间	X年X月X日
采访地点	校园X处
采访对象	在同学中表现突出的具有XX品质的"美德少年"
采访目的	学习美德、践行美德、弘扬美德
采访方式	拍摄照片、视频、笔录、录音、观察、调查、走访
采访器具	纸、笔、手机、照相机、录音笔等
采访问题	由小记者自主拟定3—5个问题
小记者签名	

学生活动：

根据以上提示，自主准备采访问题。确定采访核心点、设计合理问题串。

2.反馈采访成果、交流采访心得。

历时一周的采访活动已经结束了，请同学们将手中收集到的素材和采访提纲进行展示。

学生展示交流采访提纲

小结：

访前搜集分析拟提纲　　　问题逻辑要清晰

紧扣主题由浅入　　　　　搜集素材有主次

访中观察倾听提问题　　　随机应变想对策

善用一些小技巧　　　　　采访效果大提升

访后去粗存精理材料　　　疏通文字选重点

补充核实很重要　　　　　真实典型有价值

任务三：运用所学，践行写作

新闻阅读和新闻采访两个任务，小记者们已经顺利通关，现在迎来了终极挑战——新闻写作。

每位小记者都进行了人物采访，认识了一位你心目中的"美德少年"，了解了一段感人的故事。请从采访所得的素材中选择新近发生的典型的能突出"美德少年"精神品质的故事，运用学习的新闻知识，结合新闻采访所得素材，参考老师给出的评价标准，写一则300字左右的消息，写成后尝试评价。

表1-3　消息写作评价量表

评价项目	目标与要求	自评	互评	修改意见
新闻要素	具备新闻"六要素"，何时、何地、何事、何人、何故、如何（20分）			
标题	简明、醒目，紧扣新闻要素，吸引读者（20分）			

续表

评价项目	目标与要求	自评	互评	修改意见
结构	按照重要性递减的原则，采用"倒金字塔"结构，结构合理、完整（20分）			
导语	简明扼要、突出重点、浓缩新闻事实（20分）			
语言	准确客观、简洁明了、凝练易懂（10分）			
时效性	记述新近发生的新闻事件，时效性强（10分）			
写作特色（加分项）	在不违背新闻真实性的前提下，讲述故事、表现场面、描写细节、渲染气氛（根据突出特色赋分）			

学生活动：

1.学生参考评价量表自主完成消息写作。

2.学生参考评价量表给自己的新闻作品打分。

3.生生互评，根据自己的评价结合同伴给出的修改意见，修改完善自己的新闻作品。

三、任务小结与评价

"红心向党"记者站要对小记者们参与此次活动的三项任务进行考核评价，以个人自评、同学间互评与老师评价相结合的方式进行。评选出的五位优秀小记者，将推荐到学校记者站，获得"红心向党"记者站记者证。

表1-4 新闻单元学习评价量表

评 价 点	根据目标达成度赋分	个人自评	同学互评	教师评价	最终评价
新闻知识体系的建构	20分				
新闻采访方法的习得	15分				
新闻作品的撰写	15分				
新闻阅读方法的掌握	10分				
报纸或新闻网页的编辑制作	10分				
自我评价角度和方法的掌握	10分				
对身边时事关注度的提高	10分				
根据目的与对象选择合适的媒介进行交流	10分				

四、活动小结

通过本次小记者"闯关之旅",我们在比较中了解了新闻"用事实说话"的基本原则,认识了不同新闻体裁的特点,完成了新闻采访和新闻写作的实践探究任务,愿同学们养成关注时事和自主思考的习惯,形成求真求实、冷静客观的思维方式。

五、布置作业

基础型:将自己所写消息转化为一则人物通讯或事件通讯。

发展型:以小组为单位将新闻采访中拍摄的图片和视频,采写的新闻作品进行收集、整理,形成报纸或者新闻网页,在学校官网进行展播。点赞数最高的三组作品将推荐至本市晚报"少年专刊"栏目。

拓展型:利用短视频平台完成"我与央视名嘴一起播新闻"特效合拍。要求:普通话标准,大方自然,富有感染力。

案例研习

以新闻的方式学习新闻

——新闻单元教学说明与反思

摘要

　　新闻教学在统编教材中以学习任务单的方式组织语文学习活动,强调真实情境下的语文实践活动。特殊的单元组织形式,三个学习任务,分层分步实施,呈阶梯状排列,具有层递性。活动任务均与文体相适应,既有具体的学习任务要求,又有详尽的实施方法指导,促动教师重新思考教学方式,以活动任务代替"篇篇精讲",引导学生整合语文学习资源,建构语文知识体系,在语文实践活动中提升语文核心素养,培养语文综合实践能力。

　　本案例意在落实发展型学习任务群"实用性阅读与交流"第四学段的教学要求。执教教师的三次不同思路的教学设计,呈现了构课、磨课与反思的全过程。探寻在具体教学情境中,完成单元教学目标,规划语文学习任务的新思路和新方法。积极发挥多元化评价作用,引导学生"以新闻的方式学习新闻"。

背景信息

　　统编教材中新闻单元的编排设计与《义务教育语文课程标准(2022年版)》(以下简称新课标)中"教材编写建议"要求相吻合。"要落实学习任务群要求,致力于学生核心素养的整体提升,以学生生活为基础,以语文实践活动为主线,创设丰富多样的学习情境,设计有意义的学习任务,引导学生自主学习,主动积累和积极探究。"新闻单元设置意在促使教师重新审视师生双方在语文教学活动中的角色定位,创设真实的学习情境,让学生在语文活动中学习语文,让学生在实践中学习语文,"动"起来,"活"起来,自主实践,建构语文知识体系,形成语文能力,提升语文核心素养。

统编教材将新闻单元安排在八年级上册第一单元,以"活动·探究"单元的身份与师生见面,分为新闻阅读、新闻采访和新闻写作三个学习任务,三个任务由阅读到采访,再进阶到写作,步步关联,层层相扣。新闻阅读是基础任务,学生通过阅读几种常见的新闻体裁作品,对新闻的基础知识及阅读新闻的基本方法,有了初步的了解,为新闻采访和新闻写作打下基础;新闻采访是发现和全面了解新闻事实的过程,其目的是获取新闻事实,为新闻写作积累素材,新闻采访内容基本决定了新闻写作的内容;新闻写作是对新闻知识整合与运用的综合表现。新闻阅读与新闻采访是前提是基础,新闻写作是落脚点。新闻单元读写活动任务的目标定位符合"实用性阅读与交流"学习任务群的教学要求。

案例正文

本单元设置统一的主题情境,主题为"红心向党"记者站的"我心中的美德少年"主题报刊辑录出刊。执教教师拟通过"征集小记者"(八年级学生),报道美德少年的先进事迹"的系列活动,献礼党的二十大。将三个学习任务统整到一个情境中,学生在新闻阅读和新闻采访的基础上进行新闻写作,为后期新闻小报或新闻网页的制作提供素材。最后结合评价量表进行评价,学生的主体性与课程的实践性特点得以凸显。

一、第一次教学设计:立足"教学评价",落实单元写作任务

根据"实用性阅读与交流"学习任务群的学习内容和本单元活动任务单,结合新闻的文体特点,综合学情考量,拟定四个学习目标。一是了解新闻体裁的基本特征,归纳阅读不同类别新闻作品的策略,学会辨析客观事实陈述

和主观意见陈述;二是学会撰写符合不同体裁特点的新闻作品,言之有据地表达;三是学习跨媒介阅读与交流,学会设计评价量表;四是创设情境,激发学生的民族自信心和爱国主义情怀。

活动任务是"红心向党"记者站的"我心中的楷模"主题报刊辑录出刊。执教教师拟通过"征集小记者"(八年级学生),报道"优秀党员的先进事迹"的系列活动,献礼党的二十大。初次尝试拟定两课时完成,两课时均采用任务播报、任务演练(任务实践)任务小结和任务评价的活动任务驱动形式展开。

第一课时的活动主题是完成新闻写作。首先,让学生回顾"任务一"在新闻阅读中积累的新闻知识。以表格形式梳理本单元不同新闻体裁在时效性、篇幅、标题特点、报道对象和表达方式等方面的不同。这种线性梳理方式,学生既能直观感受到不同新闻体裁的特点,又能清晰区分消息与通讯、通讯与特写之间的异同,为新闻写作任务必写一则消息,选做一篇特写或通讯搭建知识支架。接着,寻写法——依托新闻阅读篇目《一着惊海天——目击我国航母舰载战斗机首架次成功着舰》回顾新闻通讯特征。再让学生根据老师出示的评价量表,列出评价标准并用赋分值来区分其重要程度。参考老师给出的评价标准,尝试写一篇新闻通讯。

第二课时的活动主题是创作新闻小报或新闻网页。实践任务一:观察报纸,明确要素。明确:各类报纸,报种属性不同,报道的主题、内容也不同,特色各异。版面设计也风格迥异,有整齐有序的,也有错落有致的。实践任务二:制定标准,量化评价。学生自主设计评价量表,从标题、要素、主题、体裁、内容和排版等方面设计评价量表。实践任务三:学办小报,自主评价。学生4—5人组成活动小组,将之前新闻采访中拍摄的图片、视频和采写的新闻作品进行收集、整理,修改加工后形成报纸或者新闻网页。完成后根据评价量表评价,并进行修改。任务小结与评价采用学生自评、互评和教师点评的方式进行。这一过程既是对整个单元的统整与梳理,又是对单元学习过程、效果的评价与思考。

　　观察以上设计,可以看出本案例强调评价作用,关注了过程性评价和终结性评价作用的发挥,教学评价贯穿在学习活动的始末。将教学的着力点落在新闻写作任务上,主要完成了新闻写作和报纸网页制作,但忽略了单元的整体性,对于任务二的新闻采访只是提到了前期的采访,新闻采访的步骤和方法展示未体现在教学活动中。

二、第二次教学设计:创设学习情境,体现整体性学习

　　初次设计按照常规教学的教法设计,虽然在努力尝试落实本单元的三个活动任务,但是效果不佳,教学活动不够统整,教学课时耗时长。而此次探索设计执教教师将两课时内容整合为一课时,呈现单元的整体性。将新闻阅读、新闻采访和新闻写作都集中呈现在一课时完成。新闻阅读是准备任务,新闻采访是过渡任务,新闻写作是落实终极目标。学生有了单篇学习的基础,了解了不同新闻体裁的特点,然后拟写采访提纲,再将采访得来的新闻素材进行整合,写成消息、通讯或特写。在任务活动中学会交流表达,学会写消息等新闻作品。

　　创设真实的学习情境有助于学生获得更真实的体验和感受。新课标提出:"创设情境,应建立语文学习、社会生活和学生经验之间的关联,符合学生认知水平;应整合关键的语文知识和语文能力,体现运用语文解决典型问题的过程和方法。"初次设计尝试中,教学情境设计为"发现我身边的'优秀共产党员'",学生对于优秀党员的精神,并没有太多的认知。要创设与学生年龄、所处环境相适宜的情境,学生才能有切身的情景感受,更吻合真实情境下的语文教学。此次教学设计探索将学习情境设置为:学校推出一期"发现我身边的'美德少年'"主题报刊。将活动任务设置成闯关活动,三个学习任务变形为三个闯关活动,完成通关就能收获"记者证"一枚,正式成为学校"红心向党"记者站的小记者。以"发现我身边的'美德少年'"作为核心任务,更贴近学生的生活,能激发他们的学习兴趣。

三、第三次教学设计:紧扣"实用性"特点,"以新闻的方式学习新闻"

　　根据"实用性阅读与交流"学习任务群要求,"阅读新闻报道、时事评论等作品,关注社会主义建设新成果。""开展阅读与探究活动,引导学生关注社会,表达和交流自己在生活中的发现和感受。"新闻是反映社会生活的窗口,读新闻能晓天下事,让学生在阅读、采访和写作中体会新闻的传播价值和社会使命。

执教教师再次调整教学策略,抓住新闻的"实用性"特征,将教学设计定位在符合统编教材编写理念和实用类文本的特征上,进行学生的语文学习与生活实际相结合的探究上,教会学生写消息及其他新闻类的作品。突出语文课程的实践性、活动性和探究性。

任务一:辨体识裁,思考异同。区分不同新闻体裁特征,掌握不同写法,构建对新闻这一特殊体裁的整体认知。学生完成表格,教师总结阅读方法,为采访做准备。

任务二:迁移知识,学习采访。给学生一周的时间进行采访实践,课堂进行反馈交流,教会学生采访的程序和方法,提升学生的归纳、实际操作能力。

任务三:运用所学,践行写作。怎样将采访所得的新闻素材变成新闻作品? 教师指导学生完成一篇成型的新闻作品。写作活动就是探究,是三个活动任务的落脚点。

新课标要求第四学段学生"学习跨媒介阅读与交流"。"就感兴趣的话题与同学进行线上线下讨论,根据目的与对象选择合适的媒介进行交流沟通。"跨媒介阅读主要体现在发展型作业设计中。在学校官网展播学生采写的新闻作品,点赞数最高的三组作品将推荐至本市晚报"少年专刊"栏目。拓展型作业:利用短视频平台完成"我与央视名嘴一起播新闻"特效合拍。

教学反思

统编教材编排新闻单元,就是要引导学生自主参与,通过实践获取知识与能力,充分体现了学生的主体性、主动性和活动性。让学生在实践活动中感受生活、体验生活,学会表达与交流,同时达到学习任务群的目标要求。

　　本教学设计紧紧围绕新闻单元设置的三项学习任务,设计学生实践活动。立足"教学评价"的初次设计,强调凸显评价功能,学生参考评价标准自评,同伴互评,根据自己的评价结合同伴给出的修改意见,完善自己的新闻作品,将任务目标直接落在了任务三新闻写作上,甚至安排一课时完成拓展任务制作报纸或网页。对于新闻写作的前提和基础性任务——新闻采访,则做了取舍。只重视阶段性目标,却忽视了单元任务的整体性,缺乏通盘的规划。第二次的探索设计,将新闻阅读、新闻采访和新闻写作,三项任务集中整合在一课时完成,呈现单元的整体性。创设的学习情境,也由"发现我身边的'优秀共产党员'",设置为"发现我身边的'美德少年'"。情境的选择更吻合学生的年龄和所处环境,更便于学生实施学习活动,更加真实。优化后的教学设计,围绕学习目标,最终将新闻写作确定为核心任务,将新闻写作体裁锁定在必做任务——写消息,自选任务撰写新闻、通讯,调整至课后作业完成。优化后的设计更符合新闻单元目标,学生全面把握新闻体裁特点,在采访的基础上撰写新闻作品,全方位地完成学习任务。

　　在反复磨课过程中,执教教师越来越清晰地认识到落实该单元的设计意图,教师需要在教学策略实施、教学方式、教学内容和教学评价等方面积极转变。要在语文实践活动中培养学生新闻阅读的能力,撰写新闻作品的能力,以及关心时事,自主思考的能力。在新课标理念引领下,努力实现任务情境化的实施,在积极的评价中培养学生的语文综合实践能力,实现知识的自我建构,"学"与"用"的有效结合。

新闻教学探析

统编教材中,新闻单元以"活动·探究"单元的形式呈现,在昭示我们关注单元内容与组织形态的变化的同时,还要聚焦语文学习任务群,让学生在真实的语文情境中,以实施语文实践活动为轴心,不断提升语文核心素养,将"教"与"学"的方式引向更深的思考,构建新的课堂教学样式。

一、基于新课标的思考

统编教材设置的新闻单元,应在任务驱动模式下展开,"以语文实践活动为主线,以学习主题为引领,以学习任务为载体,以整合学习内容、情境、方法和资源等为要素,设计语文学习任务群"。新课标义务教育阶段的学习任务群贯穿学生学习的四个学段,任务的设置由浅入深、由易到难,符合学生的认识规律。初中语文教师要关注学习任务群学段间的衔接,在新闻单元教学中教师要关注三个学习任务的始末,从新闻阅读到新闻采访,再到新闻写作,将三大任务紧密相连,全方位、全过程引导学生参与学习活动。

在语文核心素养的视角下,语文实践活动是以学生为学习主体,以学生的"学"为核心,学生即核心学习者,将学习自主权交给学生。教师是学生学习活动的设计者、合作者,引领学生的自学活动,关注每一名学生参与活动的情况,关照学生学习活动的整个过程。那么教师该如何"教",学生该如何"学"?"教""学"方式的转变,能更好地补足老师一味地"教",学生被动地"学",这种传统教学方式的短板,达到"教"与"学"平衡统一,更好地突出学生的主体地位,让学生在丰富的语文实践活动中逐步提升自己的语文能力。这不仅能够帮助学生培养自主学习、合作学习、探究学习的意识和能力,也有助于学生将语文学习迁移到其他学科其他领域的学习中,提高学生跨学科学习能力。

学生亲身实践,自主参与,实践任务完成后的交流与评价就显得尤为重要。教学评价的有效实施,才能使学习任务的落实有始有终。评价方式也应该是多样化的,科学地设计、应用评价量表能够代替单一的口头评价方式,多元化的评价方式才能真正起到激励作用和促进作用。

二、教材中新闻单元选篇概况

统编教材按照"人文主题""语文要素"双线组合的形式编排单元。八年级上册新闻单元收入六篇新闻作品,包括消息、新闻特写、通讯和新闻评论四种新闻体裁。这六篇新闻作品不论是从体裁还是从内容,都体现了"广泛性",将学生的阅读空间引向"多维"。新闻采访让学生各显其能,为新闻写作搜集第一手信息。新闻写作是新闻阅读和新闻采访成果的呈现,综合体现了前两个学习任务的落实。

(一)落实课程性质,体现"综合"与"实践"

"语文课程是一门学习国家通用语言文字运用的综合性、实践性课程。"统编教材中"活动·探究"单元组织形式立足于语文课程性质。新闻单元的三个学习任务各有侧重、各有能力训练点,符合这一课程性质。新闻阅读侧重文本阅读与探究,为新闻采访新闻写作顺利实施提供了阅读保障。三个学习任务之间具有密切的关联性,分层分步实施。活动任务的设置既有具体的学习任务要求,又有详尽的实施方法指导,具有很强的操作性。阅读、观察、整合、表达与交流,本身就是实践活动,新闻单元对应了与之一脉相承的实践任务——新闻采访和新闻写作,突出了学习任务的"活动性"和"实践性"。

(二)更新教学理念,融合学习任务群

统编教材新闻单元的选编还融合了任务群的教学理念,依据新课标内容组织形式,归属于多个学习任务群:关于语言知识和文体知识的学习,归属于基础型学习任务群"语言文字积累与梳理";从文体特征角度看,新闻单元归属于"实用性阅读与交流"学习任务群;从综合性、实践性角度看,也与拓展型学习任务群中的"跨学科学习"相契合。在教学中,新闻教学要紧扣"实用性"

特点,结合生活中的真实情境进行教学,引导学生关注时事和社会,学会表达真实的感受与发现;引导学生提高语言理解能力,学会欣赏作品的语言,体会作品的感情倾向与思想内涵;引导学生学会理性表达和思考。

(三)转变教学方式,强调"自主学习"

新闻单元强调的是学生自主活动,根据学习任务设计学生的实践活动,突出个体体验。树立"以生为本"的学生主体观,强调学生在学习活动中的自主性、参与性、实践性,培养学生自主阅读能力,概括、整合、分析、归纳和思辨能力。学习的主动权掌握在学生手中,由学生自主获取知识,获得情感体验,建构知识体系。在教学方式上,将教师的"讲"与学生的"做"有机结合,形成从"输出"到"输入"再到"输出"的闭环学习模式。这里讲的"做"就是学生的实践活动,学生不再是被动接收,而是在任务的驱动下,通过一系列的听说读写语文实践活动,发现、捕捉、体会、感悟、思考,还要学会用自己的语言去表达与交流。教师要为学生搭建展示交流学习成果的平台。

(四)关联语文生活与社会,实现二者融通

统编教材新闻单元的选篇,重视语文学习与社会活动的关联。八年级上册新闻单元的选篇涵盖了军事、文化、体育、科技,涉及社会生活的各个领域,实现了社会生活各个方面的融通。

根据拓展型学习任务群"跨学科学习"的要求,新闻单元任务三"新闻写作"中的拓展任务——加工整理学生新闻作品,编辑制作新闻网页或报纸。此学习任务的完成除了需要语文学科知识外,还需要调动其他学科的知识和能力,如版面色彩的选择与搭配以及排版安排,需要调动美术学科知识从美学角度进行设计和创作;电子网页、电子报纸等媒介的剪裁与编辑,还需要信息技术手段的支持。此外,按照"实用性阅读与交流"要求,要学习跨媒介阅读与交流,学生可以根据目的与对象选择声音媒介,抑或是文字媒介来获取新闻信息,进行线上线下的交流沟通。新闻单元的选篇融通语文生活与社会生活,将语文学习由语文生活向社会生活延伸、由课内向课外延伸。

三、新闻单元教学策略

统编教材中的新闻单元设计突出语文核心素养的落实,让学生在大量的读写活动、听说训练等语文实践活动中,把握语文规律、锻炼语文实践能力。新闻单元以文体组合课文,让学生在文本阅读、实践活动、写作活动中,综合性地开展语文实践活动。注重教学与实践的结合,引导学生在真实广阔的情境中学语文、用语文,能够组合利用多学科知识解决生活、学习中的实际问题,学会创造性地开展学习活动。

(一)依托单元主题,实现育人功能

"立德树人"是课程最重要的目标。统编教材所选编的新闻,多以社会主义先进文化、中华优秀传统文化与革命文化为主题。新闻单元,选编的两则消息《我三十万大军胜利南渡长江》《人民解放军百万大军横渡长江》,从这两则消息中不难看出一代领袖毛泽东的情感态度与立场,赞扬我军将士英勇无畏、锐不可当、气势磅礴。新闻特写《"飞天"凌空——跳水姑娘吕伟夺魁记》描写了跳水姑娘吕伟夺魁赢得奖牌、为国争光的极富美感的精彩瞬间。通讯《一着惊海天——目击我国航母舰载战斗机首架次成功着陆》记录了我国科研团队惊心动魄的"一着";新闻评论《国行公祭,为佑世界和平》,围绕"国家公祭日"这一新闻事件,评论事实,使读者的民族自尊心、自信心油然而生。以上篇目的选编对于实现立德树人根本任务、促进学生的全面发展等方面起着积极的推动作用,引导学生建立文化自信、铸牢中华民族共同体意识、加深对国家通用语言文字的热爱,从而加深对伟大祖国的热爱。充分利用阅读文本,实现语文课程的育人功能,通过朗读、采访和写作表达等实践活动,让学生得到潜移默化的精神熏陶、情感濡染和思想教化,认同中华文化,热爱中华文化,继承和弘扬中华文化,坚定文化自信。

(二)关注核心素养,突出"语言运用"

新课标指出"语文课程围绕核心素养,体现课程性质,反映课程理念,确立课程目标"。核心素养四个维度里的语言运用是重点也是基础,在对学生进行语言运用能力培养的同时,训练学生的思维能力、审美创造能力,引导学生建立文化自信。统编初中语文教材中的新闻单元设计正是突出了语言运用这一核心任务。

八年级上新闻单元选篇的六篇新闻作品,四种新闻体裁。通过阅读以上新闻作品,学生可以较全面地了解常见的新闻体裁、积累新闻相关知识、感受新闻语言,为新闻采访和新闻写作打下基础。语言文字综合运用能力是在丰富多样的语言实践活动中逐渐积累,初步形成的。学生亦是在具体真实的语言情境中,逐渐提高国家通用语言文字的运用能力,建立对国家通用语言文字的深厚感情。

(三)以任务为载体,突出"活动"与"探究"

按照新课标六大任务群的教学要求,在不同学习任务群的关照下,设计学习任务,以任务为驱动,落实阅读、鉴赏和评价等学习活动。学生既要"活动",又要"探究"。所谓"活动",即由任务驱动,围绕任务展开的具体语文实践活动。所谓"探究",即反复、深入地探讨研究,由静态阅读活动走向动态实践活动。主张学生根据自身的特点自主选择适合自己个性特点和能力特点相一致的任务和活动,在真实的情境中训练自己,这与新课标的要求相吻合,也与语文课程实践性的特点相契合。

在传统的阅读教学中,老师们都是逐篇讲授,而统编教材选编的新闻单元具有统整性,应该打破一篇一篇教授的传统阅读课模式,用群文联读的方式,落实活动任务。首先,学生通过新闻阅读活动,了解新闻,掌握新闻相关知识;其次,用新闻的方法来学新闻,培养新闻阅读能力,为新闻采访做知识储备;再次,通过几篇课文的比较阅读,可以了解常见的几种新闻体裁的特点,为新闻写作做知识铺垫;最后,再由课内向课外延伸,引导学生由会读新闻到会读新闻类文章,构建"1+X"的群文阅读体系。

语文学科作为一门实践性课程,学生语文知识的习得、语文能力的培养,语文素养的提升都需要依托丰富的语文实践活动来实现,学生的语文学习是在实践活动中完成。新闻单元的设置,正是统编教材对新课标要求的具体回应。

（四）创设学习情境，开展学习活动

"实用性阅读与交流"学习任务群在第四学段的"教学提示"中建议，"应紧扣'实用性'特点，结合日常生活中的真实情境进行教学"。"根据具体交际情境和交流对象，清楚得体表达，有效传递信息"。"情境就是具体的场合、景象或者境地，教学情境指教师在教学过程中为了帮助学生学习所创设的情感氛围"。新闻单元强调真实情境下的语文实践活动，要求教学情境贴近学生语文生活实际，使学生在该单元中的所学能在实际生活中得到应用。教学时可设置统一的主题情境。主题为"红心向党"记者站的"我心中的美德少年"主题报刊辑录出刊。拟通过"征集小记者"（八年级学生），报道美德少年先进事迹"的系列活动，献礼党的二十大。此采访情境的设置，符合学生生活实际，学生可以从中获取新闻写作的素材。情境化教学将整个单元的三个学习任务统整到一个情境中，学生在新闻阅读、新闻采访的基础上进行新闻写作，选编新闻写作的作品制作完成新闻小报或新闻网页。

（五）打通阅读写作，注重表达交流

统编教材新闻单元的三个学习任务是由阅读到写作的贯通，阅读是基础，最终要落实到"表达"的任务上。

基于以"活动'促'写作"的单元导向，写作教学以阅读教学为基础，将阅读课与写作课紧密结合，学生阅读活动为写作活动服务，将新闻阅读中了解的新闻基础知识和新闻阅读方法，运用到新闻采访中，最终落实到新闻写作中。学生通过阅读新闻，虽然已初步了解新闻的基本结构和阅读方法，但如何进行新闻采访，完成一篇新闻稿，将知识转化为写作能力，依旧是难点。因此，这些综合性活动，均在真实的情境中，落实创设真实情境作为活动任务激发学生写作兴趣。关于消息写作的基本要点均在评价标准中以赋分值的方式呈现，评价项目不仅涉及新闻基本要素、结构的基本要求，还罗列了新闻标题、导语和语言的特点的要求，引导学生根据评价量表的评价目标及要求完成写作任务。消息写作评价量是学生完成消息写作的有效抓手，学生借助评价表完成写作，评价量表发挥了双重功用，既体现了评价的功能，又为新闻写作搭建了支架。

（六）巧借助读系统，落实自读活动

统编教材新闻单元的编排，由四部分内容构成，即活动任务单、任务说明、课文部分，还有依据新闻单元实践活动特点设置的旁批、补白、技巧点拨等助读系统。旁批的设置，有对新闻基础知识介绍，如《消息二则》中，"标题简明、醒目、概括性强""黑体字是电头也称'消息头'""正文第一句是导语"，学生可以借助旁批快速了解新闻；也有对新闻写法特点的提示，如《"飞天"凌空——跳水姑娘吕伟夺魁记》中，"以白云、飞鸟之动衬托她的沉静""展现生动的画面，是新闻特写常用的写法"，还有对作者的主观倾向与表达意图的提醒，如《消息二则》，"这里对西路军战况的描述，哪些地方体现了作者的主观倾向？"学生带着旁批中的问题阅读课文，品味文本中的关键句段，引发多角度、深层次的思考。学生在阅读的同时将自己的感受、体悟或是欣赏评价性的文字批注下来，这样就有了独特的阅读体验，然后再进行集体交流。补白部分集中介绍了新闻特写的特点，以对比的方式展开说明，将新闻特写与消息、通讯，进行区分，既有知识的介绍，也有方法的提示，更是思维方式的训练。这些都是帮助学生更好地完成自主阅读的抓手。学生在自主参与学习任务的过程中，建构知识，锻炼能力，提高素养。

（七）重视实践探究，开展有效评价

新课标倡导教师要树立"教—学—评"一体化的意识，学生学习任务的落实要进行评价。"评价应注重学生在真实生活情境中语言运用的实际表现。"八年级上新闻单元，三个学习任务可采取过程性评价和终结性评价相结合的方式进行，特别是新闻写作任务。学生在完成新闻阅读和新闻采访任务的基础上，结合采访所得素材，选择新近发生的典型的能突出"美德少年"精神品质的故事，运用所学的新闻知识，参考老师给出的评价标准，写一则300字左右的消息，写成后尝试评价。教师设置的消息写作的评价量表是学生参照标准完成消息写作，写成后互相交流，找出自己优点和不足以修改完善习作的重要依据。同时也是学生把握消息作品写作重点的标准，根据各评价项目的赋分值,学生就可以洞察到消息写作的重点,如新闻要素、结构、标题和导语均占20分,学生不难发现,以上几项就是消息写作的重点,这就是评价量表的积极导向作用。

新闻单元三个学习任务的设置,体现了语文课程的综合性与实践性。教师在进行课堂评价时,应遵循该单元任务设置的特点,展现学生在整个学习全过程的所学所得。综合灵活地运用多种评价方式,充分发挥评价的激励作用,充分发挥评价的导向作用,注重整体性评价和过程性评价。首先,评价形式应当灵活多样,教师可以通过拟定学习任务单、制定评价量表等方式进行评价,在充分考虑学生的基础上,也可以让学生自主设计评价量表,或是师生共同设计评价量表;其次,评价主体也应当灵活变通,教师不是唯一的评价主体,可以引导学生自评、互评,还可以适机引入家长评价。发展型作业中点赞数最高的三组作品将推荐至本市晚报"少年专刊"栏目,就充分体现了评价主体多元化;再者,评价阶段可以灵活多变,根据活动任务需要分阶段进行评价,采取课前评价、课中评价、课后评价。新闻单元学习评价量表(见表1-3)的设定属于终结性评价,对整个新闻单元学习的小结和新闻单元知识的回顾与梳理。

以上评价活动贯穿了新闻教学单元,学生可根据教师提供的评价量表落实自主评价、小组评价,形成评价体系。充分发挥评价功能,借助评价提升学生的探究思维能力。总之,新闻单元学习活动的开展是动态变化的,评价形式也应该随之适时调整变化。评价应善于发现学生思维中的闪光点进行正面引导和积极鼓励,引发学生深入思考,提升学生思维品质的独创性和批判性,在有效评价中提升学生鉴赏评价能力。

新闻教学注重学生的自主学习实践,注重学生独特的学习体验,这就要求我们在教学设计理念和教学方式上做出改变。教师在教学中,要面向全体学生,以学生为中心,聚焦语文核心素养,落实语文学习任务群,设计有梯度的语文实践活动,真正促进学生在知识积累、语言学用、技能提升等方面的发展,特别是高阶思维能力的培养和训练,积极发挥评价作用,体现语文课程综合性与实践性的特点,为学生的全面发展与终身发展打下坚实的基础。

（乌鲁木齐市第六十中学　崔婷婷）

参考文献：

[1] 中华人民共和国教育部.义务教育语文课程标准(2022年版)[S].北京:北京师范大学出版社,2022.

[2] 杨林.任务驱动模式下部编本初中语文"活动·探究"单元教学研究[D].西华师范大学,2021.

[3] 李娟娟.统编初中语文"活动·探究"单元的梯度性教学研究[D].西南大学,2022.

[4] 黄素琴."活动·探究"单元教学方式的突围[J].语文教学通讯·B刊,2021(11):26-28.

第二章
说明类文本教学案例与研习

《中国石拱桥》教学设计

【教学目标】

1.阅读文章,分析说明性文章语言准确严谨、生动形象的特点。

2.把握说明对象的特征,理清作者的行文思路,引导学生形成条理清晰、逻辑严密的思维习惯。

3.赏析作者说明事物特征的恰当方法,运用习得的说明性文章的知识,根据已有资料,进行说明性文章写作。

4.了解中国石拱桥的发展历程,学习"大国工匠精神",激发学生对中华优秀传统文化与社会主义事业的自豪感。

【教学重、难点】

1.把握说明对象中国石拱桥的特点,体会说明性文章语言准确严谨、生动形象的特点。

2.掌握说明性文章的基本要求和主要方法,运用习得的说明性文章的知识,进行说明性文章写作。

【教学创意】

为了深入学习"大国工匠精神",学校组织八年级的学生参观中国桥梁博物馆,在参观过程中,聆听工作人员的解说。我们将从四个方面学习说明性文章:抓住对象解说事物特征,理清严密的逻辑思路,使用恰当的方法说明,表述语言准确严谨又生动形象。

【教学内容】

一、新课导入

为了深入学习"大国工匠精神",学校组织八年级的学生参观中国桥梁博物馆,今天,我们一起走进中国石拱桥展厅。

人物卡片:茅以升(1896—1989),字唐臣,江苏镇江人,被称为"中国现代桥梁之父",代表作《桥梁史话》,主持修建了钱塘江大桥,参与设计了武汉长江大桥。

二、工匠精神——参观中国石拱桥发展史馆

任务一:假如你是解说员,请你向鲜少见过石拱桥的同学介绍中国石拱桥

活动一:知识积累、词句学习

一组桥:旅人桥、赵州桥、卢沟桥、江东桥、长虹大桥、双曲拱桥。

一组描写桥的审美价值的形容词:

匀称:均匀;比例和谐。

古朴:朴素而有古代的风格。

一组夸赞桥的名词:

奇观:指雄伟美丽而又罕见的景象或出奇少见的事情。

胜景:优美的风景。

一组形容桥的设计特点的成语:

巧妙绝伦:形容(方法或技术等)非常灵巧,独一无二,没有什么可以相比的。

惟妙惟肖:形容描写或模仿得非常好,非常逼真。

一句赞美桥的句子:

唐朝的张鷟说,远望这座桥就像"初月出云,长虹饮涧"。赵州桥看起来好像是穿出云层的一弯新月,又像是入涧饮水的一道长虹。

活动二:通读全文,用课文中的词句填空,并组合文中相应的语句,简洁地介绍这一特点

这是_____中国石拱桥。

例:这是形式优美的中国石拱桥。桥洞成弧形,就像虹,水上的拱桥,如长虹卧波。赵州桥上的石板石栏雕刻得古朴美观。卢沟桥的石柱上都雕刻着不同姿态的狮子,千态万状、惟妙惟肖。

小结:中国石拱桥的特点:历史悠久、结构坚固、形式优美。

活动三:请你试着用自己的语言,向前来参观的同学整体地介绍中国石拱桥

学生反馈,师生互动,完成评价量表。

表2-1　任务一评价量表

成员	积累词句的习惯 (10分)	圈点批注 习惯(10分)	概括特征准确 (10分)	表述条理清晰(10分)	表达语言流畅 (10分)

小结:这是一篇以中国石拱桥为说明对象的事物说明性文章,遵循从一般到特殊、先概括后具体的说明顺序。这是说明性文章逻辑顺序的一种。

三、工匠匠心——参观赵州桥展厅

任务二:假如你是解说员,向有专业基础的建筑社团的学生解说赵州桥

解说前完成以下任务:

活动一:细读课文4—5段,根据课文的说明内容,动笔画一画,画出赵州桥的立体示意图。借助示意图,理清文段思路,用准确严谨的语言解说赵州桥

学生解说,师生交流。

活动二:在关于赵州桥的介绍中,有些语句同学们没有用到,但这些语句也很重要。请以"这些语句也非常重要"为话题说话

示例:唐朝张嘉贞说它"制造奇特,人不知其所以为"。引用张嘉贞的话,从侧面说明赵州桥设计施工的精巧,形式优美,使说明更有说服力和感染力。

学生反馈,师生交流,完成量表。

表2-2　任务二评价量表

成员	画图合理精致（10分）	信息提取准确（10分）	逻辑思维清晰（10分）	说明信息准确（10分）	解说语言严谨（10分）

小结:说明性文章阅读要想说明白事物的特征,必须做到有顺序、有主次、正侧面相结合,这样可以使说明条理清晰,更具有说服力和感染力。

四、作者匠心——参观卢沟桥展厅

任务三:假如你是解说员,向本校中小学生解说卢沟桥的特征

以《卢沟桥真特别》为题目,用生动活泼又富有吸引力的语言来解说卢沟桥的特征。

(关注听众身份,请注意解说过程中的说明方法和语言特征。)

茅以升用_____语言,表现卢沟桥有独特的结构(有传奇的红色故事、有神秘的传说、有可爱的石狮子),从(　　)面用(　　)的说明方法表现卢沟桥(　　)特征。

示例:茅以升用"这些石刻狮子,有的母子相抱,有的交头接耳,有的像倾听水声,有的像注视行人,千态万状,惟妙惟肖"语言,表现卢沟桥有可爱的石狮子,从(正面)用(摹状貌)的说明方法表现卢沟桥(形式优美)的特点。

学生反馈,师生互动,完成评价量表。

表2-3　任务三评价量表

成员	检索信息准确（10分）	阅读分析透彻（10分）	说明方法作用分析恰当（10分）	表述条理清晰（10分）	描述的语言生动形象（10分）

小结：说明性文章运用多种说明方法将事物的特征阐述明白。摹状貌、打比方、作比较和举例子化抽象为具体，体现了说明性文章的语言表达的生动形象；列数字，用具体数据使说明科学准确，体现了说明性文章语言表达的准确严谨。

屏显总结：

用突出的事物特征，于共性孕育个性。

用严密的逻辑顺序，将感性融于理性。

用恰当的说明方法，突出不同事物的特征。

用准确严谨的语言，体现求真的工匠精神。

用生动活泼的语言，普及桥梁的科学知识。

一桥飞架南北，天堑变通途。解说《中国石拱桥》，领略"大国工匠精神"，传承匠心，增强民族自豪感、文化自信力。

五、作业布置

1.基础性作业：根据提供的资料，为"港珠澳大桥"拟写提纲，将其扩写成一篇说明性文章《港珠澳大桥》，并向同学们作介绍。

2.发展性作业：查阅中国桥梁发展历程的资料，选取典型代表，先写解说词，再做成视频，发布到班级群。

作业要求：突出事物的特征，能够恰当适应说明方法，运用准确严谨又生动的语言，使说明条理清晰。注意解说的直接和间接方式相结合。

3.拓展性作业：推荐阅读罗英的《中国桥梁史料》，了解我国石桥桥梁史。阅读茅以升的《桥梁史话》，探究交流我国历代名桥及桥匠的科学成就与贡献。

4.板书设计：

中国石拱桥

鲜明的事物特征	清晰的逻辑思路	恰当的说明方法	准确生动的语言

作业资料：世界最长的跨海大桥——港珠澳大桥

1.建桥时间：港珠澳大桥于2017年7月7日实现主体工程全线贯通,2018年10月24日上午9时通车运营。

2.用途和地位：该大桥是连接香港、珠海和澳门的超大型跨海通道,集桥、岛、隧道于一体,全长55千米,是世界上最长的跨海大桥。

3.海底隧道作用：港珠澳大桥的海底隧道与东西两个人工岛一起,被称为港珠澳大桥核心控制性工程,也被称为交通工程中的珠穆朗玛峰。

4.隧道的组成：该隧道由东西岛头的隧道预埋段和最大排水量达8万吨的33节预制沉管以及长约12米重达6500吨的"最终接头"拼接而成,全长约6.7千米。

5.隧道的技术：它是迄今为止世界最长、埋入海底最深（最深处近50米）、单个沉管体量最大、使用寿命最长、隧道车道最多、综合技术难度最高的沉管隧道。

6.成本和概况：整个大桥造价超过720亿元人民币,设计使用寿命120年,建成后可抗8级地震。在历时7年,千余名专家及技术人员呕心沥血,突破数个世界级难题后,最终在海底成功打造了一段"金城汤池"。

案例研习

多维说明，感悟匠心

——《中国石拱桥》教学设计与反思

摘要

《中国石拱桥》是统编教材八年级上册第五单元的一篇较为规范的说明性文章，也是桥梁专家茅以升向普通读者介绍有关中国石拱桥知识的文章。作为使人获得知识的说明性文章，在现代科技和日常生活中发挥着越来越重要的作用，本案例按照实用性阅读的打开方式，依托统编教材单元学习要求，根据新课标发展性任务群"实用性阅读与交流"的学习要求，坚持"教—学—评"一体化的设计与实施，全面推进学生的语文核心素养。

执教教师通过对三次不同教学设计思路的修正，记录了教学的磨合过程、反思过程与认识过程，并最终形成了以培养学生"应用能力"为目的，教师以"任务驱动，情境教学设计"为抓手，按照实用性阅读任务群的方向，让学生实现"认知—理解—筛选—应用—再认知"的进阶式学习的目标。

背景信息

新课标指出"实用性阅读与交流"的任务群重在发展学生的实践能力。我们将说明性文章放到发展型任务群"实用性阅读"来关照教学。本学习任务群是对语文学习与工作生活关联的自觉回应，也直指语文课程"综合性""实践性"的课程性质。这里的阅读与交流的"实用性"，是指当前语言文字的运用，渗透到生活、工作和学习的方方面面。设置这一任务群旨在让语文学习"满足家庭生活、学校生活、社会生活沟通交流需要",让语文回归生活,力求实现学以致用,知行合一。这一任务群的实施路径为在语言实践活动中做事,其价值取向应指向"有用",要满足"日常社会生活需要""适应社会、服务社会的能力""增强社会责任意识"。教师针对说明性文章文本的"实用性",基于真实性的生活情境设计语文实践活动,从"积极语用"的视角,合理安排学习实践活动,在动态的语文实践活动中阅读说明性文章,理解说明性文章的阅读策略(以文归类,建立知识概念和知识体系),不仅要学会说明性文章的实用性表达(语言要求准确、简洁、平实,思维要求有条理性,严密性),更重要的是引导学生对自己的实践活动进行反思与评价,让语文的实践性,学习的实用性,落实于课堂,延伸于课外。

本单元入选的四篇文章《中国石拱桥》《苏州园林》《蝉》《梦回繁华》都是典型的事物说明性文章,语言风格各有特色,有的以平实见长,有的以活泼见长,读来生动形象。但是多年来,教师教学仅仅停留在掌握陈述性的说明知识:说明对象及特征、说明方法及作用、碎片化的说明语言解读,使得这类事物说明性文章的教学效果并不理想。"提问式""灌输式"单一的教学方式,很难使学生产生学习兴趣,即使有兴趣,也只是停留在表层的学习,课堂参与度不高,以考试为导向,功利性很强。说明性文章的"实用性"价值没有被充分挖掘,教师的教学方式亟须改进。

基于以上考虑,教师将《中国石拱桥》的阅读教学作为研究内容。它文质兼美,有条理清晰富于变通的理趣,有说明描写相互交融的、绰约多姿的表达方式,有寄严谨工巧于简朴淡雅的志趣。该文本具备知识性、文化传承与语言实践应用性的多重功能,并对学生的语言交际能力和说明性文章的写作水平的提高有着重要的作用。通过学习这篇说明性文章来突出其作为实用性文本的特点,培养学生准确解读文本内容和正确筛选文本信息的能力;帮助学生系统构建说明性文章知识概念和知识体系,使之具备说明性文章阅读和写作简单说明性文章的能力;培养学生综合运用不同学科的知识和技能的自觉意识,使之掌握说明性文章"实用性阅读"语言运用的基本能力。

　　《中国石拱桥》出现在统编教材八年级上册第五单元,这是初中生学习的第一个说明性文章单元。学生在小学阶段已经学习并具备了辨析说明方法的能力。八年级的学生,知识的体系逐渐形成,思维的进阶不断增强,语言能力逐步提升。因此,依据课标、教学实际、学情要求,教师选取说明性文章"实用性阅读"进行案例教学有较强的示范意义。

　　教师的初次设计立足于"树立文体意识,建构知识概念"的教学常规课。教"说明性文章",指导学生了解说明性文章的基本知识,如说明对象、说明方法、说明顺序;教"说明文语言",勾画有代表性的词语进行体会理解。而说明性文章的"实用性"被弃之不顾,作者作品介绍仅限于"桥梁专家",教学成了枯燥的石拱桥知识普及和说明性文章碎片化的知识解读,这种缺少学生主动参与、缺少语言实践应用的学习,很难激发学生对说明性文章的兴趣。

　　初次教学设计,由易到难,逐层深入,知识点全面,这是按照应试模式设计的,从作家作品介绍到字词句的积累,再到说明性文章知识点及答题技巧的掌握,教师竭尽全力,试图将乏味的说明性文章的知识灌输给学生。但是对照新课标的课程理念,教者就会发现,"实用性文本"的教学要求是将陈述性知识转化为程序性知识,并形成策略性知识,需要创设任务情境,充分发挥学生的主体作用,强调在任务情境下的主动学习、实践学习和语用学习。

　　本案例试图改变过去说明性文章阅读教学单一化、知识解读碎片化的教学方式,旨在通过任务驱动、情景创设的策略,完成本案例的教学设计。

案例正文

　　《中国石拱桥》原载于1962年3月4日《人民日报》,后来被选入中学课本并沿用至今。这篇中国现代桥梁专家茅以升介绍石拱桥知识的说明性文章,用科学的数据和赵州桥、卢沟桥两个具体的例子,说明了石拱桥的科学含量及在人类文明中的历史地位。理贯辞达,简朴淡雅。根据杜威"从做中学"的理论和布卢姆教育目标分类学,我们在教学中应当遵循认知的一般规律,将说明文的知识转化为学生的说明能力,使语文课堂真正成为培养学生语言实际应用能力的课堂。

第一次设计:基于课本资源,构建说明知识网络体系

初次教学设计中,课前教师进行文体知识铺垫,包括说明性文章的概念、说明方法和说明顺序。

首先,教师让学生思考本文的说明对象,引导学生用勾画中心句的方法概括段落内容,通过段落分组及关系梳理的方法来理清文章思路,用设计或填写思维导图的方式检测学习效果。然后,用"思考探究"题(一)把握说明对象的特征,明确说明顺序,熟悉说明性文章的文体知识。这样的学习是静态化的。教师要有"随文而教"理念,引导学生在具体的语境中理解、记忆;要有"语文实践活动"的理念,让学生在主动参与中概括、分析、运用,思维能力得到提升,发展他们的思维能力。

其次,老师带领学生重点研读第4、5段,感知文章段落的说明顺序、说明方法及作用。如果学生仅仅停留在"寻章摘句"式的检索、辨析层面,就无法从整体上把握运用恰当的说明方法,不利于把事物的特征说明白。如果师生的学习活动从行文思路和特征说明的角度展开,将思维的条理性和说明方法的恰当运用,作为教学设计的重点,从而使学生在语言实践活动和实际应用中多一些谋篇布局的宏观视野和语言鉴赏的实施路径,才能使说明知识真正内化为学生的语文素养。

一、文章为了说明中国石拱桥的特征,选取了许多例子。从课文中找出这些例子,提取关键信息,填写下面的表格。填完之后,纵向看一看,你有哪些发现?

表2-4　《中国石拱桥》课后练习"思考探究"

序号	名称	建造时间	特点
1		约282年	可能是有记载的最早石拱桥
2	赵州桥	约605年	
3		1189—1192年	
4	江东桥		
5		1961年	当时世界上最长的独拱石桥
6	双曲拱桥	新中国成立后	

最后,通过积累拓展第(四)题感知说明性语言的特点。如果让学生以小组合作的形式朗读课文,找出限制性词语,体会说明文语言的准确、严谨,再让学生找出饱含作者自豪与自信的句子来读一读,就会使语言品析活动停留在碎片化的语言解读上,这篇范文的教学价值也就被打了折扣。如果能重新设置具有实用价值的活动,比如让学生用有特点的语言进行描述或解说,那么语言的魅力就会在实际运用中绽放光彩。这样一来,说明性文章的育人功能就在"润物细无声"中才能实现,说明性文章的教学也得以展现新面貌。

从上述教学设计思路来看,《中国石拱桥》的教学设计虽然从单元整体的角度建构了说明性文章的知识概念,但是学习任务单一,呈现的依然是线性的学习方式,忽略了单元写作,课中训练任务做得不扎实。说明性文章的教学内容是呈知识体系的,需要教师根据学生思维发展特点,创设具体的学习任务和学习情境,带领学生在语言实践活动中学习,在实际应用中抓住事物特征,借助恰当的说明方法,用准确严谨又不失活泼的语言,条理清晰地将事物说明白。

第二次设计:基于语用目标,落实逐层进阶学习任务

为了体现教师的主导性,实现任务驱动学习,教者注重活动设计的"实践性"与"情境性"。第二次教学设计以"大国工匠精神"为主题活动,以任务驱动为主要的教学策略,注重按照学生认识事物的规律,引导学生在进阶式的学习任务中不断提高学生的思维品质。

首先,教师带领学生参观中国石拱桥发展史馆,感受中国石拱桥取得的辉煌成就,劳动人民的智慧经过岁月的冲刷依然熠熠生辉。在参观的基础上,完成任务——假如你是解说员,请你向鲜少见过石拱桥的同学介绍中国石拱桥。此任务分三个步骤完成:第一,对描写"桥"的形容词、夸赞"桥"的名词、成语和美句进行归类整理,实现语言的积累。第二,用从课文中甄选的词句填写石拱桥的特点,继而筛选、组合文中能够佐证这一特点的语句,形成介绍石拱桥特点的文段,实现理解运用语言的读写结合目标。第三,在整体感知后,抓住中国石拱桥的特点,梳理解说词的脉络,形成整体解说中国石拱桥

特点及发展状况的文段,条理清晰地概说中国石拱桥。该任务契合人们认识事物的规律(从石拱桥的具体形象特点到石拱桥普遍的特点,再到具有代表性石拱桥),可以帮助学生在"说"的实操中逐步转化为实际应用的能力。

其次,教师带领学生参观赵州桥展厅,领略工匠李春独具匠心的设计、巧妙绝伦的施工技术。在参观的基础上,完成任务——假如你是解说员,向有专业基础的建筑社团的学生解说赵州桥。此任务分三个步骤完成:第一,细读课文4—5段,根据课文的说明内容,画出赵州桥的立体示意图。在画图中清晰地感知数据的准确、文本语言表述的清晰。李春精妙绝伦的设计,逐渐清晰呈现在眼前。第二,借助示意图,理清文本脉络,用准确严谨的语言解说赵州桥。用示意图帮助研读文本,再用准确清楚的语言表达出赵州桥特点及历史文化意义,在图文转化的过程中,实现形象思维与抽象思维的转换、文字与语言的交替,将所学的知识转化为应用能力。第三,围绕话题"这些语句也非常重要",批注茅以升说明的具体方法。要想说明白事物的特征,必须有顺序、有主次、正侧面相结合,这样的说明条理清晰,更具有说服力和感染力。教师这样的引导,有利于学生形成条理清晰、逻辑严密的思维习惯。

最后,带领学生参观卢沟桥展厅,领略茅以升说明中有叙述描写妙趣横生的语言,说明兼抒情饱含情感的文字。在参观的基础上,完成任务——假如你是解说员,向本校中小学生解说卢沟桥特征。围绕话题"卢沟桥真特别",让学生注意听众身份,用生动活泼、又富有吸引力的语言来解说。引导学生关注文本的说明语言特点,学生在解说中使用摹状貌、打比方、作比较和举例子等说明方法,化抽象为具体,使解说的语言生动形象;在解说中使用列数字的说明方法,能够用具体数据,使解说的语言科学准确。学生在真实具体的语言实践中,经过观察、比较、发现、实践,学生的综合语文应用能力进一步提升。

第三次设计:基于真实情境,提升学生实践运用能力

《中国石拱桥》是一篇科普文章,新课标要求,"从学生语文生活实际出发,创设丰富多样的学习情境,设计富有挑战性的学习任务,激发学生的好奇心、想象力、求知欲,促进学生自主、合作、探究学习"。学习应在"真实情境"中进行,与生活密切相关的知识重在"实用性"。在教学中比较好地贯彻了这一要求,突出了学生的主体地位,让真实的情境带学生走进说明性文章的阅读,就是让学生以评价量表为目标,在实践活动中丰富体验感受,获得语言运用的经验,不断锤炼、修正和完善,提升驾驭说明性文章在生活中的实用价值的能力。

　　《中国石拱桥》作为说明性文章,依据逆向设计理念,教学设计在开始就要明确预期学习效果,并且还要有学习真实发生的证据。我们紧扣实用性的特点,创设日常生活中的真实情境,设计体现实用性的核心任务,指导学生开展有目的、有素养导向的语文实践活动,强化学生在真实情境中的解决问题的能力。第三次磨课教师对情境创设进行细化,突出了这个单元的教学要求"感受前人的非凡智慧与杰出的创造力"。如创设第一个情境"参观中国石拱桥发展史馆,假如你是解说员,请你向鲜少见过石拱桥的同学介绍中国石拱桥"。透过中国石拱桥的卓越成就,引领学生感悟我国古代工匠精湛的技能和严谨细致、精益求精的"工匠精神"。"匠艺精湛""作者匠心",随着情景的不断深化,桥梁专家茅以升严谨求实的精神和自豪之情从字里行间流露出来,激励学生弘扬"工匠精神",传承中华优秀传统文化。适时深化,发挥文本的育人功能。这样的情境贯穿教学活动的始终,让学生的学习活动在真实可感的情境中发生,带学生进入情境,让学生在做中学,训练学生的口头表达能力,引导学生在语文实践活动中,根据具体交际情境和交流对象,清楚得体地表达有效信息,真正实现实用性阅读的活动设计目的。

　　实施教学评价,激励学生参与。新课标指出实用性文本"评价应注重学生真实生活情境中的语言运用的实际表现",还指出过程性评价的要求"应引导学生注意实用性阅读与表达的目的、对象、情境以及交流效果"。在第三稿的教学设计中,由于情境的融入,每次学习任务的评价都是多元的,有学生自评语文学习的习惯,如"圈点批注习惯10分";有学生互评学习能力,如"说明方法作用分析恰当10分";有教师对学生综合语言表达能力的总评,如"解说的语言生动形象10分"。实现了学生自评互评和教师总评的有机结合。注重语文学习习惯的养成,增强了学生学习的目标意识,关注学生的思维过程,提升了语文实际应用的能力。让每个学生尽力参与课堂,时刻被关注,学有所获。

落实巩固课内,迁移运用课外。本次教学设计以评价为策略延伸学生生活实际,发挥语文学习最终解决生活实际问题的作用。这节课后,采用分层布置作业,分为"基础型""发展型""拓展型",学生根据自己的兴趣和能力选择作业。基础型作业"根据资料,写一篇说明文并作介绍",运用习得的说明性文章的基本知识,按照单元写作要求,进行说明性文章写作训练,既实现了巩固课内知识又做到了读写结合;发展型作业"查阅相关资料选取典型代表,写解说词做视频",从课内到课外,让学生借鉴文章的写法,将阅读鉴赏迁移到说明性文章写作方法转化为写作能力,通过丰富的实践活动,培养学生综合能力;拓展型作业"阅读相关书籍,探究交流相关科学成就与贡献",融入跨学科任务群,引导学生在语文实践活动中,联结课堂内外,学校内外,围绕主题学习,开展阅读、梳理、探究和交流等活动。三个层次的作业相结合,既帮助学生对文本加深了理解,又激发了学生课外阅读的兴趣,真正落实了学生的主体地位,体现了新课标的要求。

教学反思

《中国石拱桥》的三次教学设计,对教师来说是一次挑战,对学生来说更是一次挑战。

《中国石拱桥》形式规范、条理性强。通过学习全文布局的逻辑性、段落内部的逻辑性,提升学生思维条理性和严密性,确实是一个难点。

虽然教学前对学生可能存在的困难有所预见,但是估计不充分,比如在整体介绍中国石拱桥时,因为是第一次进行解说活动,学生的语言逻辑性不强,需要教师为学生搭建学习支架。

　　作为教师,借助创设真实情境、依托学习任务、变换解说对象,这样比较新颖又具有挑战性的实践活动,能够激发学生求知的欲望,激发学生学习说明性文章的兴趣。三个任务层层递进,有利于学生逐步认识学习说明性文章的基本要求和方法。但在三个学习任务中,学生的实践活动都是解说,活动方式较单一,今后应该注意让活动更加丰富多样。任务的设置,整体上有层次,但在任务的转换中引导组织学生方面过渡不自然,显得较呆板。今后在课堂的把控能力方面,需要进一步学习。

　　总之,说明性文章属于发展性任务群,对于学生的认知能力、理解能力、概括能力与表达能力培养有着独特的优势,特别是对学生科学品质的濡染和搜集处理信息能力的培养。虽然我们在《中国石拱桥》阅读教学的探索中有了一些收获,但是还远远不够,需要在今后的教学实践中不断探索,不断创新。

说明类文章教学探析

　　说明性文章是以说明为主要表达方式来介绍事物和阐明事理,给人知识的文章体裁。说明中心鲜明突出,具有较高的科学性,富有极强的条理性,语言确切、简洁、通俗易懂。它应用广泛,实用性很强。从工程、建筑和艺术等方面的卓越成就,到人类的科学创造、科技创新的最新信息,从人文科学到自然科学无不涉及,不但能激发学生科学探索的兴趣,而且能促进跨学科知识的融合渗透,对于培养学生语言实际应用的能力和科学思考方法来说是很好的教学文本。说明性文章具有理趣与情趣相结合、科学与文学相融合的特点,在语文学科中发挥着重要的育人功能,促进学生语文核心素养的提升,具有重要的教学意义。统编初中语文教材共选编了十余篇,主要集中在八年级,篇目虽然不多,但在文化自信、语言运用、思维能力和审美创造中承载着重要的使命。

　　新课标中这一文体的教学可以与基础型学习任务群的"语言文字积累与梳理"、发展型学习任务群"实用性文本阅读与表达"和拓展型学习任务群"跨学科学习"相融合。围绕语言实际应用能力和科学思维能力训练,我们的课程目标应该是:在记忆、理解,提取概括信息的基础上开展分析与综合思维训练,进行创作与实际应用等高阶学习活动。

　　这一类实用性文本阅读教学的设置,体现了语文的综合性和实践性,极大改变了传统阅读教学理念。我们要从"碎片化"的知识解读的单一性教学方式及毫无生气的静态化学习过程中走出来,开展具有真正教学价值的教学活动,侧重培养和发展学生的语言实际应用能力:培养学生准确解读文本内容和正确筛选文本信息的能力;培养学生根据具体交际情境,清楚得体地表达、有效传递知识的语言实际应用能力;培养学生综合运用多学科知识提出问题、分析问题和解决问题的能力。这是构建完整、科学、有序的说明性文章知识体系,鉴赏说明性文章和提升学生语言实际应用能力的教学优化过程,为说明性文章"实用性文本阅读与表达"教学探索新的途径。

一、基于新课标对说明类文章要求的思考

新课标对说明性文章教学提出了相应要求。

第一,正确运用说明性语言。新课标在"语言文字积累与梳理"部分指出:"引导学生在语文实践活动中,积累语言材料和语言经验,形成良好语感;通过观察、分析、整理,发现汉字的构字组词特点,掌握语言文字运用规律和规范,感受汉字的文化内涵。"该段不属于"语言文字积累与梳理"下的内容。说明性语言要求准确和简明,引导学生观察、比较、发现和研读文本,关注作者的说明语言特点,然后经过分析综合,提升学生的语言应用能力。

第二,突出文章的"实用性"。新课标在"实用性阅读与交流"部分指出:"引导学生在语文实践活动中,通过倾听、阅读、观察,获取、整合有价值的信息,根据具体交际情境和交流对象,清楚得体表达,有效传递信息,满足家庭生活、学校生活、社会生活交流沟通需要。"并提示"学习活动可以采用朗读、复述、游戏、表演、讲故事、情景对话和现场报道等学生喜闻乐见的形式,将识字、写字、阅读、写作、口语交际、搜集处理信息等融为一体;应加强对跨媒介阅读与交流的指导,充分利用数字资源和信息化平台,引导学生提高语言理解与运用能力,逐步增强语言表达的准确性、规范性"。我们需要更新教学理念,构建以阅读教学为载体的思维模式。以教师为主导,学生为主体,紧扣"实用性"特点,通过真实情境创设的学习活动,将具体的学习与日常生活真实情境相结合,引导学生在广阔的学习和生活情境中学语文、用语文,从而培养科学精神和思想方法,满足学生个性化、多样化学习发展需求;发挥文本育人功能,引导学生注意隐藏在知识背后的情趣、智慧和文本的价值取向。

第三,培养学生说明性文章的思维品质。新课标在"跨学科学习"部分指出:"引导学生在语文实践活动中,联结课堂内外、学校内外,拓宽语文学习和运用的领域,围绕学科学习、社会生活中有意义的话题,开展阅读、梳理、探究和交流等活动,在综合运用多学科知识发现问题、分析问题、解决问题的过程中,提高语言运用能力。"并在第四学段的学习内容中提到,应让学生"结合数学、物理、化学和生物等学科学习,或者自己参与的科技活动,学习撰写并分享观察、实践研究报告"。我们需要了解学生思维发展的特点。八年级学生已具备抽象和概括的能力,也就顺利由形象思维过渡到抽象思维,又是抽象逻辑思维开始由"经验型"向"理论性"转化的关键时期,"实用性文本"语文学习的实践活动丰富多样,可以激发学生的好奇心、想象力和求知欲,促进学生自主、合作、探究学习;充分发挥现代技术信息的支持作用,实现跨学科学习,拓展语文学习空间,培养学生广泛的兴趣爱好,在实际应用中不断地增强语言的表达能力与思维的条理性,提高语文学习的能力,有利于培养学生分析问题、解决问题的能力,有利于塑造学生的个性和人格品质。

第四,重视提升说明性文章教与学实践效能的评价。我们需要落实过程性评价和终结性评价策略,实施多元评价学生的学习活动,关注学生在兴趣、能力和学习基础等个体差异,据此设置学生掌握说明性语言特点及实践应用的能力的评价支架(如评价量表、测试卷等多种评价方法),实现自评、互评、小组评。关注学生个体进步的幅度,肯定学生在学习活动过程中思维的方法和取得的进步,通过多主体、多角度评价反馈,帮助学生发掘自身潜能,学会自我反思和管理,从而使学生不断产生内驱力,不断认识、超越自己,不断提升发展学生的核心素养,促进学生语文学科素养的全面提升。

二、教材中说明类文章选篇概况

说明性文章在统编教材中的选编十余篇,主要分布在八年级上册第五单元和八年级下册第二单元,依据类型分为两类,具体如下:

表2-5　统编教材七至九年级说明性文章类型分类表

统编教材的位置	篇目	类型
七年级下册第六单元	《活板》	文言文事物说明性文章
八年级上册第五单元	《中国石拱桥》	事物说明性文章
	《苏州园林》	事物说明性文章
	《人民英雄永垂不朽》	事物说明性文章
	《蝉》	事物说明性文章
	《梦回繁华》	事物说明性文章
八年级下册第二单元	《大自然的语言》	事理说明性文章
	《阿西莫夫短文两篇》	事理说明性文章
	《大雁归来》	事理说明性文章
	《时间的脚印》	事理说明性文章
八年级下册第三单元	《核舟记》	事物说明性文章

　　《活板》是介绍四大发明之一活字印刷术的事物说明性文章,反映我国古代文化生活;《核舟记》是介绍微型雕刻品的事物说明性文章,赞叹古代艺人的精湛技艺;《中国石拱桥》《苏州园林》《梦回繁华》是介绍中国建筑、园林、绘画艺术的文章事物说明性文章,感受前人非凡的智慧和杰出创造力;《人民英雄纪念碑》是介绍重要纪念性建筑的事物说明性文章,引导我们了解波澜壮阔的历史,筑思想之基;《蝉》是说明昆虫习性和成长的过程的事物说明性文章,引导我们去发现大自然的奥秘,激发科学探索的兴趣;《大自然的语言》《阿西莫夫短文两篇》《大雁归来》《时间的脚印》是涉及物候学、地质学、生态学等领域阐释事理的说明性文章,体现了求真、严谨的科学精神。这些文章都有突出的特征:体现如何说明事物特征;体现合理的说明顺序有助于充分阐明事理。按照七到八年级学生阅读能力由形象思维向初步抽象思维转变的特点,培养学生的说明性文章分析、综合、比较、分类、抽象和概括的思维方法。

　　(一)选编符合由浅入深的认知发展规律

　　八年级学生的心理发展特点,形象思维逐步向抽象思维过渡,并且是初步建立抽象逻辑思维的关键时期。根据这一特点,八年级上册第五单元是学生初中阶段第一次正式接触说明性文章,选编的五篇课文均为事物说明性文章,既有科学性事物说明性文章《中国石拱桥》,也有文艺性事物说明性文章《苏州园林》《人民英雄永垂不朽——瞻仰首都人民英雄纪念碑》《蝉》和《梦回繁华》,类型多样,特点鲜明。这些事物说明性文章主要通过巧妙地组织安排文章结构、灵活地运用说明顺序、合理地使用多种说明方法及准确生动地用词等,突出说明对象的特征。八年级下册第二单元是初中学习的第二个说明性文章单元,选编了《大自然的语言》《阿西莫夫短文两篇》《大雁归来》和《时间的脚印》四篇事理说明性文章。这些文章将各自然科学学科的相关知识联结起来,科学、准确及严谨地阐明了现象背后的科学道理。教材编写符合学生认知水平,注重学生能力的培养,通过落实多元的评价策略,助力学生成长的过程。

(二)凸显说明性文章的科学性

一是文体的科普性蕴含丰富的知识体系。教师需要引导学生积累课文资源蕴藏的知识及领会隐藏在知识背后的情趣、智慧和文本的价值取向。如《苏州园林》引导学生去欣赏苏州园林的美,体会古代园林艺术的美。《蝉》的作者用生动、富有情趣的语言,描写昆虫的种类、特征及习性,学生不仅可以了解到昆虫丰富的科学知识,还能感受到法布尔敬畏生命的情怀。《被压扁的沙子》作为事理说明性文章,既普及科学知识,把科学的最新信息传递给读者,又运用逻辑推理,把现实生活中的某一事物或者现象,用正确的理论,进行科学的解释,纠正常识错误,从而使读者了解世界万物变化、运动的规律。

二是科学性体现在深刻的方法层面。主题单元的学习重视方法的引导,可以让学生由一篇而知一类。学习《中国石拱桥》《苏州园林》两篇建筑类的说明性文章,可以掌握事物类说明性文章的阅读策略,从而分解出单元学习目标中关于获取信息、整合信息的具体方法,学习鉴赏作者如何解释说明事物背后承载的文化内涵。学生将讲课文中的"学得"转化为自读课文的"习得",在学习支架的帮助下,自主尝试解读文本,发掘文本价值。总结、反思、提炼共性阅读策略,探究对单元主题的思考。在此基础上,学生结合跨媒介阅读搜集信息,尝试发掘身边某一事物背后的文化,并用准确规范的语言展示自己的探究成果。

总之,我们在引导学生在把握说明性内容的同时,在情感上触动,在审美上受到熏陶,在思想上得到提升,在学习的过程性评价中,重视保护学生的学习兴趣和积极性,从而全面提升语文素养。

(三)课内延伸到课外,构建多样说明性文章学习样态

统编教材对说明性文章的设置也体现出"教读""自读"和"课外阅读"三位一体化的阅读教学体系。教读课文注重阅读技巧和方法的习得;自读课文强调自主学习,学以致用;课外阅读注重知识的迁移和运用。如八年级上册第五单元前两篇是教读课文,介绍一类事物,学生可以习得说明性文章的基本知识和能力;后三篇是自读课文,介绍一个事物,学生可以在自主学习中巩固运用所得知识,提升能力。八年级下册第二单元前两篇是教读课文,要求学生理清说明顺序,训练学生分析推理能力;后两篇是自读课文,文本以生动有趣的拟人化语言,吸引学生自主参与学习;文本拓展练习中课外阅读学习内容,则要求学生或阅读相关书籍,或查找相关资料阐述自己的认识,或为课文补充例证,或有教师推荐阅读相关专题学习内容,开阔学生阅读视野,增强学生对说明性文章阅读能力,提升学生的思维品质。教材八年级上下册说明性文章的教读自读课型的设置,很好地体现了教读课训练能力,自读课巩固能力,课外拓展视野,三位一体有机结合,帮助学生构建说明性文章的阅读体系。

(四)编排注重"说明阅读"与"说明写作"相结合

统编教材说明性文章单元的编写,注重阅读和写作相结合。单元导语对学生阅读说明性文章和写作专题的要求是相互契合的。八年级上册第五单元作为事物说明性文章,是学生初次系统接触说明性文章的开始。

单元学习的目标是"说明要抓住事物的特征",单元文本主要通过巧妙地组织结构、综合地运用说明顺序、合理地使用说明方法、准确生动地使用字词等,突出说明对象的特征。这就要求在说明性文章阅读教学中,通过对文本

的阅读与学习,将课文中习得的"说明事物要抓住特征"的阅读方法,运用到事物说明性文章的写作中,架起事物说明性文章阅读与写作的桥梁;八年级下册第二单元是事理说明性文章,学生在前期学习的基础上,进一步学习"合理的说明顺序",即跟着课文学习"说明之理"和"说明之文",析文明理,理顺逻辑,聚焦语言,学生通过文本学习,模仿其说明顺序和说明方法,完成写作。教材设置的事物与事理两个单元旨在引导学生掌握说明性文章写作。打通阅读与写作的渠道,遵循由浅入深、由易到难、螺旋式上升的原则,构建说明性文章的写作知识体系。

三、说明类文章教学策略

说明性文章具有丰富实用的科学价值,介绍活字印刷术、介绍中国建筑园林和绘画艺术、介绍科学领域的研究……我们在两个主题单元的学习中,有目的地开展富有逻辑性的学习任务序列,帮助学生掌握基本的科学探究方法,提升思维的条理性和逻辑性,培养学生的思维习惯,一方面提高科学文化素养,理解中外优秀文化成果;一方面培养说明性语言的实践应用能力和学生求真严谨的科学精神。

(一)感受科学精神,发挥育人功能

新课标重视对学生精神生命的哺育,所以在教学过程中,注重感受文本的人文情怀,重视学生的情感体验、激荡、深化及升华的过程,通过充满人文情怀的情景创设,不断把学生的心灵引向精神生命的高度。

第一,根据单元科学精神主题,确定每一篇选文的育人目标。八年级下册第二单元人文主题为"科学道理"要求学生"领略求真、严谨的科学精神",激发科学探索的兴趣,培养敢于质疑问难、自主思考的品格,体会作者传递的科学之美,思考如何使自己成为一个求真严谨的科学工作者"。又如,八年级上册第五单元人文主题为"文明印记"要求学生"感受前人的智慧、革命精神的宝贵,探索自然奥秘,体会作者传递的文明印记之美,思考如何使自己成为一个古老文明的传承者"。《人民英雄永垂不朽》作者周定舫以"瞻仰记"的形式,以"人民永垂不朽"为贯穿全文的主线,将空间顺序、时间顺序和逻辑顺序

巧妙结合起来,全面深入、准确客观地介绍了人民英雄纪念碑的特征,同时表达了对革命英雄的深切感激、怀念与无限崇敬之情,激励当代中华民族儿女继往开来、勇往直前。因此,本文不仅具有说明性文章的一般特点,而且情感浓烈饱满,具有很强的感染力和教育价值。基于此可创设学习活动:"本文语言除了准确,还饱含深情,请同学们勾画相关语句,读一读。"课文出现三次"瞻仰",两次"庄严、雄伟",对人民英雄的怀念、崇敬之情,渗透在字里行间,碑文中反复出现的"人民英雄永垂不朽",更是字字千钧,铭刻历史,歌颂英雄,让学生深刻感悟为中华民族发展所牺牲奉献的革命英雄身上所闪耀的生命光芒。学习从语言到文学文章再到文化与审美,实现教学的阶梯式。据此,文化自信与传承在课堂中落地生根。

第二,发挥说明性文章的育人功能。说明性文章注重客观的说明和描述,其语言质朴平实、科学严谨、客观冷静,但是蕴含着作者的情感态度和价值观。深入文本,与文本对话,就能品味到文本所折射出的求实的科学态度和严谨的思维方法,感悟到文本所蕴藉的人文情怀和审美情趣。《苏州园林》设计这样一个活动:苏州园林"画中游"。阅读一段文本,配乐欣赏图片或者视频,让学生组织语言进行解说。在实践活动中欣赏古代园林艺术的美,感受园林工匠独具匠心的智慧与技艺。

通过这些学习活动,引导学生关注身边的文化,表达和交流自己在生活中的发现与感受,逐步建立文化自信,让学生在优秀的人类文明成果和开阔的视野中,不断增强文化的自信。

(二)整合单元内容,构建系统的说明知识体系

叶圣陶先生说过,说明性文章就是要"说明白",要忠实于事物的客观性和知识性。说明性文章作为一种对客观事物、事理进行解说的实用文体,有自己独特的知识系统。所以两个单元的学习应当帮助学生构建较完整的说明性文章的知识系统。

现行统编语文教材八年级上册初步构建说明性文章基本知识:把握说明性文章的文体特征;了解说明方法,学会抓住特征来说明事物;体会说明语言

的准确、周密,增强思维的条理性和严密性;学习通过分析、综合揭示事物本质和规律等抽象思维方法。八年级下册继续巩固说明性文章知识,学习科学方法和体会说明性文章不同的写作风格,所以我们要注意理清文章的说明顺序,筛选主要信息,读懂文章阐述的事理;还要学习概念、判断、分析和推理的基本抽象思维方法。在实际课堂中将说明对象及特征、说明方法及作用、说明顺序及说明语言等要素进行有机组合,设计一系列学习任务:提取关键信息概括说明对象特征;筛选文中(包含科学的说明方法和准确生动的说明语言)语句完成介绍解说;读写结合等。在语言积累、梳理和运用中,将感性的认知学习提升到理性的总结,将理性知识转化语言实践应用能力与科学推理能力。合理恰当地引入课外资料(写作目的、时代背景、相关领域研究等方面),拓宽学生广阔视野,探讨更恰切的说明方法或者说明顺序,引导学生锻炼学生分析问题、解决问题的逻辑思维能力,从而构建说明性文章知识体系。

对自读课《梦回繁华》的学习,教师采用学生自主阅读、完成学习任务的方式推进。"通读全文,用课文中的词句回答《清明上河图》的特点,并组合文中相应的语句,简洁地介绍这一特点。"条理清晰地概说说明对象的特点,培养学生提取信息、抓住特征说明事物的语言建构与运用能力。"细读课文第四段,理清说明顺序,学习作者合理的说明顺序。"想要突破这个难点,必须让学生了解说明顺序的两个维度:一是把握说明对象的特征和规律安排结构,使说明的内容井然有序,条理清楚;二是按照读者对说明对象的认识规律先总体、后具体。《梦回繁华》按照"内涵—内容—价值"的思路展开,清晰而全面,重点突出,就说明《清明上河图》这幅画作的主体内容,主要采用画面"开卷、中段、后段"的空间顺序,这样的顺序有利于将这幅画说明清楚,讲解到位。可见合理的说明顺序,能够使文章的条理更加清晰,也能够让读者准确把握事物和事理本身的特征。这些学习活动的完成,逐步为学生建构系统的说明顺序知识。《大自然的语言》是一篇从现象到本质进行科学阐述的说明文。第六段"物候现象的来临决定于哪些因素呢?"以设问句单独成段,综合了7—10段内容,阐述了决定物候现象的四个要素。设置学习活动:"请研读课文6—

10段,阐释这一部分的结构与顺序都非常有条理,十分讲究说明顺序。"通过活动,理清段落的顺序,培养学生思维分析、综合能力。最后,通过单元学后复盘,对学习说明性文章的知识点进行总结和深化,完成归纳和提炼更高位的逻辑思维能力的培养,构建说明性文章完整科学有序的知识体系。

(三)创设真实的说明性文章学习情境,注重实际问题的解决

新课标要求学生的语文学习必须从生活实际出发,教师要努力创设丰富多样的真实情境,激发学生的好奇心、想象力和求知欲,让真实的情境带学生走向说明性文章的阅读,在实践活动中丰富体验感受,获得语言运用的经验,不断锤炼修正完善,提升驾驭说明性文章在生活中的实用价值的能力。例如,《阿西莫夫短文两篇》中的这句:"我是一个沉睡已久的'恐龙宝宝',我是怎么离开家族到达南极的詹姆斯岛的?"用拟人的手法第一人称来讲述,这样的意图是使文章变得亲切,为下面的进一步推理做准备。了解恐龙化石在南极的原因,必然会遇到"泛大陆""大陆漂移"的地理知识。"'小石头大作用'请你以'斯石英'的口吻,作一个自我介绍。"必然会介绍斯石英性质及产生的原理,这对文中的推理起着至关重要的作用。学生在真实的情境中,回归生活,让知识"活化""个性化"与"具体化",在学习实践活动中养成积极思考的习惯,提升思维能力,培养学生的核心素养。

(四)生成结构化的说明性文章学习任务,提高综合实践能力

说明性文章作为实用性文本,从学生语文生活实际出发,整合目标与内容、情境与活动、过程与策略等相关要素,设计课前、课中、课后等丰富多样的学习任务,推动积极的语文实践,"引导学生在广阔的学习和生活情境中学语文、用语文,提高交流沟通、团队协作和实践创新的能力"。所以组织学生的学习实践活动成为主要的教学策略,按照学生认识事物的规律,引导学生在进阶式的学习任务中不断提高学生的实践能力。

课前学习任务,准备丰富的学习资源。引导学生自主搜集学习资源。例如,作者生平介绍,相关科研领域的发展历程及最新突破等资料的搜集,实现语文学习的泛在性,建构文本资源、自然与社会生活的彼此关联。

课中学习任务,学生交流合作,训练学生提出问题、解决问题的能力。如《苏州园林》创设学习任务是苏州园林研学活动,分两个学习活动来完成:第一,请用一个词或句子概括苏州园林的特征,并简要说明理由。第二,请围绕《苏州园林》某一处院子或者某一特点完成研学策划。学生需要搜集各种资料,确定研学主题,游园、观景、研究古建筑、动手制作相关文创作品等。在合作探究中明确"主题活动",在活动设计中凸显文化意蕴。所有学习活动都是学生综合能力的体现,培养的是分析综合的逻辑思维品质。

其次,说明性文章的逻辑思维严密,适合用来培养学生严谨的思维能力。课中通过绘制图画表格和思维导图的形式,提升学生思维的条理性。例如,通过做思维导图梳理《蝉》的行文脉络,围绕"说明事物要抓住特征",用文中关键词句或自己的语言准确概括"蝉"的特点。

另外,在阅读中积累语言,通过课中写作的实践活动,有效地打通阅读与写作的通道,做到读写结合。例如,《大自然的语言》设置读写结合的学习活动:朗读背诵第一段,话题:品析这一段的语言表达之妙";然后以"大自然的语言"为题,进行仿写训练。教师举例:"你看那偷偷钻出的小草/这是大自然的语言/嫩绿的小脑袋/告诉人们春天来了/知了聒噪的叫声/告诉人们夏天到了/玉米挺着滚圆身体/那是金灿灿的秋天/冰花铺满窗户/白茫茫的冬天已到。"积累语言,品读赏析语言,为微写作铺垫基础,在一系列的学习实践活动中,学生感受、积累诗意的语言并达到创造的高阶学习。

课后学习任务,培养学生高迁移性的关键能力。对于说明性文章的写作,让学生借鉴文章的写法,将阅读鉴赏迁移到说明性文章的写作方法,将其转化为写作能力。《人民英雄永垂不朽》设置作业"实地考察本地的纪念碑,了解其建筑特点、相关史实和历史意义,积累碑文,发布文字或解说视频"。运用习得的说明性文章的知识,根据已有资料,进行说明性文章写作,在教学中落实审美鉴赏与创造的教学目标。

(五)落实说明性文章目标为导向的评价效益,促进学生共生长

新课标指出实用性文本"评价应注重学生真实生活情境中的语言运用的

实际表现",还指出过程性评价的要求"应引导学生注意实用性阅读与表达的目的、对象、情境,以及交流效果"。

我们需要多元主体、多种方式有效评价学生实践活动。教师实施过程性评价,课堂中教师鼓励、表扬和引导都会激发学生思维的深刻性、独创性,同伴之间互评,激发学生思维的敏捷性、灵活性。学生有效利用评价的过程和结果,促进自我反思学习过程,改进学习方法,教师引导学生内化评价标准,把握评价尺度,在评价中学会评价。

落实过程性评价与终结性评价相结合的原则。根据"教读""自读"和"课外阅读"三位一体的阅读教学体系,进行分类评价。例如,教读课《中国石拱桥》根据三个学习任务,设置了三个评价量表。学习活动一的评价量表从语文学习习惯(积累、圈点批注)、思维能力(概括、条理清晰)、语言表达(流畅)三个维度五个方面评价学生整体感知情况,督促学生养成良好习惯,有意识训练概括能力和语言表达能力。学习活动二的评价量表,可以从理解能力(画图合理精致)、筛选信息能力(准确提取信息)、思维能力(逻辑清晰)、语言表达(说明信息准确、解说严谨)三个维度五个方面评价学生研读段落的能力,训练学生理解、筛选、分析综合的思维能力;学习活动三的评价量表从筛选信息能力(检索信息准确)、分析综合能力(阅读分析透彻、说明方法作用分析恰当)、语言表达(表述条理清晰、描述的语言生动形象)三个维度五个方面评价学生语言赏析状况,培养学生赏析语言审美能力,并在实践中运用语言的能力。每项学习任务都是多元评价,实现了学生自评、互评、教师总评有机结合。注重了语文学习习惯的养成,增强了学生学习的目标意识,关注了学生的思维过程,提升了语文实际应用能力。让每个学生尽力参与课堂,时刻被关注,学有所获。

自读课中重视学生自评和同伴互评。如《人民英雄纪念碑》从中选择你熟悉的一座,搜集资料,尽可能实地探访,了解它的建筑特点、相关史实和历史意义,在此基础上,借鉴课文写法向同学作些介绍,并利用互联网发布自己的文字或音视频作品。用学生自己评价打分、同学不记名投票的方式,选出三个优秀视频,并进行全班奖励。

课外阅读中,学生自己设计学习活动,如制作书签、人物画像和读书提纲等,也可以自己出测试题,进行自我、同伴及教师等综合评价。《大雁归来》课后推荐阅读《沙乡年鉴》,学生用自己喜欢的形式,如制作读书小报、录制朗读小视频等展现自己的阅读收获,并为自己打分。总之,恰到好处地落实教学评价策略,能够更好地激发学生学习的积极性和主动性。

总之,说明性文章不仅在培养学生语言实际应用能力方面发挥着不可替代的作用,而且以其独特的实用价值在实用性文本研究中占有重要地位。今后我们应在教学实践中不断创新,为提高学生的语文核心素养做出更大努力。

(乌鲁木齐市第五十中学　袁红梅)

参考文献:

[1] 中华人民共和国教育部.义务教育语文课程标准(2022年版)[S].北京:北京师范大学出版社,2022.

[2] 王卓妍,邓杨,赖建藤.教你会读事物说明文——八年级上册第五单元整体教学设计[J].语文教学通讯,2021(22):87–92.

[3] 李一凡,崔铁成,董立然.未来教室·探索与发现——八年级下册第二单元整体教学设计[J].语文教学通讯,2022(22):66–70.

[4] 石礼莎.部编本初中语文教材实用文选编研究[D].山东师范大学,2022.

[5] 龚家慧.比较阅读在初中说明文教学中的运用研究[D].上海师范大学,2019.

第三章
小说教学案例与研习

《范进中举》教学设计

【教学目标】

1.能够用场景概括的方式理清小说故事情节。

2.能够通过自主、合作、探究的学习方式,找准细节,品析语言,完成情境任务。

3.能够通过对比人物形象的前后差异做出人物性格成因的合理分析。

4.能够写出对小说主题评析的文章,做到观点明确、论据充分。

【教学重、难点】

1.整体感知课文内容,理清小说故事情节。

2.了解小说刻画人物的艺术手法及其作用。

3.认识封建科举制度的罪恶,把握作品的主题。

【情境任务一】

编导课本剧,招募演出者。

咱们班有一群热爱表演的同学希望演出《范进中举》,好的演出离不开优秀的导演和编剧,你们需要分组成立编导组,选择文章中一个场景进行编剧,剧本制作好后,班级将进行一场"编导说明会"来展示你们的编剧成果,注意,你们的编剧水平直接决定了有没有演员选你们的本子来表演。

(设计意图:对课后练习第五题的改编。)

【情境任务二】

墙上辩论赛:范进中举,喜极发疯,是悲剧还是喜剧?

(设计意图:课后"思考与探究"第一题的落实。)

【预习准备】

1.阅读小说,勾画出你觉得可笑之处,准备课上分享给同学们。

2.分组查阅资料《儒林外史》、吴敬梓、科举制度。

【教学内容】

一、自由说一说

同学们读了《范进中举》一定有让你觉得可笑的人、可笑的事,把你认为可笑的地方读一读说一说,分享一下我们的初读感受。

(设计意图:热场,熟悉文本,激发阅读与讲究兴趣,初步感受小说的讽刺艺术;你说一处,我说一处,你说的也许我没发现,我说的也许你没注意,经过五六位同学的分享,小说的一些关键处,没有发现的地方就会被共享出来,为接下来的学习扫清障碍。)

二、介绍《儒林外史》及作家吴敬梓

这么可笑的事,可笑的人到底出自怎样一部书,作家吴敬梓为什么要写这么一部书,科举制度是怎样一种制度,请各小组把你们搜集到的资料予以分享展示。

(设计意图:自研自学,能自己学会的不讲,能互相学习的不讲;用资源教。)

三、理清小说情节,认领编导场景

1.请你概括每一个场景出现的核心人物及其行为,梳理文章一共描绘了几个经典场景。

明确:范进进学,胡屠户贺喜—范进讨钱,胡屠户臭骂—范进卖鸡,邻居

报信—范进发疯,胡屠户出手—张乡绅送房送钱,范进受钱—范进送银,胡屠户收钱

(设计意图:梳理情节的一种变式,梳理情节是阅读小说的第一步,考查学生概括能力,"核心人物及其行为"是给学生概括的方法即"谁何时何地做了什么"。)

2.请同学们自由组合形成一个编导组,认领一个场景,借助提供的资料进行第一次编导说明文案的编写,写出第1—4条。

(设计意图:小组自主、合作、探究,学生进行自研式的文本细读,关注细节,揣摩语言;用资源教,教师导拓宽课堂容量与深度学习。)

附:编导说明的文件格式:

(1)场景名称:

(2)表现主旨:(演出要达到的效果,要演出什么来。)

(3)情节概述:

(4)需要特别关注的细节:

(5写舞台说明:(重点在"人物语言说明"。)

资料提供

首先是舞台说明:舞台提示又称舞台说明,是剧作者根据演出需要,提供给导演和演员的说明性的文字。按其内容和作用的不同,可分为四种形式。是剧本语言不可缺少的一部分,是剧本里的一些说明性文字。舞台说明包括剧中人物表,剧情发生的时间、地点、服装、道具、布景以及人物的表情、动作、上下场等。这些说明对刻画人物性格和推动、展开戏剧情节发展有一定的作用。这部分语言要求写得简练、扼要、明确。这部分内容一般出现在每一幕(场)的开端。结尾和对话中间,一般用括号(方括号或圆括号)括起来。

其一,人物说明。一般指戏剧文学剧本的"人物表"。它主要是介绍登场人物的年龄、职务和人物间的关系,简明扼要地介绍剧中人的概况。

其二,舞台场面说明。包括剧情发生的时间、地点、环境设计;灯光效果、道具运用;人物的上场、下场以及幕的启闭等动作。

其三，人物语言说明。这是通过对人物表演过程中的动作、情态的说明，来刻画人物性格、推进剧情发展的一种主要的表现手段。同时，也为演员提供了动作表演的依据。这种说明一般用圆括号来标明，如"（脸色一沉）""（以手叩额，往返急走）""（大怒）"，等等。

其四，唱腔、板式说明。（略）

其次是《儒林外史》中范进首次出场的形象：

"面黄肌瘦，花白胡须，头上戴一顶破毡帽；那童生（范进）还穿着麻布直裰，冻得乞乞缩缩……学道道：'你今年多少年纪了？'范进道：'童生册上写的是三十岁，童生实年五十四岁。'学道道：'你考过多少回了？'范进道：'童生二十岁应考，到今考过二十余次。'"

3.深度探究，探究讽刺效果达成都用到了哪些手段，然后完成编导说明的第5点，写舞台说明。

范进中举后，像"诈尸"一样诈出一个个人物的真面貌真灵魂，这些对比或明或暗，或隐或显，都因为"范进中举"这一突转情节而让大大小小的人物有了精彩表现，讽刺效果得以凸显。仔细找一找，你能找到文章中用了多少对比，做出你的理解与分析。（你可以以人物为分类线索分别去寻找：范进、胡屠户、众邻居、张乡绅。）

（设计意图：上一个环节是分，学生只研读本组所选的单独的场景，这个环节是合，要上下文勾连对比去看，在对比中看出人物的灵魂，深刻理解人物，才能写出舞台说明中人物语言的说明，应该用何语调、语速、情感色彩、动作、表情，才能抓住关键细节，或夸张或细腻设计人物语言。）

4.举行编导说明会，教师点评。（要求分组上台说明，注意倾听，每个组上台前先对上一组做出点评及听后收获，然后再做本组说明；演员现场选本。）

（设计意图：搭建"表达与交流"的平台，现场检验学习效果，教师点评深化小说理解；遵循中学生心理特点，但凡需要上台表现的事情，学生都会认真而积极地准备。）

情境任务二：墙上辩论赛"范进中举，喜极而疯，是喜剧还是悲剧？"

1.请同学们先自由表达自己的观点,倾听别人的观点。

2.阅读论文《〈范进中举〉人物形象悲剧色彩和醒世意义解读》,写出辩论稿,你也可以改变自己的观点,但观点要明确,分析要中肯。你的文章会被张贴在教室墙上,同时你也要阅读墙上辩论稿,给你认为写得最好的辩论稿贴上一个大拇哥。

(设计意图:读写结合,深度思考,指向小说主题探究;运用资源教,教师导的学习方式。学生的讨论见识因为年龄、学识的限制必然是浅显的,课堂上的辩论往往会是这样的情形:你来我往几个回合之后,学生就不知所云,车轱辘话开始轮番来。这时候提供论文阅读,正是"愤而启,悱而发"的时刻,是让思维深化的路径。此外,要相信学生,教师要提供第一手资源给学生,学生没有必要得到教师咀嚼之后的二手"干货",能够阅读专业论文也是自主学习的重要路径。)

附论文:

马立平:《〈范进中举〉人物形象的悲剧色彩和醒世意义解读》

案例研习

一切从教材出发
——《范进中举》教学内容的选择及学习方式的探索

摘要

《范进中举》是九年级上册第六单元小说单元的第二篇小说。本单元也是初中教材中第二次小说专题的学习,四篇选文都是明清经典长篇小说中节选的精彩片段,通过这个单元的学习,学生可以领略传统白话小说的魅力,了解古代生活,丰富人生体验。

本案例的用心体现在两个方面,一是教学内容的选择,二是确定恰当的学习方式。为此不断分析、比较、揣摩、筛选,最终将教材作为教学内容选择的核心依据,将自主、合作、探究作为主要的学习方式。本文将在这两方面做思考过程的阐述,期望给语文同人一些启示与借鉴。

背景信息

《范进中举》节选自《儒林外史》第三回"周学道校士拔真才,胡屠户行凶闹捷报",是《儒林外史》中极为精彩的篇章之一。《儒林外史》通过形形色色的儒林人士的形象,对八股科举和程朱理学进行了辛辣的讽刺和尖锐的批评。节选内容主人公范进是个士人,一直生活在穷困之中,又一直不停地应试,考了二十多次,到五十四岁才中了个秀才。本文写他接着参加乡试并中了举人一事,中心事件是写范进中举前后的变化。文中运用了夸张和讽刺等手法生动地描绘了范进中举后喜极而疯的形象,刻画了这个士人的可怜、可悲的形象,并通过他的命运变化反映了世态的炎凉,同时也形象地说明了封建时代的科举制度是套在读书人身上的精神枷锁,从而揭露了科举制度的罪恶,批判了当时的黑暗现实。

一、教学内容的选择依据

(一)《义务教育语文课程标准(2022年版)》关于语文课程的核心素养的阐述

义务教育语文课程培养的核心素养,是学生在积极的语文实践活动中积累、建构并在真实的语言运用情境中表现出来的,是文化自信和语言运用、思维能力、审美创造的综合体现。四个方面是一个整体。语言是重要的交际工具和思维工具,语言发展的过程也是思维发展的过程,二者相互促进。语言文字及作品是重要的审美对象,语言学习与运用也是培养审美能力和提升审美品位的重要途径。语言文字既是文化的载体,又是文化的重要组成部分,学习语言文字的过程也是学生文化积淀与发展的过程。在语文课程中,学生的思维能力、审美创造、文化自信都以语言运用为基础,并在学生个体语言经验发展过程中得以实现。

(二)《义务教育语文课程标准(2022年版)》对"文学阅读与创意表达"任务群的学习目标的阐述

义务教育语文课程按照内容整合程度不断提升,分三个层面设置学习任务群,小说单元作为典型的文学作品单元属于"文学阅读与创意表达"这一发展型学习任务群,对这个任务群,课标是这样提供教学提示:注意整合听说读写,引导学生综合运用朗读、默读、诵读、复述、评述等方法学习作品。重视古代诗文的诵读积累,感受文学作品语言、形象、情感等方面的独特魅力和思想内涵,提升审美能力和审美品位;鼓励学生在口头交流和书面创作中,运用多样的形式呈现作品,发挥自己的创造性;引导学生成长为主动的阅读者、积极的分享者和有创意的表达者。第三、第四学段,侧重考查学生对语言、形象、情感、主题的领悟程度和体验,评价学生文学作品的欣赏水平,关注研讨、交流以及创意表达能力。

(三)教师教学用书对本单元目标陈述

1.了解明清白话小说的特点,把握小说内容,概括分析故事情节。

2.运用小说要素分析方法,联系全书,分析人物形象,提高对古典小说的赏析能力。

3.学习结合时代背景,探究故事发生的原因,探讨小说表达的主题思想。

4.积累相关的文学文化常识,感受古今语言的变化。

(四)教师教学用书对课文《范进中举》教学重点的说明

1.整体感知课文内容,理清小说故事情节。

进一步提高小说阅读的能力,让学生快速浏览全文,边读边思考文章围绕范进中举写了哪些事,并要求用简要的语句概括情节。

2.了解小说刻画人物的艺术手法及其作用。

结合具体环境,把握人物的性格特点,抓住文中人物语言、动作、神态等方面的描写,指导学生感知和评价人物形象:重点分析范进中举前后的不同境遇和胡屠户等人对范进的不同态度,了解夸张、对比手法,体会讽刺小说的特点。

3.认识封建科举制度的罪恶,把握作品的主题。

结合文本相关内容和课后习题,让学生提炼文章主题,进一步感悟封建社会的世态炎凉和科举制度对读书人的毒害。

(五)《范进中举》课后练习的设计分析

思考探究

第一题:范进中举,喜极而疯,是喜剧,还是悲剧?结合课文的相关描写,谈谈你的看法。

第二题:范进中举前后,胡屠户对他的态度有什么变化?这反映了当时怎样的社会现实?

第三题:《儒林外史》以讽刺的笔法,写可笑之人、可笑之事,蕴含着深刻意味。阅读时,把你认为可笑的地方画出来,想一想可笑的背后隐含着什么。

分析:思考探究三道题分别指向了小说的主题、人物与社会环境、细节与主题,直接对应"文学阅读与创意表达"任务群中"感受文学作品语言、形象、情感等方面的独特魅力和思想内涵,提升审美能力和审美品位"的目标。

第一题,认为是喜剧侧重于艺术效果,认为是悲剧侧重于批判与揭露,都是主题表现的殊途同归,这个问题兼顾了小说艺术手法与主题表现的关系。

第二题,通过对比胡屠户这个人物在范进中举前后的天差地别,表现他前倨后恭的势利丑恶,以他的思想灵魂折射出科举制度对社会的影响已经深入到社会底层,这就是范进生存的社会环境的投射,也直接表现了批判科举制度罪恶的主题。通过这道题的分析,学生将学会小说人物、环境与主题的关系,人物与环境共生从而表现主题,这也是小说鉴赏的重要路径。

第三题,"可笑"是讽刺手法达到的效果,"背后隐含""深刻意味"指向主题,这道题依然是指向小说艺术手法与主题表现之间的关系。

这三道思考探究题引导教师应当把"主题、人物、环境、细节描写与讽刺手法作为本篇的教学内容"。

积累拓展

第四题:小说善用细节描写来刻画人物形象。试分析下列几段文字中的细节描写,体会其表达效果。

1. 范进不看便罢,看了一遍,又念一遍,自己把两手拍了一下,笑了一声道:"噫! 好了! 我中了!"说着,往后一跤跌倒,牙关咬紧,不省人事。老太太慌了,慌将几口开水灌了过来,他爬将起来,又拍着手大笑道:"噫! 好! 我中了!"笑着,不由分说,就往门外飞跑,把报录人和邻居都吓了一跳。走出大门不多路,一脚踹在塘里,挣起来,头发都跌散了,两手黄泥,淋淋漓漓一身的水,众人拉他不住,拍着笑着,一直走到集上去了。

2. 范举人先走,屠户和邻居跟在后面。屠户见女婿衣裳后襟滚皱了许多,一路低着头替他扯了几十回。

3. 屠户把银子攥在手里紧紧地,把拳头舒过来,道:"这个,你且收着。我原是贺你的,怎好又拿了回去?"……屠户连忙把拳头缩了回去,往腰里揣……

分析：积累与拓展的训练目标指向小说的细节描写与人物形象塑造的关系，其本质是揣摩小说的语言，鉴赏艺术技巧。充分证明课程标准对语文核心素养的表述"语文课程中，学生的思维能力、审美创造、文化自信都以语言运用为基础，并在学生个体语言经验发展过程中得以实现"，语文学习的核心就是语言的建构与运用。

练习中给的三个例句分别是通过细节描写表现范进与胡屠户的形象，表现他们丑态灵魂，进而突出主题。

这道积累拓展题再次引导教师把细节描写的作用作为教学内容。

第五题：发挥想象，添加细节，将课文改编成课本剧。

分析：这是核心素养的实践证明，引导教师的教学设计要体现"在语文实践活动中"达成核心素养。是情境任务设计的明示，也是读写结合的路径。其中"发挥想象"要求创作内容有画面感，指向"形象"；"添加细节"是第三次强调细节，在鉴赏细节走向创作细节，细节是小说魅力所在；强调"改编"而不是表演，这是指向了"写"的活动，是体现语言文字运用的"表达与交流"的学习活动。

这道题引导教师将"人物形象"与"细节描写"作为教学内容。

将课后练习与课程标准对照做逐一分析之后，我们会发现编者的意图非常明显，这一篇小说的教学内容应该指向小说的"主题、人物、社会环境、细节描写的作用与讽刺手法"。再跟单元目标做一番对照与选择，可以确定本课的教学内容及学习目标。

（六）本设计教学内容及学习目标的确定

学习目标

1.能够用场景概括的方式理清小说故事情节。

2.能够通过自主、合作、探究的学习方式，找准细节，品析语言，完成情境任务。

3.能够通过对比人物形象的前后差异做出人物性格成因的合理分析。

4.能够写出对小说主题评析的文章，做到观点明确、论据充分。

　　以上六个部分就是一篇文本教学内容最终确定的步骤,从课程标准出发到文本课后问题分析,是从顶层设计到具体细节落实的过程,自上往下越来越具体,自下往上每个问题中蕴含的知识与能力都有对应的出处。一篇文本最终确定的教学内容都不是凭感觉、凭经验、凭喜好,而是有依据、有出处、有指导的。课程标准是教师教学的纲领性文件,教材是(从单元说明到课后练习)落实确定具体教学内容的主要依据,教师对课程标准中几个任务群的目标要求熟悉之后,确定教学内容的功夫还是要放在仔细研读、分析教材上,因为编者选什么文,出什么样的思考题一定会目标明确、意图清晰的。教师需要反复研读,从课前预习任务的布置到课后问题的设计中去准确提炼编者意图,从而确实教学内容。

　　当确定内容之后,准确描述教学目标是非常重要的步骤,教学目标的表述应该是清晰、明确、可测量、可操作的,目标中应该既有学习路径的指示,也有做到何种程度的标准。

二、学习方式的选择依据

　　(一)《义务教育语文课程标准(2022年版)》对学习方式的要求

　　《义务教育语文课程标准(2022年版)》"课程理念"第4条强调增强课程实施的情境性和实践性,促进学习方式变革:义务教育语文课程实施从学生语文生活实际出发,创设丰富多样的学习情境,设计富有挑战性的学习任务,激发学生的好奇心、想象力、求知欲,促进学生自主、合作、探究学习;引导学生注重积累勤于思考,乐于实践,勇于探索,养成良好的学习习惯;关注个体差异和不同的学习需求,鼓励自主阅读、自由表达;倡导少做题、多读书、好读书、读好书、读整本书,注重阅读引导,培养读书兴趣,提高读书品位;充分发挥现代信息技术的支持作用,拓展语文学习空间,提高语文学习能力。

　　(二)《义务教育语文课程标准(2022年版)》对语文学习活动的阐述

　　语文的学习活动有三类:"阅读与鉴赏""梳理与探究""表达与交流"。

　　课程标准显示学段对"阅读与鉴赏"的要求是这样说的:欣赏文学作品,有自己的情感体验,初步领悟作品的内涵,从中获得对自然、社会、人生的有益启示。能对作品中感人的情境和形象说出自己的体验,品味作品中富于表现力的语言。

对"表达与交流"的要求是:注意对象和场合,学习文明得体地交流。耐心专注地倾听,能根据对方的话语、表情、手势等,理解对方的观点和意图。自信、负责地表达自己的观点,做到清楚、连贯、不偏离话题。注意表情和语气,根据需要调整自己的表达内容和方式,不断提高应对能力,增强感染力和说服力。写作时考虑不同的目的和对象。根据表达的需要,围绕表达中心,选择恰当的表达方式。合理安排内容的先后和详略,条理清楚地表达自己的意思。

对"梳理与探究"的相关要求是:自主组织文学活动,在活动过程中体验合作与成功的喜悦。就共同关注的热点问题搜集资料,调查访问,相互讨论,能用文字、图表、图画、

照片等展示学习成果。能提出学习和生活中感兴趣的问题,共同讨论,选出研究主题,制订简单的研究计划。能从书刊或其他媒体中获取有关资料,讨论分析问题,独立或合作写出简单的研究报告。掌握查找资料、引用资料的基本方法,分清原始资料与间接资料,学会注明所援引资料的出处。

(三)《范进中举》课后问题设计中隐含的学习方式的分析

思考探究

第一题:范进中举,喜极而疯,是喜剧,还是悲剧?结合课文的相关描写,谈谈你的看法。

第二题:范进中举前后,胡屠户对他的态度有什么变化?这反映了当时怎样的社会现实?

第三题:《儒林外史》以讽刺的笔法,写可笑之人、可笑之事,蕴含着深刻意味。阅读时,把你认为可笑的地方画出来,想一想可笑的背后隐含着什么。

分析:第一题"说一说",第二题"比一比",第三题"想一想"。语文的学习活动听说读写应该贯穿始终。

第一道题"谈谈你的看法",是"说"的活动,也是"听"的活动,听一听同学怎么说,说给同学们你的看法。属于"阅读与鉴赏""表达与交流"的语文

活动。

第二道题"比一比",是"读"的活动,默读、勾画筛选、思考,如果设计表格还可以是"写"的活动。这属于"梳理与探究"的语文活动。

第三道题"画出来""想一想",让学生表达出来,这是"读""说""听"的活动,属于"梳理与探究""阅读与鉴赏""表达与交流"都包含其中的语文活动。

不管语文教学怎么改革,不管推行什么样的课程理念,听、说、读、写训练都是语文教学的基本活动。"听"要基于任务完成、信息筛选与分享、问题解决的听;"说"是要基于具体情境、按照规定要求的说,既要对内容(说什么)有要求,也要对形式(怎么说)有要求;"读"则要求让学生读进文本、读透文本、读出发现,在文本阅读中形成属于学生自己的感受和体验、问题和困惑、认识和判断,那就要求老师要设计适当的任务引导学生去读。

积累拓展

第四题:小说善用细节描写来刻画人物形象。试分析下列几段文字中的细节描写,体会其表达效果(句子略,见上文)。

分析:这道题的语文活动属于"阅读与鉴赏"类,是在为学习活动提供材料,提示重点,编者要告诉师生:看这里!看这里!看这里!引导教师在做设计时要把这几则材料作为关注的重点。

第五题:发挥想象,添加细节,将课文改编成课本剧。

分析:这道题是"写"的活动,是"表达与交流"类语文学习活动。语文课要采用多种多样的写的活动,促进学生的思维发展与提升,培养学生的表达交流能力。"写"的活动对阅读教学、写作教学和语言能力培养都非常有意义。

这道题也实实在在地落实了课程理念"增强课程实施的情境性和实践性,促进学习方式变革"的要求,这对教师设计教学是一个有时代价值的指导。

通过对课后练习所隐含的学习活动的分析,发现所编问题涵盖了语文的三大学习活动"阅读与鉴赏""梳理与探究""表达与交流",听说读均在其中。并且给出了探讨的问题,分析的材料甚至情境任务,三大活动如何落实编者给出了明确提示。

基于以上分析,结合已经选择的教学内容,设计了以下的学习任务,即确定了自主合作探究的学习方式的表现形式。

(四)本设计对学习任务的设计及学习方式的选择

情境任务一:编导课本剧,招募演出者(内容略、见设计)。

为了让学生顺利完成任务,教师要思考完成任务过程中需要的支架,所以提供了一个格式框架,及"舞台说明"的知识链接和选文之前的范进首次出场的形象的内容(内容略、见设计)。

这个活动任务涵盖了语文的三类学习活动"阅读与鉴赏""梳理与探究""表达与交流",考查学生的筛选信息的能力,概括、分析的能力。课后思考题也已经暗含其中,是统领整个学习过程的核心任务。

情境任务二:墙上辩论赛:范进中举,喜极发疯,是悲剧还是喜剧?

"辩论"是要求"说",有观点,要负责任的表达;"墙上"则要求"写",是语言文字的运用,是思维的文字化,之所以文稿上墙,教学时间是一个限制,但更重要的是保证人人参与,辩论赛毕竟只是8个学生的表演,还要求评选出最佳辩论稿,要求学生去读去品去评,这也是学习的过程。

之所以这个"主题探讨"的学习内容要以"辩论"的方式开展,根据多年的教学经验,学生是非常热爱辩论的,以辩论形式展开写作,学生写作有明确的对象意识,文中有我,不会空洞。但辩论对学生来讲困难在于观点表达完了,简单地驳斥对方之后就无话可说,所以还需要支架,于是提供了一篇学术论文,在阅读论文的过程中学生对小说主题的认识深化了,自己的写作也有了借鉴依据。

此外,教师用资源教,教师导的方式实施教学,学生用自主、合作、探究的方式进行学习,避免了教师的灌输、说教,也激发了学生的自主性与能动性。这也是课程理念对学习方式的要求。

案例正文

第一次设计:确定了小说的教学内容,按部就班设计探讨问题与教学步骤。

教学流程:

一、整体把握

1.介绍《儒林外史》的主要内容及作者吴敬梓。

2.梳理小说的情节。

二、人物形象分析

1.范进。

2.胡屠户。

3.张乡绅。

4.众邻居。

三、素养提升

《儒林外史》是一部社会讽刺小说,它像一面镜子照出了科举制度下形形色色士人的丑恶嘴脸和封建末世衰颓的世风。探究课文讽刺手法的用法及效果:

1.夸张手法。

2.对比手法。

3.运用典型细节揭露人物的矛盾。

四、问题探究

1.范进中举后发疯的原因是什么?

2.范进式悲剧的社会意义是什么?

五、课后练习解答

反思:这是一份依据教师教学用书内容整理的设计,应该说内容准确,符合更多的教师日常教学的备课规律,这份设计对教师准备教什么是有指导价值的,但俨然这样的设计非常的无趣,在这个设计里学生是不存在的。

第二次设计:关注学情,以学生为中心从学的角度设计学习支架,增强学习体验。

教学流程:

一、解析文题,初识范进

补充资料范进中举前的一些情况,引出主要人物范进。

二、聚焦范进,梳理信息,了解人物

活动一:下面是一张范进的人物小档案,请结合小说中的内容,完成档案中的各信息

姓名:

年龄:

职业:

身份:

特长:

履历:

经济状况:

社会关系:

性格气质:

人生理想:

三、场景设计,梳理情节,分析人物

活动二:如果你的班级准备为《范进中举》排演一个课本剧,你会推荐哪些场景?

请以"范进"为主语概括全文写了哪些场景,并分析这些场景分别表现范进的何种丑态?

范进进学　范进讨钱　范进卖鸡　范进发疯　范进挨打　范进受礼
范进送胡屠户

分析：

场景:范进讨钱—范进的"穷酸之丑""卑微之丑"

场景:范进卖鸡—范进的迂腐之丑

场景:范进喜极而疯—范进的痴迷之丑

场景:范进受礼(乡绅赠房)—范进的虚伪之丑

四、重点研读,纵横对比,品析变化之丑

活动三:剧组要为《范进中举》的课本剧设计一张海报,除了把迂腐的范进放到中心位置,还可以选择哪些人物？请你结合原文,对所选人物的丑态进行品析

所选人物:_____(胡屠户 张乡绅 从邻居)

表3-1　人物分析表

阶段	原文依据	聚焦细节	丑态品析
中举前			
中举后			

五、品味细节,咬文嚼字,感受世态炎凉

活动四:老师摘录了两段文字。请同学们细细品味,看看你能发现什么？

1.众邻居劝道:"老太太不要心慌。我们而今且派两个人跟定了范老爷。这里众人家里拿些鸡蛋酒米,且管待了报子上的老爹们,再为商酌。"

2.众邻居一齐上前,替他抹胸口,捶背心,舞了半日,渐渐喘息过来,眼睛明亮,不疯了。众人扶起,借庙门口一个外科郎中的板凳上坐着。

小结:范进高中后,身份赫然提高,封建的等级观念一下子体现出来,作为同样生活在社会底层的"众乡邻",马上意识到自己与范进已经有了身份、地位的差异,必须对他毕恭毕敬。其实,他们对范进的恭敬,说到底是对封建权势的恭敬。

六、对话作者，探究写作意图

活动五：看下面两则材料，请你跟作者对话，探究写作意图

材料一："回忆去岁饥荒，五六七月间，柴米尽焦枯，贫无一寸铁，赊不得，欠不得，虽有近戚远亲，谁肯雪中送炭？侥幸今朝科举，一二三场内，文章皆合式，中了五经魁，名也香，姓也香，不拘张三李四，都来锦上添花。"

材料二：他（吴敬梓）所创作的《儒林外史》不仅描写了一个时代的知识分子的生活命运，而且反映了以他为代表的先进知识分子对社会理想的探索与追求。

七、总结收束，布置作业

有人认为，范进中举，大家一片欢喜，而所谓的"大喜"，其实是他个人的"大悲"乃至整个国家的"大悲"，请结合观点做200字左右的简评。

反思：第二次设计教学内容没有变，依然聚集在人物形象、细节描写、主题探讨的方面，相较于第一次设计，充分考虑了学生的学，设计了学习支架，有具体的学习任务，每一个任务的完成都需要学生听说读写地参与，但还是有问题：

1.七个学习环节尽管有连接关系，但还是各自为政，每一个学习活动都是独立的、分裂的，欠缺整体性。

2.有些活动设计还是略显幼稚牵强，比如为范进创建一个档案的各项内容，学生填表过程中的娱乐性会削减课堂的严肃性和深度思考。

3.尽管有的活动有情境设计，比如"如果你的班级准备为《范进中举》排演一个课本剧"，一个"如果"学生就知道是假的，假的情境是无法激发学生做任务的兴趣的。

4.活动太多，实际上教学时间是非常有限的，活动就会蜻蜓点水都落不到实处。一个活动要包含多个知识点、能力点，比如活动三、四、五可以整合，把活动做实，听说读写落到实处，才是设计的要义。

5.课后练习没有充分融入学习过程。

第三次设计:聚集整体,从真实情境出发,让任务驱动学生在自主、合作、探究中发生真实的学习。

基于以上两次教学设计的研讨,第三次教学设计的核心是要实现:

1.设计出能够统领整个学习过程的核心任务,让核心任务贯穿始终,在核心任务统领下进行逆向设计,学习任务要包含预设的所有教学内容;子任务的顺序要前后呈阶梯,水到渠成完成核心任务。

2.充分调动学生参与课程的积极性、能动性,让学生在真实情境中以自主、合作、探究的方式去学习去体验去展示;学生是学习的主体,教师的任务是要搭建平台,展示学生。

3.用资源教教师导的教学方式来增加学习深度与课堂容量。在每个任务环节要分析学生完成任务所需要的支架和资源,提供给学生。

教学流程见本文第一部分"教学设计"。

小说教学探析

小说是艺术，是"语言文字运用"的重要载体，是优秀传统文化的承载，是认识世界的通道，因而小说是语文学科教学的重要内容，小说教学也是培养学生语文核心素养的重要"工具"。因此，在实施初中语文小说阅读教学时，教师如何认识小说，采用适当的策略创设教学活动，引导学生学习体验，教会学生鉴赏小说的知识、能力与策略，通过学习小说增强核心素养就显得尤为重要。本文将从多年的小说教学实践与发现中进行提炼总结，努力找到教学小说的一些路径与策略。

一、循序渐进，熟悉小说在教材中的布局与功能，有序列有层次地进行小说教学

通过梳理部编初中语文教材中的小说篇目，发现小说这一文体在三年的语文教材中的布局是这样的：

表3-2　初中语文教材中小说的分布及单元学习说明

位置	篇名	单元主题及文本组合方式	单元学习重点
七年级上册	第四单元 13. 植树的牧羊人/让·乔诺	人生的意义和价值/各种文体杂合	本单元继续学习默读。学会通过划分段落层次、抓关键语句等方法，理清作者思路
七年级下册	第三单元 12. 台阶/李森祥	"小人物"身上的光辉品格/各种文体杂合	本单元的学习注重熟读精思，要注意从标题、详略安排、角度选择等方面把握文章重点。还要从开头、结尾、文中的反复及特别之处发现关键语句，感受文章的意蕴
	第四单元 15. 驿路梨花/彭荆风	中华美德/各种文体杂合	本单元重点学习略读。还要注意在阅读文章的基础上，对内容和表达有自己的心得

续表

位置	篇名	单元主题及文本组合方式	单元学习重点
八年级上册	无		
八年级下册	第一单元 1.社戏/鲁迅	理解民俗的价值和意义/各种文体杂合	学习本单元，要注意体会作者是如何根据需要综合运用多种表达方式的；还要注意感受作者寄寓的情思，品味作品中富于表现力的语言
九年级上册	第四单元 15.故乡/鲁迅 16.我的叔叔于勒/莫泊桑 17.孤独之旅/曹文轩	少年成长、认识社会理解人生/中外小说	学习这个单元，要学会梳理小说情节，试着从不同角度分析人物形象，并结合自己的生活体验，理解小说的主题
	第六单元 22.智取生辰纲/施耐庵 23.范进中举/吴敬梓 24.三顾茅庐/罗贯中 25.刘姥姥进大观园/曹雪芹	领略传统白话小说的魅力，了解古代生活，丰富人生体验/明清古典小说	学习这个单元，要抓住小说的主要线索，梳理故事情节；把握人物形象，探讨其性格形成的原因；结合具体描写，了解古代白话小说的艺术特点
九年级下册	第二单元 5.孔乙己/鲁迅 6.变色龙/契诃夫 7.溜索/阿城 8.蒲柳人家（节选）/刘绍棠	领略人物喜怒哀乐、悲欢离合，体悟世态人情、时代风貌/中外小说	学习本单元，要在梳理情节、分析人物形象的基础上，对作品的内容、主题有自己的看法，理解小说的社会意义。还要学习欣赏小说语言，了解小说多样化的风格

从表3-2的梳理可看到：在七、八年级四册书中，一共只出现四篇小说，都是与其他文体杂合组在了各单元中；从单元学习目标来看，文本的功能也不在于学习小说这种文学样式，更侧重于单元人文主题的理解和作为精读、略读、默读等阅读方法的学习材料；到了九年级，小说才开始独立成单元组合，九年级上册有两个单元七篇小说，九年级下册一个单元4篇小说，明显成为学习重点，单元学习说明也非常明确地指向了对小说这一文体的学习。

这样的序列安排提醒教师在七、八年级的授课中，教师没有必要将这四篇文本作为专门的小说来教授,可以根据课后练习的提示,适当涉及人物形象,情节梳理等知识与训练即可。到了九年级,则要进行专门的小说专题阅读与鉴赏,这时候需要有明确的、强烈的文体意识,从文学的角度对小说进行教授与学习。学生需要在这三个单元的小说专题学习中了解小说的基本特点、各种风格,学习到小说鉴赏的基本知识与基本能力,把握小说的基本阅读策略。

二、守正创新,从必备的小说基础知识入手,适当加入小说的新知识

梳理小说单元的单元说明,会发现小说单元涉及的基础知识如下:

表3-3　初中语文教材九年级上册、九年级下册的小说单元的单元说明

位置	篇目	单元学习说明
九年级上册	第四单元 15.故乡/鲁迅 16.我的叔叔于勒/莫泊桑 17.孤独之旅/曹文轩	学习这个单元,要学会梳理小说情节,试着从不同角度分析人物形象,并结合自己的生活体验,理解小说的主题
	第六单元 22.智取生辰纲/施耐庵 23.范进中举/吴敬梓 24.三顾茅庐/罗贯中 25.刘姥姥进大观园/曹雪芹	学习这个单元,要抓住小说的主要线索,梳理故事情节;把握人物形象,探讨其性格形成的原因;结合具体描写,了解古代白话小说的艺术特点
九年级下册	第二单元 5.孔乙己/鲁迅 6.变色龙/契诃夫 7.溜索/阿城 8.蒲柳人家(节选)/刘绍棠	学习本单元,要在梳理情节、分析人物形象的基础上,对作品的内容、主题有自己的看法,理解小说的社会意义。还要学习欣赏小说语言,了解小说多样化的风格

小说鉴赏如果没有小说知识作为支撑,鉴赏只能停留在故事的层面,如果学生读完一篇小说只是记住了一个有意思的故事,一个人物,而不能体会其中的精妙,作者的匠心,那么对作家、作品、读者来说都是遗憾的。以培养阅读小说能力,学会鉴赏为目标的小说教学是要以小说鉴赏知识为基础的,教师如果没有相关的小说知识也是无法胜任教学的。

通过表3-3的梳理,仔细研读教材中三小说单元前的单元说明,会发现学习要求均指向了小说的三要素—主题:梳理小说情节、分析人物形象、探讨

性格成因（指向环境）、理解小说主题,语言、艺术特点、风格也有涉及。多年来,中学语文的小说教学被一些专家不断诟病"除了拧干了的情节、人物、环境、主题,已经没有新鲜的东西",语文老师被批得手足无措。现在应该到了拨乱反正的时候了,小说的三要素要讲,要用,而且要讲透,用熟,因为这是关于小说鉴赏知识中的基础之基础,而且也是最有效的鉴赏小说的知识与路径,尤其对于传统小说的鉴赏更是必备之知识与方法。单元前的说明内容明确具体地指向了小说的三要素,这给了老师们教学的勇气,这是语文老师应该"守正"的内容。

但是也需要"创新",小说在发展,现代小说与传统小说已经呈现出了完全不同的特点,当教师以三要素来解读现代小说时发现人物可能退隐了,环境可能消失了,情节也没有完整的开端、发展、高潮、结局了。不借助新的小说知识,已经无法去解读小说了。比如九年级下册的小说阿城的《溜索》,没有曲折的情节,没有典型人物,从三要素入手进行鉴赏显然有点力不从心,缘木求鱼,不得其法。参看下面表格的梳理,会看到《孔乙己》的课后练习中已经涉及"叙事视角"的概念,《孤独之旅》的课后练习出现"诗意小说",《智取生辰纲》的课后练习中出现"双线结构",这样的新知识是需要纳入教学中来的。

在众多的小说鉴赏理论中,非常突出的有影响力的是叙事学理论。叙事学是在以克罗夫斯基为代表的结构主义和以罗兰·巴特、格雷马斯、布雷蒙、热奈特等人为代表的法国结构主义文论的基础上发展起来的对叙事性文本进行研究的一门文学理论学科。运用到小说的鉴赏当中,形成"小说叙事学"。在叙事学的关照下从叙述者、叙述视角、人物、情节、叙述声音、叙述时间等角度注重文本的解读,同时还关注怪诞、反讽、象征等叙述方式,成为当前小说鉴赏理论的主流学派。所以关于小说叙事学的一些理论知识应该纳入中学小说教学中来。因为读小说不仅要关注它说了什么,更要关注它怎么说的,这怎么说就是"叙述","作为语文老师,要让学生从一个不高明的读者、比较低级的读者向成熟的读者、高级的读者发展,教师主要的作为应该在叙述角度、叙述层面"小说的鉴赏要与时俱进,这些鉴赏知识应该进入课堂。

曹文轩主编的《外国小说欣赏》(高中)的编排就是按照小说鉴赏的基本元素的八个话题来编排为八个单元,分别为叙述、场景、主题、人物、情节、结构、情感、虚构,每个单元的话题有很简洁明了的知识简介,在小说知识的更新与开发方面,本教材是有着鲜明特色,值得老师们借鉴。

三、用好教材,从编者意图出发确定教学内容

语文教材每个单元的编排结构是三大块:单元说明、文本、课后习题,上表中展示了单元说明,下表是每篇文本之后的课后习题主干的梳理:

表3-4　初中语文教材九年级上册、九年级下册的小说单元各篇目后的问题设计摘录

位置	篇目	文本课后内容
九年级上册第四单元	15.故乡/鲁迅	思考探究 一、梳理故乡这些变化,并用一张示意图表示出来 二、这"可悲的厚障壁"是什么? 三、画出文中描写环境的语句,说说对表达主题所起的作用 积累拓展 四、联系上下文,揣摩下列语句的含义 五、发挥想象,续写宏儿和水生长大后见面的情景。300字左右
	16.我的叔叔于勒/莫泊桑	思考探究 一、从不同角度梳理课文的故事情节 二、于勒是一个什么样的人? 三、以若瑟夫回忆少年时代往事的角度来叙述故事有什么好处? 积累拓展 四、联系上下文,揣摩下边句子的含义 五、想象假如菲利普夫妇在船上发现已经成为百万富翁的于勒,他们会有怎样的表现呢?试写一个300字左右的片段
	17.孤独之旅/曹文轩	阅读提示 结合课文,体会题目"孤独之旅"的含义 小说心理刻画细致入微,大量的环境描写对人物也起到了烘托作用,富有韵味的语言营造了诗一般的氛围。细细品读,体会小说的诗意

位置	篇目	文本课后内容
九年级上册第六单元	22.智取生辰纲/施耐庵	思考探究 一、梳理小说的故事情节，说说吴用等人是怎样一步步智取生辰纲的 二、从课文中找出描写杨志言行的语句，说说他具有怎样的性格特点，丢失生辰纲的原因又有哪些 三、小说采取了明暗结合的双线结构，讨论：明线是什么？暗线又是什么？这样安排有什么好处？ 积累拓展 四、这篇课文用的是元明期间的白话，比较它们与现代汉语的不同 五、写一篇《杨志小传》
	23.范进中举/吴敬梓	思考探究 一、范进中举，是喜剧，还是悲剧？ 二、范进中举前后，胡屠户对他的态度有什么变化？这反映了当时怎样的社会现实？ 三、《儒林外史》以讽刺的笔法，写可笑之人、可笑之事，蕴含着深刻意味。阅读时，把你认为可笑的地方画出来，想一想可笑的背后隐含着什么 积累拓展 四、小说善用细节描写来刻画人物形象。试分析下列几段文字中的细节描写，体会其表达效果 五、发挥想象，添加细节，将课文改编成课本剧
	24.三顾茅庐/罗贯中	阅读提示 诸葛亮、刘备、张飞各自有着怎样的性格特点？
	25.刘姥姥进大观园/曹雪芹	阅读提示 文中描绘众人大笑时的不同情态，各具特色，刻画细腻，阅读时要注意体会 画出描写刘姥姥语言、动作的语句，把握其性格特点。也可结合整部小说，了解这个人物在全书中所起的作用
九年级下册第二单元	5.孔乙己/鲁迅	思考探究 一、孔乙己是一个怎样的人？ 二、小说多次写到人们的"笑"，用"笑"来贯穿孔乙己的故事，有什么用意？ 三、联系上下文，揣摩下列语句 积累拓展 四、这篇小说以酒店小伙计的视角叙述故事，试着换个视角简单讲述这个故事，看看效果有什么不同 五、鲁迅笔下看客形象共同的特征是什么，想表达什么。以《鲁迅笔下的看客形象》为题，写一篇小论文

位置	篇目	文本课后内容
6.变色龙/契诃夫		思考探究 一、阅读课文，梳理小说情节，简要复述课文 二、奥楚蔑洛夫这一人物形象反映了怎样的社会现实？ 三、这篇小说是如何运用对比、夸张等艺术手法表现出讽刺效果的 积累拓展 四、做导演，对警官奥楚蔑洛夫、巡警叶尔德林、首饰匠赫留金这三个人物的衣着、表情、语气、动作等，会进行怎样的设计？
7.溜索/阿城		阅读提示 小说语言简洁凝练，选词炼字颇为考究，注意品味 读另一篇小说《棋王》
8.蒲柳人家（节选）/刘绍棠		阅读提示 体会生动的人物形象，感受浓厚的乡土气息 小说语言富有特色：一是大量使用口语；二是大量使用俗语；三是借鉴传统小说和评书的语言，细细品味

　　语文教学与其他学科的不同之处就在于教学内容的选择不确定,其他学科的教材内容就是教学内容,而语文的教学内容隐藏在文本中,等待教师去挖掘,一篇文本,从内容到形式,从构思到技巧,从语言建构到主题延伸,可讲的东西太多太多,如何选择教学内容,讲什么,讲到何种程度成了中学语文教师的难题。学者批评中小学语文老师都在"教教材"而不是"用教材教",也是指向了"挖掘教学内容"的现实难题,"语文教材是语文课本,不是人文读本。语言应用问题、文章作法问题——技巧方面的、修辞方面的,都是语文所要讲授的,而且是必须讲授的,这是语文课非常重要的层面。现在语文课实质上不怎么讲这些,主要讲人文,这是一个非常大的误区"。曹文轩的这段话其实点明了小说阅读教学的内容,学生学习小说的目标,小说的教学是要有知识的,学生要能够凭借小说的知识进行小说的鉴赏。

　　那么如何选择教学内容,确立教学目标呢？要用好教材,仔细揣摩编者意图,就能确定准确而适切的教学内容。这里说的用好教材,不单指文本内容,更指向文本之前的单元说明文字及文本之后的问题设计,清晰地表现出教材编写者的意图导向:单元说明文字指向了整个单元的教学内容方向,而每篇课文后面的研讨练习则清晰地指向了这篇课文应该教什么,甚至指导老师们怎样教。教师不可无视课后问题的设置,而根据自己的喜好确定教学内容,也不可根据自己读到的一些专家文本解读,选择那些新颖而深刻的内容教给学生。教学内容及教学目标的选择与确定并不是自由的。换种明确的说法,教师的功能不应该是挖空心思去寻找教学内容、设计花样的活动,更多的精力应该在陪伴学生学习,跟踪进入每一个学生的学习过程给予辅助,从而确保落实科学的教学内容。

从表3-4可看出,小说的教学内容,梳理情节是基础,几乎每一篇课文的第一个问题都是要求梳理情节,这是理解小说的基础,能够梳理清楚情节,复核故事也是学生鉴赏小说的基本能力;其次人物形象的分析、细节描写的作用、关键语句的揣摩都是重要的教学内容及教学活动;此外,几乎每篇小说的课后练习都设置了写作任务,读写结合的意图非常明确,关注这些内容,据此而设计教学,把教学内容活动化,语文教学就不会跑偏,知识、能力与策略的教学目标其实以课后问题设计的形式展示给师生了。

遗憾的就是现实的语文教学过程不能与课后问题设计很好地结合,老师们处理课后问题部分往往是在教学结束后,带着学生一个个回答,真的就是当作"课后练习"了。

四、文本细读,一切从文本出发,在作品的语言建构与运用中挖掘小说的魅力

静观正在风靡的教学改革,诸多概念如雨后春笋般竞相争妍,"大单元""大情境""大概念""大任务""大主题""逆向设计""基于理解""群文阅读""1+X"阅读……在这些概念的轰炸下,很多学校很多老师也都在摸索前行,在教学改革的行进中,有一个误区相较于前,不但没有改善,反而越走越深,那就是"文本细读"越发被忽略。

小说是艺术,艺术就是审美,所以学习小说的核心目标就是学会"鉴赏",何为"鉴赏",鉴别、欣赏,就像那个鉴别古玩名画的专家,拿着放大镜一点点地观察、比对、鉴别、欣赏,"鉴赏"一定是个细活。读小说也是如此,没有文本细读,就不能发现小说的魅力所在。小说的本质就是在讲故事,小说家就是讲故事的人,同样的故事在不同的人讲来味道是不一样的,所以对小说家来说,故事固然重要,更重要的是如何讲故事,小说家的全部匠心就是用在如何讲故事上,每一位小说家"语言建构、运用"是如此不同,而阅读者的鉴赏自然就是通过学习、领悟、发现小说家是这么讲故事的,作者与读者完成了彼此的心领神会,阅读的愉悦与魅力才真正产生。同时也在学习经典的"语言建构与运用"中努力学习建构自己的语言。

金圣叹说:"古人著书,每每若干年布想,若干年储材,又复若干年经营点窜,而后得脱于稿,哀然成为一书也。今人不会看书,往往将书容易混账过去。于是古人书中所有得意处,不得意处……无数方法,无数筋节,悉付之于茫然不知,而仅仅粗记前后事迹,是否成败。"此言得之,想一想,学生学完小说后留下了什么,只剩一个故事,如此的话,学生鉴赏小说只停留在了第一层次读故事上,而故事是不用老师教的,没有谁看不懂。金圣叹这里说的"方法""筋节"指的就是作者独具匠心所埋下的因果线索,构成了情节的来龙去脉。福斯特有过一段对比"情节"和"故事"的比喻:"国王死了,王后因此而死于心碎"相比于"国王死了,后来王后也死了"就是情节与故事的差别,情节出自故事,但加进了因果关系,加进了种种谜团,也成了小说中最吸引人的奥妙之处,这些地方,是作家独具匠心之处,如若教师、学生不能进行"文本细读",不能在此"感悟""意会",小说家怕也"死不瞑目"。所以在鉴赏小说时,引导学生进行"文本细读",在这些"筋节""谜团"里理出内在的关联,才能"感悟"到小说家独具匠心之处的精妙,才是学会"鉴赏"。

在表3-4的课后问题的梳理中,看这些问题的设计:"揣摩下列语句的含义""勾画出环境描写的句子""找到描写人物言行的地方""作品中有几次大笑""众人笑得各具情态如何描写的",无一不指向文本细读,余映潮说"语文的学习任务重点在于背读、分析、欣赏、写作"也是指向了文本细读。

今天我们在进行各种"大"的教学改革的时候,不能丢弃小说鉴赏之"细"。教师就是要带着学生读那些没有被学生发现的地方,发现了却没有思考的地方,思考了却不知其意的地方。《范进中举》中胡屠户打了范进一巴掌后手弯不过来,跟在范进身边替他扯平衣角的动作,范进得知中举后笑了一声道"噫! 好了,我中了!"醒来后又拍着手大笑道:"噫! 好! 我中了!"的语言差别,师生一起读一读,说一说,议一议,会别有洞天。

五、单元整合、比较阅读,理解小说共性,发现"这一篇"个性

所有事物的特点都是在比较中得到发现并确定的,通过比较发现共同点、不同点,通过比较获得小说的通识性的普遍的知识,也通过比较发现并理解"这一篇"小说的个性。所谓"大单元"教学,其教学方式的本质就是要进行对比教学,将一组文本比对分析,发现其中的共性即"大概念",在"大概念"的统领下进行"群文阅读"。

在九年级上册的第四单元即初中第一个小说单元中,选了三篇小说:鲁迅的《故乡》、莫泊桑《我的叔叔于勒》、曹文轩《孤独之旅》,对比三篇小说的共同点,都与少年认识世界有关,或涉及少年成长,或从少年视角观察世间百态,那少年正好是九年级学生,第一次学习小说,他需要明白小说是什么:小说反映世间百态,人生甘苦,读小说就是读对社会和人生的理解,从而确立自我意识,更好地成长。教学时不可偏离这三篇小说在这个方向的共性。

到了九年级上册的第六单元即初中第二个小说单元,篇目选择都是明清经典白话长篇小说的精彩节选,编者或许有这样的意图,有了第一个小说单元对小说的基本认识,现在需要"登堂入室"了,代表古代白话小说的顶峰之作《水浒》《儒林外史》《三国演义》《红楼梦》,十几岁的少年应该要知道、了解,激发他们一窥究竟的欲望,那是我们优秀的传统文化,是我们文化自信的凭据。阅读这四部作品或可借此领略传统白话小说的魅力,也可了解古代生活,丰富人生体验。

九年级下册的第二单元即初中第三个小说单元入选四篇小说,鲁迅的《孔乙己》、契诃夫《变色龙》、阿城的《溜索》、刘绍棠《蒲柳人家(节选)》。这些小说风格多样,但均从不同角度以不同的方式指向各色人物的各种喜怒哀乐,各样悲欢离合,折射出世态人情和时代风貌。学生会更加理解小说的社会意义,从而学会通过人物故事去看人间百态的鉴赏路径。

这些共性的认识都是通过比较阅读,单元整合得到的。而每一篇小说的个性特点也需要在对比中才能得到彰显,以九年级下册第二单元为例,四篇小说对比之后,各具其特色,《孔乙己》以人物取胜,《变色龙》以情节见长,《溜索》的魅力则在语言的简洁、凝练与陌生化,尽管我们都可以用小说的三要素来鉴赏小说的主题与艺术,但每一篇经典小说独具的魅力还是要在对比中去挖掘认识。

运用对比阅读也是强调教师进行教学时要有单元整体意识,通过寻同找异,努力去挖掘、理解何为单元"大概念",从而尝试去设计"大情境""大任务",如此我们既不会丢弃"单篇教学"的精讲必要,也不会在"大单元"中迷失方向走向空洞。

此外,文化是小说植根的土壤。小说作者往往会借助具体化的方式展示文化内容,助力读者走进真实场景中,"触摸"文化,建立文化理解。不同时代、不同类型的小说,在文化方面既有相同之处,又有不同之处。对比阅读也是学生感知文化相同之处和不同之处的具体方式。运用对比阅读也是借此建构文化理解。选文《孔乙己》课后有这样一道题:看客是鲁迅笔下常见的形象。课外阅读鲁迅的《示众》《药》等小说,看看其中描写了怎样的看客形象,他们共同的特征是什么,并进一步思考,鲁迅写形形色色的看客,主要想表达什么。有兴趣的同学,不妨以《鲁迅笔下的看客形象》为题,写一篇小论文。这道题的编者意图很明显指向了感知文化共性这一点,而且也明示了学习方式即通过对比鲁迅先生的作品,如此学生既可以理解鲁迅先生的思想文化,又可以感知中华民族新文化方向,由此建构良好的文化认知。

文化个性的理解更是需要通过对比达成,以典型文化环境为例,这是小说文化中的集中表现,也是学生最容易感知地域文化风貌的地方。鉴于此,教师以典型文化环境为切入点,组合极具地域代表性的小说,如《社戏》《蒲柳人家》等。其中,《社戏》描绘了表演社戏的场景,作者借助此场景,展现江南水乡的乡土特色,同时用冷峻的眼光审视了生活在该地的人,由此对所处时代的文化进行批判。《蒲柳人家》描绘了冀东运河两岸农民英勇斗争的场景。作者以此场景为基础，展现北方京郊的乡土特色，歌颂乡土文化。在进行对比阅读时，学生可以从两篇小说描绘的场景入手，了解不同的场景，由此感受到南北方的乡土文化差异，建构良好的地域文化认知。学生在教师的引导下，会进行深入对比，透过乡土文化，感受作者的创作意图，由此加深对小说内容的理解。

（克拉玛依市第一中学　赵凤芳）

参考文献：

[1] 王荣生.参与式语文教师培训资源 小说教学教什么[M].上海：华东师范大学出版社，2015.

[2] 金圣叹，曹方人，周锡山，金圣叹全集[M].南京：江苏古籍出版社，1985.

[3] 桑哲.语文：民族文化的薪火传承者 母语规范化的责任承担者——访当代著名作家、北京大学博士生导师曹文轩教授[J].语文建设，2005(01)：42-44.

第四章
现代诗歌教学案例与研习

《我爱这土地》教学设计

【教学目标】

1.反复诵读诗歌,掌握朗诵技巧,体会诗歌语言的表现力。

2.把握抒情脉络,训练学生归纳和概括的思维能力;创写诗歌,提升学生想象力和创造力。

3.鉴赏诗歌意象的象征手法的内涵,体会象征义,并抓住诗中意象的修饰语,体味诗歌意蕴。

4.通过创写,体会诗中深沉而真挚的爱国情,传承弘扬革命精神。

【教学重、难点】

1.通过朗读指导,把握诗歌的感情。

2.通过分析意象,赏析诗歌的内涵。

【教学创意】

学校"鹤鸣"文学社将在"九一八"纪念日这一天带领全体学生参与"品读红色经典 传承革命精神"的研学活动,此次研学活动主要包括主题参观、体验感受、创意表达等。为组织好此次活动,需做好以下几点研学准备:

1.搜集艾青的生平介绍资料。

2.查阅艾青诗中与"土地"这一意象有关的诗歌,了解革命传统诗歌的特点。

【教学内容】

一、导入,研学之旅介绍

欢迎大家参与"品读红色经典 传承革命精神"的研学活动。我们活动的主要内容是学习艾青的红色经典诗歌《我爱这土地》。一共参观与艾青有关的三个场馆:第一个场馆是艾青纪念馆,在这里我们通过纪念馆的介绍认识艾青;第二个场馆是艾青文化馆,在这里我们将参与文化馆组织的小型诗歌鉴赏会,品艾青诗歌的主题意象;第三个场馆是艾青图书馆,我们要进入图书馆的自习室,在氛围的浸染下创写诗歌,体悟革命精神。

二、参观艾青纪念馆,认识诗人

欢迎大家来到艾青纪念馆。

(一)人物介绍

艾青,中国现当代文学史上的著名诗人,原名蒋正涵,号海澄,被誉为"土地的歌者"。

牛汉说,"在中国新诗发展的历史当中,艾青是个大形象"。艾青的形象之大在于其诗歌影响深远。代表作有《大堰河——我的保姆》《雪落在中国的大地上》《北方》《光的赞歌》等。

(二)写作背景

《我爱这土地》写于1938年11月17日,抗日战争全面爆发的第二年,日本侵略军疯狂肆虐,妄图摧毁中国人民的抗日意志。在这民族存亡的危难时刻,中华儿女纷纷投身抗日的洪流之中。艾青满怀对祖国的挚爱和对侵略者的仇恨,写下了这首诗,表达了对祖国的挚爱和对侵略者的愤恨。

这首诗歌的创作与现实相连,革命精神亦暗藏其中。

三、参与艾青文化馆诗歌鉴赏会

欢迎大家来到艾青文化馆,参与展中华风采诗歌朗诵会。

(一)会前准备

活动一:掌握朗诵技巧,把握诗人情感

一读,读好每一个表现情绪的词语。

请同学们勾画诗中表现情绪的词语,轻声朗读,初步体会诗歌情感变化。

教师范读,学生动笔勾画表现情绪的词语。

教师明确:悲愤、激怒、温柔。

学生轻声朗读,体会诗歌情感变化。

师生对话,交流。

小结:

这几个词语要重读:

"悲愤""激怒"要读出悲愤,语气要强烈,语速要快。

"温柔"要读出柔和,语气要轻缓,语速要慢。

情绪由悲愤到平和。

基调由暗转明。

二读,读懂每一个渗透情感的标点。

请同学们关注诗歌中标点符号,轻声朗读,感受标点符号在表达情感方面的作用。

学生轻声朗读诗歌,揣摩标点作用。

师生对话,交流。

课件展示:

　　我爱这土地　艾青

　　假如/我是/一只鸟,

　　我也应该/用嘶哑的喉咙/歌唱://(痛苦)

　　这被暴风雨/所打击着的/土地,

　　这永远汹涌着/我们的悲愤的/河流,

　　这无止息地/吹刮着的/激怒的风,(悲愤)

　　和那来自林间的/无比温柔的/黎明……//(柔和)

　　——然后/我死了,

　　连羽毛/也腐烂在/土地里面。//(低缓、沉重)

为什么/我的眼里/常含泪水？

因为/我对这土地/爱得/深沉……//（深沉）

小结：

要知道标点符号可以确定停顿、语气、语速可以表达诗人深刻的思想感情。

每一次停顿都是情感的再变化：

"："点示鸟的形象——饱经磨难。

"："引出歌唱内容——忧郁而悲伤。

"——"笔锋一转——极致的爱意。

"？"直抒胸臆——自问自答。

"……"有两处，升华情感——语意未尽，情感的缓慢收回。

语气、语速随着情感的变化而变化：痛苦着、悲愤着、温柔着、沉重着、沉浸着。

三读，读出不同章节的抒情方式。

请同学们说说你对每一节诗歌在抒发情感方式上的理解。

提示：

抒情主人公：

第一节诗的抒情主人公是一只鸟，第二节诗的抒情主人公是"我"。

情感特点：第一节诗情感丰富，第二节诗情感深沉。

填空完成"测试"：

抒情方式：

第一节诗想象抒情，第二节诗设问抒情。

第一节诗虚拟视角抒情，第二节诗实写的视角抒情。

第一节诗反复描述抒情，第二节诗直抒胸臆。

师生对话，交流。

活动总结：

艾青是个大形象

——情感抒发宏大。

每一个词语都在抒情，每一个标点都会传情。

那是生于斯，长于斯的土地情怀。

那是炽热的爱国情……

（二）会中展示

活动二：借助诗中意象，体会诗歌的象征义

一赏，齐声诵读，展示朗诵成果。

话题：每一个意象都有象征意义。

请同学们勾画诗中的意象，想象具体画面，联系时代背景，围绕话题赏析每个意象的象征义。

小贴士：

通过一特定的具体形象来暗示另一事物或某种较为普遍的意义，这种表现手法叫象征。象征是诗歌创作中常见的写作手法。融入诗人思想感情的具体形象即成为意象。

示例：

物：鸟

背景：飞翔在日本侵略军疯狂肆虐的中国大地的天空之上，饱经磨难却依然奋力呐喊。

深层含义：这不是自由飞翔的鸟，这是饱经风霜的诗人，这是诗人热爱祖国大地的化身。

学生活动，师生交流。

小结：

简单的意象，宏大的象征义。

"鸟"，象征着诗人对土地的热爱的化身。

"土地"，象征着正在遭受日寇欺凌的国土。

"河流"，象征着人民心中的悲愤。

"风"，象征着人民心中的愤怒。

"黎明",象征着人民为之奋斗献身的独立自由的曙光。

二赏,朗读诗歌,体会意象表达的深刻性。

话题:艾青的意象表达格外深刻。

请同学们勾画诗歌中对意象的修饰,静读默思,在修饰语旁边批注,阐释意象表达的深刻含义。

提示:注意结合背景理解。

教师明确:嘶哑、打击着的,悲愤的,无止息地吹刮着的,激怒的,无比温柔的等。

示例:"我也应该用嘶哑的喉咙歌唱:"

"嘶哑"一词描述鸟儿的歌唱声音,低沉的语调让我们看到一只饱受磨难的鸟,用整个生命在唱歌。把杜鹃啼血般的奉献者形象赋予了悲愤的爱国者,让诗人的形象更加饱满,这个词语可以让我们体味到诗人经历的坎坷、悲酸,更能表达他对祖国、对土地、对人民执着的爱。

师生对话、交流。

小结:

透过他的眼泪,感受他对土地深沉的爱。

这,就是"艾青式的忧郁"。

触手可知的意象——柔中带刚。

富有感情色彩的修饰语,让每一个意象都转化成了富有象征意味的画面。

活动总结:

艾青是个大形象

——主题意象深刻。

鲜明的意象,恰当的修饰。

用土地抒写生命,弘扬爱国情。

四、进入艾青图书馆自习室,创写诗歌

活动三:创写诗歌,体悟爱国情怀。

　　请同学们结合本课诗歌学习的技巧,从下面的题目中任选一题,创写诗歌,并进行朗读。

　　1.根据本课的学习感受,创作一首《我爱这土地》的子母篇。

　　2.仿作诗歌,模仿《我爱这土地》的诗歌结构,以《我爱你,中国》为题,选取恰当的意象,发挥想象和联想,创作一首抒情诗。

　　学生动笔创作。

　　师生共评。

　　教师范文:

　　　　我爱你,中国

　　　　假如我是一只鸟,

　　　　我也应该用清脆的喉咙歌唱:

　　　　这被温柔的阳光所抚摸的中国,

　　　　这永远流淌着我们的幸福的河流,

　　　　这轻柔地飘散着的香甜的微风,

　　　　和那坚守一线的卫士

　　　　——然后我笑了,

　　　　振翅高飞,飞向那遥远的东方。

　　　　为什么我的眼里常含笑意?

　　　　因为,我爱你,中国!

　　小结:

　　　　《我爱这土地》,是艾青的诗歌创意

　　　　《我爱这土地》子母篇,是你们的创意

　　　　《我爱你,中国》,是你们的爱国情怀

　　　　过去,现在,未来

　　　　唯一不变的是

　　　　那屹立在东方的中国情怀

　　　　我们的创意,在革命诗歌的氛围中

不断成长……

五、研学活动总结

血脉相连的土地啊，

是艾青诗歌中的眷恋。

只因

"土地"是中华民族的象征，

凝聚着艾青对民族命运的关心。

只因

"土地"是中国广大劳动人民的象征，

凝聚了诗人对劳动人民最真挚的爱，

对劳动人民命运的关注与探索。

这是艾青的土地情结——

表4-1　评价量表

研学过程	评价标准	分数	个人自评	同学互评	教师评价	综合评价
参观艾青纪念馆，认识诗人	1.可以向他人介绍诗人及写作背景	5				
参与艾青文化馆诗歌鉴赏会	2.能够抓住表现情绪的词语，体会作者情感变化	5				
	3.理解标点符号在表情达意方面的作用	15				
	4.掌握诗歌中的抒情方式	15				
	5.能够理解诗歌意象的象征义	15				
	6.赏析修饰语阐释意象的深刻内涵	15				
进入艾青图书馆自习室，创写诗歌	7.能仿照诗歌结构，独立创作，语言精练优美	30				
	总分：					
	总评：					

六、作业布置

1.基础型作业：

有感情地背诵这首诗并录制朗诵视频。

2.发展型作业：

阅读《艾青诗选》从以下两个专题中选择一个专题进行探究。

专题一：探讨诗歌的意象。请以另一意象"太阳"展开探讨。

专题二：分析诗歌的艺术手法。选择《大堰河——我的保姆》《北方》这两首诗，就诗歌某一局部或整体分析其写法，谈谈你的认识。

3.拓展型作业：

阅读《大堰河——我的保姆》《雪落在中国的土地上》《北方》等诗歌，分析诗歌中"土地"这一意象所蕴含的革命精神，并写一段评析文字。

案例研习

品读红色经典　传承革命精神

——《我爱这土地》教学设计探索

摘要

《我爱这土地》是统编初中语文教材九年级上册"活动·探究"单元中的一篇现代爱国诗歌。本案例紧紧围绕新课标对文学作品学习的指引,根据新课标"文学阅读与创意表达"这一发展型任务群的要求,在深挖细究后形成了具有浓烈情感的诗歌教学案例,具体的教学实施注重学习内容的文体特征、情境设置以及育人价值。努力建构由单篇教学走向整体教学的单元整体教学的意识。

背景信息

新课标中的核心素养是初中语文现代诗歌教学的导向与引领,教师需要围绕语文学科核心素养的基本维度,结合具体教学内容明确教学目标。教师要将现代诗歌视作独特的文学形式与体裁,遵循文学作品教学的基本要求与原则,坚持以学生为主体、以学生为中心,致力于为学生提供多样性的现代诗歌学习体验,激发学生主动性及创造性,通过情境式、探究式和启发式教学逐步提高学生综合能力与核心素养。教师要做好教学前的学情分析,深度研读教材,把握好教材编写及现代诗歌创作意图。同时,了解学生学习现代诗歌的水平与态度,以学生兴趣、爱好、认知及素养为导向,整合多维度核心素养培育目标,为学生开展丰富多样的课堂活动,不断优化改进教学实施流程,调动学生主观能动性。教师需要全面分析教材,优选教学方案,采用朗读、情境化教学与探究式教学相结合的形式,引入拓展性资源帮助学生领会现代诗歌内涵,获得对自然和社会的启示,以此达成培育学生语文核心素养的现代诗歌教学目标。通过语文学习,教师要找到语文学习和文化传承的契合点,坚定学生热爱中华文化,继承和弘扬革命文化的信念。

九年级上册第一单元是"活动·探究"单元。此单元有意识地将阅读与写作联系起来,体现了语文课程综合性、实践性的特质。这一单元以"活动任务单"的形式呈现了三个教学任务,要求教师要更新教学理念,注意引导学生在"赏—诵—写"的过程中感受、欣赏和评价文学语言和形象。学生要转变学习方式,以文学方式表达自己的体验和思考,从而提高学生的审美能力和实践能力。

现代诗歌的学习需要引导学生对文学作品产生个性化理解与深刻感悟,能够品悟文学作品的情景与形象,领会文学作品富有创造力和情感真挚的语言表达方式,并且对学生思想、行为、情感、价值观念等产生综合效应。《我爱这土地》是一首现代诗,短小而精炼。教师要借助学生先前的读诗经验,深入解读学习现代诗的方法。深情朗读中,学生可以体会诗歌语言的表现力,把握诗歌的抒情脉络,从现代诗歌教学的"诗情美"中培养学生思维的深刻性。通过分析诗歌的意象,借助其修饰语的鉴赏,从现代诗歌教学的"诗意美"中培养学生对美的欣赏与鉴别。这首诗传承着革命文化,学生在学习的过程中可以感悟知识分子的家国情怀,教师要在课堂上将革命文化精神渗透其中,从而达到文化育人的效果。更重要的是修正教师在语文教学实际中的教学误区。

基于以上理念,本案例以《我爱这土地》的诗歌教学为素材,记录了执教老师对此篇诗歌教学的认识过程、磨合过程与提升过程。

案例正文

《我爱这土地》整体设计依据"活动·探究"的三个活动任务组织教学,每个任务说明都集中呈现出学生学习活动所需的操作性知识和策略性知识,教师依托学习任务设计教学活动,学生在动态的、综合性的活动中学习探究,实现语文核心素养的提升。

第一次设计:关注活动单元要求的常规设计

现代诗歌的特征是形式自由、内涵开放、注意选取意象、有高度的概括性、鲜明的形象性与浓烈的抒情性。结合诗歌的特点,初次的教学设计关注诗歌不拘泥于外形的表现形式。指导朗读时,注意抓住诗歌的抒情处引导学生掌握朗诵技巧,即声音的轻重缓急和声调的抑扬顿挫,在传情的声音中体会艾青诗歌的节奏,感受诗歌语言的魅力。其次,抓住意象品味诗歌的语言。艾青选取富有表现力的意象,传达出独特的情感。教学活动要充分挖掘诗歌中独特的育人价值,抓住这首诗歌不同的抒情视角传递革命文化精神。朗读指导中要求学生抓住能够表现情感的字、词、句,引导学生有感情地朗读,以声传情。通过不断转换抒情视角体会"诗情美"。

现代诗歌语言精练、形象、富有美感。课堂上要引导学生品味诗歌的语言,抓住意象,通过对意象修饰语的鉴赏,领会诗的意境及其象征义。课程的推进一定要关注课堂生成,有意识地发挥教师与学生对话中的引导作用,在层层推进的活动中,教师要帮助学生真切感受到革命文化精神,升华文化认同感,建立文化自信。为了尽可能在课堂上最大化提升教学效果,教师需要设计合适的活动组织教学,活动设计要由浅入深,以读为主,读中悟,读中思。

但是经过磨课发现,"活动·探究"单元的"赏—诵—写"需要教师引导学生感受、欣赏和评价文学语言和形象,以语文的方式表达自己的体验与思考,从而提高学生的审美能力和实践能力。在具体的活动中教师虽然有意识地关注了学生朗读能力和鉴赏能力的训练,但是活动设计的深度、广度却略显不足,简而言之,自主性有余而探究性不足,任务明晰而指导欠缺,所以学生没有体会到诗歌教学的"诗情美"和"诗意美"。

第二次设计：把握新课标理念的突破设计

新课标中反复强调——学生的活动要在真实的语言运用情境中表现出来，培养学生阅读的思维能力。因此教师依照核心素养下的文化自信、思维能力、语言运用与审美创造四个方面重新确立教学目标，紧扣艾青的"大形象"，设置"品读红色经典 传承革命精神"的研学活动情境。

《我爱这土地》的创作，既有诗人独特的视角，又有时代的印记。从广阔的时代背景出发，感受诗人的情思，才能更准确深入地把握诗歌的主题和情感。从第二次设计开始，教师让学生以角色代入的方式进入语文学习，引导学生完成大情境下创设的三个情境任务：参观艾青纪念馆，参观艾青文化馆，走进艾青图书馆。

由于课堂时间的有限性和学生一节课的吸收情况不同，后面的设计中教师不断整合学习内容。根据学生已有的学习现代诗歌经验，教师引导学生抓住诗歌中表现情感的字、词、句、标点深情朗读，改变以往的课堂形式。首先让学生关注词语的情感色彩，扣词朗读。根据诗歌的结构，把握两节诗抒情视角的转换，引导学生思考两节诗歌在抒情上的不同之处。其次，借助诗中的意象，体会每一个意象的象征义，同时对意象的修饰语进行赏析，理解艾青诗歌的主题意象。这里要注意根据学情设计课堂活动，对于学习能力弱的学生，给其搭建有梯度的学习支架，即：找意象，说含义，看修饰语，悟象征义；学习能力强的学生，教师可以培养学生综合思考的能力，从而与教师进行高层次的对话。整个教学活动教师要注意引导，但不可以代替学生思考。

新课标提出"教—学—评"一体化的要求，在"语言运用"这一核心素养中，我们要依据具体的语言情境和不同学习力的学生，运用口头或书面语言，文明得体地进行表达与交流的评价。我们在具体真实情境的活动中评价学生的朗读，评价学生在课堂上的赏析，评价学生在习作时的创意表达等。由此实现语文学科核心素养的过程性评价。课程结束后，执教教师利用"研学活动评价表"进行完整的综合性评价。此评价表不仅为情境设置下的语文活动画上完美的句号,而且体现了教学设计对新课标评价要求的落实,为下一步的教学活动打下基础。第二次的设计,着重关注新课标的课程理念,站在学生角度构建语文学习任务群,创设真实的学习情境,尤其在情境的设置下关注单元目标,细化活动任务,带领学生走进诗歌教学的情境。

经过交流和研讨,整堂课的教学设计任务指向清晰,学法指导明确,活动任务的设计有梯度。活动中的"读"和"诵"的环节打通了现代诗歌阅读与鉴赏、理解和感悟之间的联系。活动引导学生在真实的生活情境中感受革命文化的魅力,重新建构了学生学习现代诗歌的认知。三个活动任务也打通了语文和生活的联系,建立了文化与生活的关联,学生在活动中自主学习,教师引导学生发现诗歌的"诗意美",使学生发自内心的与诗人的共情,巧妙激发了学生文化传承与理解的内在动力。

第三次设计:建构诗歌教学语言的升级设计

语言是人类交际的重要工具。新课标提到"感受语言文字的美,感悟作品的思想内涵和艺术价值"。可见,课堂教学语言的有效运用可以让老师更好地实现教学目标,便于学生接受、领会教学内容。

本次教学设置了相对真实的学习情境。情境的真实性不仅表现在活动的外在设计上,还在于教师课堂语言的准确和引导上。教师富有激情的诵读可以将学生带入诗歌情境中,与学生的对话善于运用诗歌式的语言感染他们,这样就达到了随境而教的目的。但是从诗歌教法角度看,前两次的设计中,教师忽略了课堂语言的准确性和引导性。在反复的交流和研讨中,第二次设计,教师将活动任务的表达以诗歌语句形式展现出来,活动设计的语句精炼、句式整齐,学生可以通过文字直观地感受到诗歌教学的魅力。第三次设计,教师又将呆板的知识性小结改换成诗歌形式的小结,这样的小结抓住了诗歌的结构、节奏和韵律。例如第二次设计在"创写诗歌"处的小结过于简洁,再次修改后,活动任务不变,加入教师范文,更是结合《我爱这土地》主题思想做了诗话的小结以及研学活动的诗话小结。例如:血脉相连的土地啊/艾青诗歌中的眷恋/只因/"土地"是中华民族的象征,/凝聚着艾青对民族命运的关心。/只因/"土地"是最广大劳动人民的象征,/凝聚了诗人对劳动人民最真的爱,/对劳动人民命运的关注与探索。/这是艾青的土地情结。

　　教师语言的诗意化、教学活动的诗意化、课堂小结的诗意化都体现出诗歌教学的文体意识,教师把从诗歌中习得的材料和经验,形成教师的语言,通过表达感染学生,从而展现诗歌教学的审美性、主题性。这些细节处的变化,不仅传递了诗歌教学内容的知识性、思想性,还让学生在真实的语境中理解、解读语义,树立语用的观念。

　　其次,按照语文核心素养培养要求,《我爱这土地》的教学,教师将语文活动中的听、说、读、写融为一体,形成一个动态的学习过程,提高学生的语言理解能力和运用能力。教师重点对学生语言运用教学进行优化,使学生在课堂上达到从"言"到"意"到"用"的学习过程。利用仿写诗歌收束课堂,教师给予学生仿写前的引导、思考、沉淀的空间,学生深思熟虑,在创作中升华文化育人的价值。学生可以抓住诗歌的结构形式,选择恰当的意象仿写诗歌。作业设计也要关注延伸阅读诗意化。把一首诗和一类诗的联读进行提炼和归纳,完成"土地"之歌的探究,内化红色经典的育人功能。

教学反思

　　这是一场新课标理念下深度学习的淬炼过程,更是一次突破诗歌教学困境的洗筋伐髓。

　　现代诗歌教学,教师要基于核心素养下的初中语文现代诗歌进行教学设计。诗歌教学设计务必坚定一个意识——实现语文课程的育人价值。《我爱这土地》作为诗歌"活动·探究"单元的诗歌,教师要将静态的语言文字转化成动态的语言情境,巧设情境引导学生运用诗歌学习的思维进行理解,在学习过程中产生与诗人共情的情感体验。教师更要注重文本从单一关注向多角度整合的转变,注重学生探究能力和创造性思维的培养。由此,学生才能在教师诗话教学语言的引导下重构文本形态,实现语文教学"工具性"与"人文性"的统一。

　　诚然,这堂课的设计也有些许不足之处。学生初次接受真实情境创设下的教学,对于没有参与过研学活动的同学而言,在阅读鉴赏处,部分学生不能进入情境,会游离于情境外。此外,建构诗歌的教学语言上,教师虽然给予了引导,也营造了诗歌教学的氛围,但部分学生的仿写语言仍不够精练,略显稚嫩。这些都需要教师在后期的诗歌教学中不断指导修正,多站在学生角度设计教学。

　　总之,语文的教学之路,道阻且长,"活动·探究"单元的教学还需我们不断探索,现代诗歌教学还需我们不停尝试,需要在一次次磨砺中成长,才能开出最美的语文之花。

现代诗歌教学探析

现代诗歌是指利用白话进行语言表达的一种文学样式,它形式自由,内涵丰富,题材广泛,意象鲜明,抒情浓郁,似一首优美和谐的音乐。随着新课程改革的不断推进,现代诗歌教学在语文教学中的地位日渐提高。选入教材的中国现代诗歌篇目都蕴含着情感渗透、语言建构、思维发展、审美鉴赏与文化传承等方面的教学资源,需要我们去开发和利用。

朱光潜先生说过:"诗歌能让人形成最正宗的文学素养,能对诗歌进行准确的欣赏,对于其他的文学体裁也就能够融会贯通了。"九年级是向高中过渡的重要时段,初高中的语文课标都强调了文学作品中的形象、情感、语言。诗歌学习上我们要让学生在活动任务中习得多种方法,学会从多个角度欣赏作品,挖掘诗人独特的艺术创造力,从而获得审美体验。

新课标强调语文核心素养,首要提出的就是文化自信。现代诗歌传承了中国古典文学的艺术表现方式,即学习古人借助意象传情达意的方式,又在传承的基础上运用彰显时代特点的意象传情。《回延安》一诗中体现得尤为突出。现代诗歌创新了诗歌形式,不仅继承古代诗歌讲究的结构或格律(如毛泽东的《沁园春·雪》,词人用现代汉语写现代生活的同时又运用《沁园春》这一词牌特点写词),同时也在努力打破结构和格律(如余光中用最普通的意象写最沉重的《乡愁》)的限制。学生在承载了过去与现在的诗歌中了解诗歌的内涵和情感,提升审美能力,传承并发扬我国优秀传统文化。

在此背景下,教师要更新教学理念,通过语文学习和实践活动逐步培养学生的审美鉴赏力,提升学生的语文素养,用语言传承和理解文化。现代诗歌对于中学阶段的学生而言,是十分重要的学习素材。

一、基于新课标的思考

(一)重视核心素养下诗歌的育人价值

新课标以语文核心素养为纲,构建了语文学习任务群,突出育人取向,强调学生立场,注重整合,彰显时代特色。入选教材的诗歌都是反映革命时期中国人民身上所展现的积极向上的奋斗精神和坚定的理想信念。我们要在教学中欣赏、品味诗歌的语言、形象等,交流审美感受,体会作品的情感和思想内涵;尝试创写诗歌,感受诗歌中蕴含的育人功能。

(二)紧扣教学目标的能力培养意识

现代诗歌的教学目标的确立,要在阅读与鉴赏、表达与交流中实现学生在课堂上的语言运用、思维发展、审美鉴赏与文化理解传承等方面的能力。新课标给出指引方向,在课堂活动中培养学生的思维能力,即教师要以课标为指引设计能够培养学生能力的有效活动。

(三)关注活动任务下的情境化教学

现代诗歌属于"文学阅读与创意表达"学习任务群。课程内容上要注意构建语文学习任务群,教学设计要以任务为导向,以学习活动为载体,整合学习情境、学习内容、学习方法和学习资源,引导学生在运用语言的过程中提升语文素养。在课程实施过程中要注重课程内容与生活的联系,要在教学中创设情境性、实践性的学习方式,注重听说读写的整合,促进学生学习方式的变化,培养学生的学习习惯。

(四)构建"教-学-评"一体化的完整教学

初中现代诗歌教学,要求学生具备独立阅读的能力,在学习过程中注重情感体验,开发自己的语文创造性思维能力,丰富阅读积累。这就要求教师在课堂上关注学生对语言、形象、情感、主题的领悟程度和体验,评价学生文学作品的欣赏水平,关注研讨、交流以及创意表达能力。

因此,教学中教师要重视现代诗歌的教学,引导学生从诗歌文体入手,提升对语文学科综合知识的学习兴趣,结合现代的科学教育观念为学生"因材施教",进而以情境化的教学策略和学习任务群的构建,提高课堂教学效力。

二、教材中现代诗歌选篇概况

现代诗歌在统编教材中共涉及十余篇，主要安排在七年级和九年级的语文教材中，九年级现代诗歌比例较大。这些诗歌涉及至爱亲情、想象之翼、家国情怀、生活哲理、民风民俗、自然之音、人物画廊等人文主题，每个主题下都有相应的语文能力的培养要求和语文要素的学习。例如："至爱亲情"主题中学生要在朗读中透过字里行间体会作者的情感；"想象之翼"主题中学生要在默读中运用思维能力理解联想和想象；"家国情怀"主题中学生要在精读训练中学习抒情方式，感受诗人的情怀；"生活哲理"主题中学生要在比较阅读中学习描写方法，在对比中感知诗人阐述的哲理。这些主题的设置都重在培养学生的语言能力，都要求关注一般意义的阅读方法和阅读策略，这些内容都为后期学习现代诗歌奠定了厚实的基础。

九年级的现代诗歌单元主要以"活动·探究"单元和阅读单元的方式呈现。关于"活动·探究"单元《教师教学用书》中写道："活动·探究"单元主要依靠学生主动参与，亲身实践——教材中的每个活动探究单元均安排三个学习任务，基本模式是：课文学习—实践活动—写作表达。"与其他单元不同之处是"活动任务单"代替了"单元导读"，将单元"学习内容"转换成了单元"活动任务"。这就要求教师按照"以阅读为基础，以活动为中心，以能力为旨归"的原则设计出让学生能亲身实践的语文活动。而如何设计好实践活动是"活动·探究"单元的核心。学生要在现代诗歌单元中学会欣赏、朗诵、创作诗歌，并能够把握诗歌的意象，体会情感哲理。

现代诗歌不同于其他文体，文短情深，形式自由，内容丰富。新课标提出"立足核心素养，彰显教学目标以文化人的育人导向"。教师在教学中要抓住培根铸魂的情感要素进行教学。现代诗歌的主题内容以中华优秀传统文化、革命文化为主，教师要有意识地从诗歌教学的实践活动中自然而然地融入育人价值，要注意多角度地整合。例如，入选九年级的现代诗歌涵盖国内外十余首，都在传递诗人对自然、对国家、对人民、对先烈无以言表的敬仰之情。情感的体会需要教师结合诗歌这一特殊文体给予学生恰当地引导。例如，朗读技巧的引导、诗歌意象的把握、诗歌语言的鉴赏等。

现代诗歌不同于古诗，没有严苛的格律要求，字数、行数、句式、音调自由，语言通俗。选入教材的现代诗歌具有新诗格律，如林徽因《你是人间四月天》、光未然《黄河颂》；现代诗歌在结构形式上，或长或短，如以散文诗呈现的《荷叶·母亲》，以组诗呈现的《黄河颂》，以词的形式呈现的《沁园春·雪》，以短句呈现的《断章》等。这些诗歌力图在对旧体诗的传承与发展中，打破格律束缚，追求形式和内容表达上的自由。

现代诗歌运用鲜明的意象，在优美的意境中传情达意。打破传统并非摒弃传统，从《易经》《庄子》《诗经》《离骚》到《文心雕龙》和唐代的《诗品》及唐宋诗词，诗歌的意象经历了漫长的发展过程。现代诗歌继承中国古典诗词的基本要素——意象，将诗人的内在情思和生活的外在物象进行统一，诗人通过想象将意与象相融合创造的可感可触的景象，即意境。例如古典与现代巧妙融合的毛泽东的《沁园春·雪》，选取了长城、大河、群山、冰雪等意象，勾勒了北方冬季壮丽的雪景，营造了大气磅礴、旷达豪迈的意境，不仅表达了词人对祖国大好河山的热恋，而且展示了词人豪迈的胸怀、雄伟的气魄，反映了词人对纯洁的精神世界的追求。这首词运用一系列意象巧妙地营造了一个美妙的象外之象、景外之景的意象空间的思维运动方式。通过意象勾连了古典诗歌与现代诗歌的构思，即情由景生，移情入景，或寓情于景，借景生情。又如艾青的《我爱这土地》，诗人把对祖国深沉的爱这一抽象的感情寄托在客观的物象上，创造了一个无与伦比的艺术境界，情景交融，虚实相生，视角转换的审美意境。

现代诗歌的抒情性强，育人价值高。西晋文学家陆机在《文赋》中说："诗缘情而绮靡"，诗歌以其丰富的情感、凝练的语言、美妙的韵律，书写着诗人的思想感情，或喜悦，或忧伤，或悲哀……且字里行间融入了中华民族优秀的文化基因。可见，情感是诗人创作的源泉，具有张力的情感熏陶有助于培养学生的情感思维。编入教材的诗歌主要表现的情感是爱国情、自然情和生活情等。这些情感跨越了时代的界限，成为现代诗歌史上最为纯粹而又经典的情感。诗歌教学要培养学生的思维品质,教师就要在课堂上充分调动学生的主观能动性,在学生的阅读体验中鉴赏诗歌语言,从而培养学生情感思维。

三、现代诗歌教学策略

于漪老师也说过,"老师在对学生进行语言训练的同时,应该注意大力发展学生思维的能力"。新课标尤其重视思维能力这一语文要素,"文学阅读与创意表达"学习任务群的教学,应把思维能力的培养作为教学的重点与难点,开发教学资源,创设情境,激发学生的学习兴趣。选编的现代诗歌具有典范性,文质兼美,富有文化内涵和时代气息,致力于文化传承。教材的编者要求教师在教学中要注重培养学生的文体意识。诗歌是文学作品的根本传承,教师要在诗意语文视域下进行审美化教学。

(一)诵读诗歌,感知诗歌内容,发现育人价值

现代诗歌继承中国古代诗歌以来"只可意会不可言传"的特点,要求诗歌教学的首要任务就是诵读。在诵读中初步感知画面、感知形象、感受情思。诗歌文本的朗读,可以让学生从外在形式上的感知深入对诗歌深层内容的情思感知上来。

九年级选入教材的诗歌大部分都是抗日战争时期的经典诗歌,具有一定的时代色彩和革命文化传承的作用。教学这一类诗歌,教师更要注意介绍诗人的创作时期、创作特点,然后创设情境,让学生自由诵读诗歌,诵读时要借助诗歌的意象整体感知文本,了解诗歌的思想内容和艺术特色。而教师要适时地引导,适当地点拨——用舒缓的或强烈的语调有节奏地朗读,让学生用心去体会诗人的情感,结合背景产生共鸣。例如余光中的《乡愁》,在反复诵读中找出"邮票""船票""坟墓""海峡"这些有暗示意义的意象,再结合诗人的写作背景,学生可以感悟到诗歌中传达的主要内容和浓厚的家国之思。因此教师在诵读中要精心设计问题,既要激发学生的思维,又要为学生下一阶段的学习打下基础,注意引导学生的情感体验,进而内化诗歌的育人功能。

（二）认识作者，感知背景材料，准确把握诗歌的情感符号

知人论世是把握诗歌情感的有效途径。所谓知人，是指了解作家各个方面的情况和他的创作意图；所谓论世，是指要了解作品反映的时代背景和作家创作该作品时所处的社会状况。诗歌内容与作家本人的生活思想以及作品的创作背景有着非常密切的关系，只有知其人，论其世，才能客观、正确地把握诗歌的思想内容。

了解诗人的生平可以明确诗人的写作缘由及创作情感。如《回延安》的作者贺敬之是现代著名革命诗人，他15岁参加抗日救亡运动。16岁到延安，入鲁迅艺术学院文学系学习。延安是诗人的第二故乡，是诗人生活多年的革命摇篮，诗人在这里学习、生活。当1956年，诗人回到阔别已久的延安，再一次见到它，感触万千，心潮澎湃，采用故乡独具特色的"信天游"形式创作了《回延安》这首激情洋溢、脍炙人口的政治抒情诗。诗人以赤子之心歌颂了养育一代革命者的延安精神，从中可以感受到诗人跳动着的脉搏——对"母亲"延安的那份永不泯灭的真情。

每一个时代都有每个时代的作品，社会背景给作品打上了时代烙印。如毛泽东的《沁园春·雪》，毛泽东作为中华人民共和国的主要缔造者和领导人，他的成长经历和心路历程在特定的时代背景下，使其创作的诗歌的语言宏伟，意境高远，抒发了伟大的抱负及胸怀。教学中尤其要介绍创作背景，让学生由词人的身份和所处背景更好地理解诗歌内容。1936年距现在比较远，教师要结合历史课本上讲到的一二·九运动，国共合作、遵义会议等历史事件，让学生知晓毛泽东率长征部队胜利到达陕北之后，领导全党展开了反抗日本帝国主义侵略的伟大斗争的不易。当毛泽东于一场大雪之后攀登到海拔千米、白雪覆盖的塬上视察地形，欣赏"北国风光"后写下了这首词。单纯看内容，他表达的是对北国风光的赞美，深层感知就可以理解毛泽东当时的豪情壮志、宽阔胸襟。

"诗言志"，只有真正理解诗人彼时彼地的情感内核，才能真正做到透过诗人的眼睛看世界，从而激发学生对作者创作时的情感和思想产生共鸣。在

新课标指导下,语文教师要有意识地积累、筛选和整合背景材料,提高学生对诗歌相关知识的理解和掌握,加强学生对诗歌的情感体验和鉴赏。

(三)抓住意象,培养形象思维,获取独特审美体验

形象思维是指人们在认识世界的过程中,对事物表象进行取舍时形成的,是用直观形象的表象,解决问题的思维方法。从文学艺术创作角度来看,是艺术家在创作过程中始终伴随着形象、情感以及联想和想象,通过事物的个别特征去把握一般规律,从而创作出艺术美的思维方式。

意象的形象之美离不开想象和联想。诗人通过他自己的想象创造诗歌,那么学生在诵读现代诗歌的时候,也要充分发挥想象力再现诗歌的画面。教师要带动学生运用想象和联想由词入景,由景悟情,理解意象的深层含义,进而揣摩诗歌的意境。《金色花》和《荷叶·母亲》中都借助自然界中的植物来抒发对母亲的爱恋。"金色花"是印度的圣花,象征神圣、美丽,泰戈尔借助金色花的象征义,以儿童视角,运用想象表达对母亲的爱恋,学生透过花语理解诗人对家庭及人类美好和圣洁天性的赞美。《荷叶·母亲》冰心将雨打红莲、荷叶护莲的生动画面展现在读者面前,将这种感动场景联想到母亲对儿女的呵护与关爱,抒发了儿女对母亲的爱。语文学习中学生在文本资料的基础上展开想象和联想,充分解读意象,通过分析意象去重现诗人写诗时所描绘的生活图景,对课文的内容表达自己的看法,对作品中感人的情境和形象说出自己的体验。

意象的深刻之美离不开抒情和象征。诗歌运用抒情和象征的手法,有助于激发读者的想象力。从而调动学生的学习兴趣,建立学生的形象思维。组诗《黄河颂》是一篇典型的爱国诗歌,黄河是一条自然河流,是中华文明的发源地,是人们心中的"母亲河"。因此,光未然借"黄河"这一形象,运用三组比喻句逐层展开赞颂,而黄河的形象也在"黄河滚滚""惊涛澎湃,/掀起万丈狂澜;/浊流宛转,/结成九曲连环"等句中在读者脑中呈现。一幅波澜壮阔的画面,一份讴歌黄河宏伟气势的热情,一种对中华民族的孕育和巨大的保护作用,以及中华民族坚强不屈的民族精神跃然纸上,更表达了中华儿女的坚

强决心和一往无前的勇气。整首诗用"黄河"这一形象营造了壮阔高远、气势磅礴的意境,情感充沛,给人以强烈的精神震撼。

九年级的诗歌教学,在联想和想象的基础上,采取意象策略学习诗歌,从而把握诗歌的情感,理解意象的象征义。毛泽东的《沁园春·雪》选取一系列典型意象——冰雪、长城、黄河、山峰、高原等展示了北国壮美风光,营造了豪迈旷达的深邃意境。这首词精妙之处就在意象的选取上,词人从视觉上选取意象的同时,还从色彩上选取意象,将自然景观与人文景观的巧妙融合,让自然景物中的雪不再是"雪",是祖国壮美的山河,是中华民族的千年文明,是"风流人物"的竞争精神和建功立业的决心。

意象的语境之美离不开陌生和创造。意象是作者通过文章语言创造的艺术形象,寄托了作者对客观事物的主观情思。诗人笔下的意象将熟悉的东西陌生化,使自己始终置身于发现创造中,诗歌的意象更具有形象性。林徽因《你是人间的四月天》用代表爱与希望的"四月天"这一总意象,分写了一系列温暖的意象"春风""春光""星子""细雨""百花""绿芽"等,描绘了充满活力、生机勃勃的春天美景,柔美的色彩,唯美的意境,抒发了诗人的温暖的生命感悟。这首诗最适合学生运用联想和想象,描绘动人的画面,感受诗人温暖的情怀,进入意境美妙的审美享受,获得强烈的艺术体验。这就是学生通过把握意象,掌握诗歌意境,体悟诗人的主观情感,完成形象思维的构建。

因此,逐步构建学生形象思维的过程还需要教师对教材有宏观把控的意识,结合学生的年龄特点、认知规律及教学目标,创设教学情境,激活学生的语文形象思维,帮助学生树立学习自信。建立和谐的师生关系,营造宽松、民主的课堂教学氛围,把课堂的主动权还给学生,感受学生的思维方式和思维方向,对学生展现出来的思维闪光点给予及时的鼓励与表扬,从而进行有效的思维活动。

(四)注重文体,讲究教学语言表达,营造富有美感的课堂

在诗歌教学中富有美感的教学就是在课堂上营造出像诗一样给人美感

的境界。教师要让设计具有诗意美,语言表达富有诗的气息。教师要用丰富的情感引领学生在诗歌教学的氛围享受中,能对现实或想象的描述,将自我感受进行诗意的表达。

诗歌的语言是凝练而又精致的,承载了形象、节奏、韵律和情感等方面的语文要素,有极强的感染力。所以诗话语言的教学设计有助于学生切身感受诗歌语言美,培养学生的语言审美能力。林徽因的《你是人间的四月天》,语言清新脱俗,教材中有旁批,在旁批的指引下引导学生赏析充盈色彩描写的词语,体会这些词语描绘的柔和温馨的画面。我们可以将这一活动的教学语言改为诗话的语言,即"富有特色的词语,那么美。美在那温柔的颜色,美在那温馨的画面"。含蓄优美的提问给学生视听上的直接冲击,学生在具体的语境中理解词义、语义,语言组织中将会有意识地选取恰当的词语,运用短句进行表达。这样的表达让学生在潜移默化中树立了诗歌这一文体语用意识。

诗歌教学中诗话语言的运用应该贯穿课堂始终,教师要将从诗歌中习得的材料和经验,形成教师的语言表达濡染学生。例如,活动任务、活动小结、教师课堂语言都应该是优美、凝练和和谐的教学语言。尤其是在课堂总结,在诗话语言的基础上还可以仿照诗歌的形式或特别之处进行仿照应用。例如,余光中《乡愁》的课堂总结可以写为"这一刻,乡愁是一份诚挚的爱,我在这头,诗人在那头。这首诗,乡愁是一首美妙的音乐,回环往复,一唱三叹。这一课,乡愁用四个普通的意象,化抽象为具体,托物寄情"。教师的示例引导,不仅可以挖掘诗歌文字的语言魅力,更能进行诗歌语言的审美教育,展现学生对诗歌的个性化解读,也体现了教师进行诗歌教学的文体意识。

再如,教学《沁园春·雪》时,教师在带领学生感受北国风光的自然景观、评析中国古代文化名人、赏析文章的语言风格、感悟词人要表达的主题后,可通过中心句引导学生将这首词中正面积极、昂扬奋进的人生价值观迁移到当下自身对社会、对人生的感悟。此外,在完成诗歌单元的教学任务后,可以举办一场"诗歌朗诵会",可以朗诵教材内的现代诗歌,也可以朗诵课上拓展的诗歌,还可以朗诵其他诗集中的诗歌,开展内容自由的朗诵会。整个过程,学生必须充分理解诗意,运用课堂上所学的朗读技巧,以声传情,营造诗意课堂。

（五）重视写作,关注创意表达,引导学生诗意创作

阅读与写作是共生的,叶圣陶先生说:"语文教本只是些例子。"可见,教材中收录的每一篇文章都是学生学习写作的范文。诗歌教学中,教师要以课文为蓝本,鼓励学生从仿写诗歌开始,引导学生发散思维,自创诗歌。对诗歌的再创造过程有利于培养学生的创造性思维,有利于激发学生学习诗歌的兴趣,有利于在创意表达过程中提升学生的综合核心素养。

仿写训练需要教师在教学时摘选诗歌中的精彩语句,让学生进行仿写。教师可以引导学生模仿诗歌的语段句式、结构安排、表现手法、修辞手法等进行写作。例如,学生可以仿写《乡愁》的句式结构,借助某一物象传达思乡之情,然后将有特点的仿写组合成新的《乡愁》;可以学习林徽因在《你是人间的四月天》中柔婉简约的诗歌语言,仿照诗歌形式,运用比喻、排比的修辞方法完成仿写;可以学习《祖国啊,我亲爱的祖国》,选取具有时代特点的意象,描绘时代风貌。鼓励学生大胆仿写的同时,教师也要不断提升自身诗歌鉴赏的素养与能力,教师要做引领示范者,创作诗歌并展示给学生。在这一过程教师要细致讲解自己的创作过程,给学生思维启示,激发学生的创造力。例如,可以建议学生学习《我爱这土地》的结构形式、表现手法等进行新的创作。在诗歌学习结束后教师还可以鼓励学生独立创作,从而提升学生遣词造句的能力,激发创作热情,增强学生的学习信心。

（六）以评促教,重视激励性评价,构建完整课堂

"文学阅读与创意表达"学习任务群中强调对阅读兴趣的保护和对创意表达的合理评价。"第三、第四学段,侧重考查学生对语言、形象、情感、主题的领悟程度和体验,评价学生文学作品的欣赏水平,关注研讨、交流以及创意表达能力。"特别强调应围绕学生阅读文学作品的过程性表现进行评价。

初中阶段的学生,正处于身心发展的过渡期,这一时期的他们,特别渴望

来自别人的认同,而教师作为课堂的主要实施者,课堂评价语言尤为重要,尤其是激励型评价。

1.诵读评价。

在诗歌的诵读学习任务中,教师要根据诵读要求设置不同层级的诵读评价,诵读评价要由低到高地进行排列:①读准字音,字正腔圆;②读清节奏,断句分明;③读好重音与停连;④读出轻重缓急的语调;⑤读出诗歌表现的情感。在评价时,教师要根据学生的诵读能力给出相应的鼓励性评价,提升学生作为学习主体的课堂参与度,增强学生朗读的自信心。在举行诗歌朗诵比赛的活动中,可以让学生自主设计"XXX朗诵比赛评分表",围绕普通话的标准性、朗诵的流畅度、诵读内容的积极性、情感表现的饱满度等进行设计,尽可能地落到每一个细节处。由此,教师还可以在课堂上设计与诵读有关的创新性语文实践活动。例如,学生自主设计诵读方案,并阐述设计缘由。这是习得能力的迁移,更是评价的高级显现。当然,教师要不吝对学生的赞美,让学生在赞美声中提升诵读能力。

2.鉴赏评价。

诗歌教学中不可或缺的一种评价是表现性评价,它是通过观察学生在完成实际任务时的表现来评价学生已经取得的发展成就。例如,在诗歌鉴赏的学习任务中,主要是学生运用已掌握的一些阅读的方法技巧,根据个人的阅读经验、阅读感受、生活体验等进行诗歌内容、情感的分析与鉴赏,但由于学生个体的差异性,每个学生的鉴赏也会有所不同。这种情况下,教师的课堂评价就要注意激发学生的学习内驱力,给予正面积极的评价。如对鉴赏能力强的学生,教师应当给予肯定的启发式评价;对鉴赏能力较弱的学生,教师要抓住他们的分析要点,给予欣赏的引导式评价,让他们通过准确的评价找到分析诗歌的方向,最终读懂诗意、诗情,从而帮他们寻找阅读鉴赏的自信心。课堂上的每一个学生都会在教师的激励性评价下,获得一种油然而生的成就感。例如:在教学《黄河颂》时,在评价内容方面,教师要求学生透过抒情主人公的视角,感知诗人虚实相交的笔法下的黄河形象,并感受黄河的气势之美;

在方法性知识层面,学生能够感受诗人层次清楚、条理分明的结构章法,体会和学习文章比喻象征的写法;在价值性知识层面,学生能够体会黄河对中华民族的孕育和巨大保护作用,感受中华儿女的决心和勇气。在具体的师生对话中,教师应注意及时作出精准、全面的评价。

3.写作评价。

在诗歌创意写作的学习任务中,教师要摆脱单一评价语的束缚,注意倾听学生的阅读成果进行再创造的写作,然后给予恰当的评价。仿写创作的评价可以分为两个等级:一是对原作品进行简单换词的替换仿写;二是在原作品的指引下进行再创造的创意仿写。创意写作评价要有指向性,给予学生一定的写作指导,让学生有改进的方向,评价用语更要以激励为主。教师和学生可以共同设计评价量化表,七、八年级的量化表设计要简单一些,涉及的加分内容主要是书写工整、页面干净、句式清晰、中心明确、写作新颖、语言精致优美等,减分方面主要是错别字、病句等。到九年级的仿写与创意写作中我们的评价等级就有所提升,在书写、题目、中心、首尾、结构的基础上,需要加入修辞手法,以及从教材中学到的写作技法等,这样学生可以在课堂上学以致用。当学生创意仿写《乡愁》时,教师给出题目后,班上只有部分同学能够完成诗歌写作训练,当给出具体的评价量化后,大部分学生对写作就有了方向,尤其是让学生自己设计评价量化表,在这一过程中学生再次掌握了诗歌内容,理解了诗歌情感。要想让学生在评价中获得认可,评价就应该是多元化的,可以是自评,也可以是互评,要给予学生表现的机会,营造宽松的教学氛围,让学生在评价中成长。

以上所讲的评价主要是站在教师角度阐述,因为新时代教育改革背景下教学评价更加重视教师的评价主体身份,目的在于增强教师自主发展的意识与主动性,打造和谐的师生对话课堂,落实鼓励性评价,增强育人效果。进行课堂教学评价的方式还有很多,无论采用哪种方式,都要以激励性、指向性为主,让学生在评价中有所思、有所悟。

综上所述,现代诗歌的教学需要教师在课标的引领下,不断更新教学理念,在核心素养的指引下,创设情境化的学习任务群,确保"教—学—评"一体化的完整性,从而不断增强学生文化自信和语言运用、思维能力、审美创造的能力。

(乌鲁木齐市第八十六中学　安亚敏)

参考文献:

[1] 中华人民共和国教育部.义务教育语文课程标准(2022年版)[S].北京:北京师范大学出版社,2022.

[2] 余映潮.余映潮谈阅读教学设计[M].北京:中国人民大学出版社,2019.

[3] 吴非.课堂上究竟发生了什么[M].北京:中国人民大学出版社,2015.

[4] 朱光潜.谈读诗与趣味的培养.朱光潜全集[M].合肥:安徽教育出版社,1996.

[5] 王运熙,顾易生.魏晋南北朝卷.中国文学批评通史[M].上海:上海古籍出版社,1996.

[6] 袁爱国.文学阅读的深度与创意表达的个性[J].新课程研究,2022(32):75-77.

[7] 张玉新,马双.转变既往范式,转化已有经验——文学阅读与创意表达的必由之路[J].中学语文教学,2022(06):11-15.

第五章
中国古代诗词教学案例与研习

《行路难(其一)》教学设计

【教学目标】

1.能利用注释和工具书理解内容,积累名句;能从多角度为诗句做批注,体会情感。

2.能对诗歌的内容情感、形象特点及表现手法等作出分析和概括,发展演绎思维和创造思维。

3.把握诗歌的节奏和韵律,感受音声之美;体会诗人虽历经矛盾却自强、自信的精神品质。

4.能将诗歌与现实生活相联系,修正个人的人生观和价值观,激发对个人人生的思考。

【教学重、难点】

1.品味诗句,提高鉴赏古诗能力。

2.理解诗人怀才不遇的情怀,体会诗人悲愤中不乏豪迈,失意中仍怀希望的思想境界。

【教学创意】

本课创设学习任务情境:校文学社"文海扬帆"公众号开展"大唐诗会"的专题活动,活动展示分为"为你读诗""与你品诗""同你和诗"三部分,请你积极向公众号投稿。在学习任务驱动下,抓住"变",感受结构之变、情感之变、写法之变,从而倾听音声之美,涵泳情感之变,兴发精神之力。

【教学内容】

一、情境导入

余光中在《寻李白》中这样赞叹李白:"酒入豪肠,七分酿成了月光/余下的三分啸成剑气/绣口一吐,就是半个盛唐。"今天,我们一起学习李白的《行路难(其一)》,感受李白诗中的盛唐气象,为参加校文学社"文海扬帆"公众号开展的"大唐诗会"专题活动做准备。

二、知识积累

(一)作者及背景简介

1.学生自主合作,回忆并完善李白的简介:李白,字太白,号青莲居士,唐代浪漫主义诗人,被称为"诗仙"。与杜甫并称"李杜"。他的诗作感情奔放,想象丰富,并惯于采用历史典故和神话传说表达感情。代表作品有《闻王昌龄左迁龙标遥有此寄》《将进酒》《蜀道难》等。

2.背景简介:天宝三年,在应召入长安两年以后,李白才华虽为唐玄宗所赏识,可仍未能获得重用,还遭到权臣的诋毁排挤,最后被玄宗"赐金放还",变相撵出了长安。在朋友为他饯行的酒宴上,李白愤而写下了一组《行路难》,以抒发怀才不遇之情。

(二)文体知识积累

如果七律的名字是杜甫,史诗的名字是白居易,那么歌行体的名字便是李白。

"行路难"是乐府古题,"乐府",指的是原本在民间流传,经由乐府机关保存下来,能够配乐演唱的诗歌,属于古体诗。

古体诗:有五言、七言古体诗,或杂有长短句;平仄没有严格限定,体现自由抑扬韵律;用韵自由,可一韵到底,也可换韵。从句式看,五字为221式或212式,七字为43或223、2221式。《行路难》是一首七言古体诗。

李白的《行路难》共三首,主要抒发了怀才不遇的情怀。

三、任务一:为你读诗

活动一:学习技巧,读出"音声之美"

(一)读准字音,读清节奏

金樽(zūn)清酒 / 斗(dǒu)十千,玉盘珍羞(xiū) / 直万钱。

停杯投箸(zhù) / 不能食,拔剑四顾 / 心茫然。

欲渡黄河 / 冰塞(sè)川,将登太行(háng) / 雪满山。

闲来垂钓 / 碧溪上,忽复乘舟 / 梦日边。

行路难! 行路难! 多岐(qí)路,今安在?

长(cháng)风破浪 / 会有时,直挂云帆 / 济(jì)沧海。

指导:

1.批注重点字读音并练读。

2.示范两种节奏,学生比读选择。

"二二三"节奏——金樽 / 清酒 / 斗十千,玉盘 / 珍羞 / 直万钱。

"四三"节奏——停杯投箸 / 不能食,拔剑四顾 / 心茫然。

指导:

"二二三"节奏和作者表达的心情不太吻合。作者怀才不遇,心情抑郁茫然,选择四三节奏更能表现情感。

选句范读,全班齐读。

(二)读出韵律,读通抑扬

金樽清酒斗十千,↗玉盘珍馐直万钱。↗

停杯投箸不能食,↘拔剑四顾心茫然。↘

欲渡黄河冰塞川,↘将登太行雪满山。↘

闲来垂钓碧溪上,↗忽复乘舟梦日边。↗

行路难! ↗行路难! ↗多⌒岐路,今⌒安在? ↘

长风破浪⌒会有时,↗直挂云帆⌒济⌒沧海。↗

朗读指导:

1.前四句平声先韵,"千、钱、然、川、山、边"六字押韵,密度极大,朗朗上口。后二句换上声贿韵,"在、海"二字押韵,铿锵有力,掷地有声。

古风换韵处,便是诗意折进处。

生全诗朗读,师选句指导。

2.情境优美处,读得轻一点,缓一点;动词密集处,读得重一些,急一些。

生朗读个别句子。

活动二:知人论世,读出情感脉络

"诗言志,歌咏言。"诗歌一字一句总关情。

要求:小组合作,结合注释,疏通诗意,并结合李白生平,梳理诗人的情感脉络。

作者生平:

5岁诵六甲,十岁观百家。

19岁,"大鹏一日同风起,扶摇直上九万里"。

26岁,"仗剑去国",辞亲远游,写下"渡远荆门外,来从楚国游"。

42岁,征召入京,写下"仰天大笑出门去,我辈岂是蓬蒿人"。

43岁,被赐金还山,写下《行路难》。

44岁,写下"安能摧眉折腰事权贵,使我不得开心颜"。

52岁,"天生我材必有用,千金散尽还复来"。

62岁临终前,"大鹏飞兮振八裔(yì),中天摧兮力不济"。

预设:

诗人的感情脉络是:欢乐—苦闷茫然—惆怅悲慨—憧憬希望—徘徊低沉—自信乐观,情感交织,情绪在低回中走向高亢,境界由沉郁渐趋阔远。这是李白的浪漫笔法之一:跳跃纵横的结构,激荡起伏的情感。

师朗读指导:

诗情扬抑、抑扬、抑扬,一波六折,对比强烈。诗歌前六句读出绵延不尽的低回、沉郁、愤懑之感;"闲来垂钓碧溪上,忽复乘舟梦日边"带着憧憬和向往读出迷雾中几许明丽和温暖;"行路难! 行路难! 多歧路,今安在?"两个断句都宜用升调,第一个"行路难"语速要快,第二个"行路难"是重复和强调,语速稍慢,语气要比前句高扬,表达无路可走的感慨和痛苦(朗读时甚至可以在后句加一个语气词"啊");"多歧路,今安在?"其中"会""直"两字读得坚定有力,"济沧海"读出信心与力量。

示范读,全班读。

活动三:诵读展示,读出结构之变

生设计朗读方案,如个别读、男女读、齐读、轮读等形式。

生朗读展示,师生共评。

四、任务二:与你品诗

运用诗联赏析方法,批注品析"写法之变"。

活动一:找出诗中表现"路,难行"和诗人面对困境时行为(状态)的诗句,从下列角度进行赏析批注

诗联赏析角度一:

抓住意象,体会象征意味。

关注场面,分析细节描写。

判断修辞,理解衬托手法。

示范:金樽清酒斗十千,玉盘珍羞直万钱。

"斗十千""直万钱"用了夸张的修辞手法,通过描写隆重而丰盛的宴会场面,以乐景衬哀情,反衬诗人悲愤、失望的情绪。

预设:

1.欲渡黄河冰塞川,将登太行雪满山。

想渡过黄河,可坚冰封住了河面,想要登上太行山,但大雪盖满了山。"欲渡黄河""将登太行"象征了对某种理想的追求,"冰塞川""雪满山"象征着仕途的艰难、人生道路上的艰难险阻。诗人以形象化的语言写出了仕途的艰难,蕴含着作者无限的悲哀之情。

2.行路难!行路难!多歧路,今安在?

行路艰难,行路艰难,岔路这么多,如今身处何方?(现在要走的路在哪里?)这句反复咏叹"行路难",节奏短促,声调低沉,表达了诗人理想抱负不能

实现的苦闷之情。

3.停杯投箸不能食,拔剑四顾心茫然。

(我)放下杯子和筷子,不能下咽,拔出剑来,四处看看,心中一片茫然。"停""投""拔""顾"四个连续急促,富于强烈情感色彩的动词,形象地写出了诗人理想不能实现,内心苦闷、压抑的心情。

生交流,师点拨。

生齐读诗句,体会作者行路之艰难困阻,感受内心之苦闷茫然。

活动二:找出体现作者"路难,行"情志的诗句,借助注释,理解诗意后,从下列角度进行赏析批注

诗联赏析角度二:

品析典故,体会言外之意。

积累警句,体悟诗人情志。

预设:

1.闲来垂钓碧溪上,忽复乘舟梦日边。

当年吕尚闲居,曾在碧溪垂钓;伊尹受聘前,梦里乘舟路过太阳边。运用典故,以"垂钓"自比吕尚,"梦日"自比伊尹,借吕尚、伊尹得到重用的故事表示对前途仍抱有希望,心情由郁闷趋向开朗。表达了诗人期望有朝一日能够得到明主赏识,施展自己的才能和抱负。

知识积累:

用典:用特指的古事或古语婉曲地表达"今"义,或化用前人的语句,或引用神话故事,或运用历史故事。精炼语言,避直就曲,表意传情含蓄、生动、典雅。

2.长风破浪会有时,直挂云帆济沧海。

终有一天,我会乘长风破万里浪,(到那时)我将挂起高高的帆渡过茫茫大海。"破""挂"富有动感、充满气势,充分表达了作者的乐观、自信和对理想的执着追求。心情由苦闷和彷徨中再次振作,充满乐观和希望,表达了诗人自强不息的奋斗精神及乐观进取的人生态度。

知识积累：

警句，就是语言精练、寓意深刻的语句，往往用精炼的语言表达出深刻的思想。警句常常超越作品、超越时代而给人以深刻的启发和教益，可以让诗文生辉。

反馈，交流。

背读警句，再次体会诗人昂扬向上的情怀，感受诗人自强不息的精神。

活动三：借助课下注释，找出下面这首诗中的警句和用典的句子并赏析

酬乐天扬州初逢席上见赠

刘禹锡

巴山楚水凄凉地，二十三年弃置身。

怀旧空吟闻笛赋，到乡翻似烂柯人。

沉舟侧畔千帆过，病树前头万木春。

今日听君歌一曲，暂凭杯酒长精神。

预设：

"闻笛赋"的典故，表达物是人非，对故友的思念之情。

"烂柯人"的典故，感慨岁月流逝，人事变迁，流露悲痛怅惘之情。

"沉舟""病树"比喻久遭贬谪的自己，"千帆""万木"比喻仕途得意的新贵，蕴含着新事物必将取代旧事物的哲理，表达了乐观进取、积极向上的人生态度。

小结：李白浪漫笔法之二：奇特浪漫的想象，内涵丰富的意象；以乐写哀的细节，丰富多变的修辞；虚实相生的场景，变换角度的抒情。

五、任务三：同你和诗

联读诗歌，体悟"精神之力"。

他那"天生我材必有用"的非凡自信，那"安能摧眉折腰事权贵"的独立人格，那"戏万乘若僚友，视同列如草芥"的凛然风骨，那与自然合为冥

一的潇洒风神,曾吸引无数士人。

——《中国文学史》第二卷

活动:根据对《酬乐天扬州初逢席上见赠》的理解和赏析,用"长风破浪会有时,直挂云帆济沧海"两句,写一段勉励刘禹锡的话

反馈,交流。

即使:路,难行,也要:路难,行。

小结:李白浪漫笔法之三:乐观进取的人生态度,不懈追求的坚定信念。

六、布置作业

1.基础型作业:继续完成《行路难(其一)》的投稿作品,录制诗歌朗诵音频,整理诗联赏析文字,完善个人感悟。

2.发展型作业:阅读其他唐诗,运用诗联赏析方法,为诗中的名言警句写一段赏析文字。

3.拓展型作业:阅读《唐诗三百首》,选择一位诗人,搜集其不同时期的诗作,谈谈这位诗人的人生志趣。

案例研习

诗言志，歌咏言

——《行路难（其一）》教学设计探索

摘要

《尚书》有云："诗言志，歌永（通"咏"）言……"即诗是用来表达人的志意的，歌是咏唱诗的语言。本设计根据诗歌的语言特点，以读促教，寓德于读，在品读中培养鉴赏能力，发展思维品质，提升审美水平，获得精神动力。

本案例按照"文学鉴赏与创意表达"的打开方式，通过对执教教师的三次不同教学设计思路的变化，记录了教学的磨合过程、反思过程与认识过程，并最终形成了如下解读：文本的第一层显性内容是李白感叹行路之艰难，通过诵读带动诗意的理解，是鉴赏的起点；第二层隐形意脉是诗人的情感变化，在知人论世中品读体悟，是鉴赏的主要过程；第三层是深层主旨，体悟李白失意中的自信精神，这是鉴赏的重点，但诗作中让人兴发感动的精神之力才是鉴赏的终点。

背景信息

新课标首次加入"文化自信"，并在首要位置，"认识中华文化的丰厚博大，汲取智慧，弘扬中华优秀传统文化，建立文化自信。"在"文学阅读与创意表达"的任务群要求"本学习任务群旨在引导学生在语文实践活动中，通过整体感知、联想想象，感受文学语言和形象的独特魅力，获得个性化的审美体验；了解文学作品的基本特点，欣赏和评价语言文字作品，提高审美品位；观察、感受自然与社会，表达自己独特的体验与思考，尝试创作文学作品"。

新课标在初中学段古诗词的教学中有如下建议:一是能借助注释和工具书理解古诗词基本内容;二是在积累、感悟和运用基础上,提高学生的欣赏品位和审美情趣,并背诵优秀诗文;三是能结合自己的经验,初步理解、鉴赏文学作品,发展个性,丰富自己的情感体验和精神世界。新课标在"基础型学习任务群"的"教学提示"中也给出了具体的建议:"诵读材料要选择脍炙人口的千古名篇和名言名句……提倡熟读成诵,不要死记硬背"在"发展型学习任务群"中给出了"重视古代诗文的诵读积累,感受文学作品语言、形象、情感等方面的独特魅力和思想内涵,提升审美能力和审美品位"的教学提示。

古诗词作为中华文化的重要代表,教学的首要意义在于让学生通过古诗词的学习,热爱中华文化,继承和弘扬中华优秀传统文化,了解和借鉴人类文明优秀成果,厚积文化底蕴,建立文化自信。落实到具体的教学上,让学生学会在反复诵读中理解诗情、诗理和诗味,能品味作品中富于表现力的语言,理解、鉴赏文学作品,受到高尚情操与趣味的熏陶,发展个性,丰富自己的精神世界。

《行路难(其一)》所属的九年级上册的第三单元,单元目标要求"要注意体会古人寄托于山水名胜中的思想感情,感受他们的忧乐情怀","积累、掌握课中的名言警句"。本课所选三篇古诗词从体裁上分别是古体诗、五言律诗和词,因此,学习本课应注意不同体裁诗歌的节奏和韵律特点。预习提示也要求:"诵读课文,注意不同体裁的节奏和韵律特点;了解创作背景,读懂诗词内容,体会作者思想感情。"研读以上目标,揣摩编者意图,教师需打通诗歌与学生生活的关系。

经过七八年级的学习铺垫,九年级的学生具备了一定的诗歌鉴赏方法,但多数还是以背诵和形象感知为主,理解与赏析也相对较为浅显。九年级的诗歌教学应该着重培养学生语言表达的深刻性和准确性,让学生能够抓住关键的诗词名句和字眼进行品读、赏析,进而提升学生语言学习和运用的能力。在品析中,着重培养九年级学生思维的深度与广度,提升思维的品质。除此之外,从人文因素上来看,九年级是初中的最后一个阶段,也是面对中考挑战的关键时期。诗歌中传递的自信、执着、乐观、积极等精神,正是学生这一年砥砺拼搏的学习生活中应该具备的品格。学生通过古典文化的学习,不仅能培养鉴赏能力、发展思维品质,更能提升审美水平、获得精神动力。

《行路难(其一)》充满了李白的浪漫主义情调。诗歌筵席之丰盛华美,"拔剑""黄河""太行"等意象,以及典故、警句的使用,这些都是浪漫主义诗歌的典型特点。这首诗歌情感经历了"欢乐—苦闷—失望—希望—迷惘—自信"的过程,这样大起大落的情感变化、大开大合的表达方式正是李白诗歌一贯的风格,也是李白性格的鲜明体现——只有洒脱自信如他,才有这样的表达。那些耳熟能详的警句就是作者乐观豁达情感的直接体现,也是学生要汲取的精神力量。

让学生成为语文阅读的主体,在诗歌学习中学会鉴赏诗歌,引导学生透过简短的诗歌触摸作者复杂的情愫是本教学设计的核心理念。第三单元的单元导语里要求"了解诗歌的创作背景,初步读懂每首诗词的内容,体会作者的思想情感。"教学本首诗,采用"情境创设法",引导学生从文本走进课堂,从课堂走进生活;采用"主问题导读法",引导学生多层次诵读、品析,感受诗歌意境,走进李白内心;采用"活动探究法",给学生的学习搭设台阶,通过读、思、品、说、写一系列活动,读诗,读人,读大唐,欣赏文学作品的同时,走进诗人的内心,感知诗人的情愫;采用"多层次联读法",通过助读、比读资料,知人论世,领会文字背后的意蕴,促进学生语言、思维、审美和文化等语文核心素养的提升;"采用涵泳品味法",让学生充分感受作品的艺术特色,在获取知识、发展能力的同时,也受到情感的熏陶与价值观的培养。

为了达到目标、突出重点、突破难点、解决疑点,根据素质教育和创新教育的精神,再结合本篇课文的实际特点,本案例以《行路难(其一)》的阅读教学为素材,记录了三次教学的磨合过程、认识过程与提升过程。

案例正文

第一次设计：依标扣本，整合课本资源，建立诗歌学习的基本框架

首先，在吟诵中，把握读音、节奏、抑扬与韵律，感受"音声之美"。其次，在品读中，理解诗意，品析写法，感受"情感之变"。在这个环节中，以标题作为切入点，先从"路，难行"中体会作者行路之艰难困阻，感受内心之苦闷茫然；再从"路难，行"中体会诗人昂扬向上的情怀，感受诗人自强不息的精神。最后，在联读中，深入领悟诗魂，体悟精神之力。

从"读"入手，首先在字正腔圆的朗读中读清停顿，在学生有节奏朗读的基础上，带领学生一起找韵脚，引导学生体会韵调和谐、平长仄短的音声之美。在朗读技法的指导下，学生朗读诗歌的声音里有了诗歌一半的生命。通过练读、比读、范读、指名读、应和读等多形式的朗读，建构了对诗文内容的初步印象，感悟了声音传递的情绪。

接下来，"以读代教，以读促悟"。紧扣诗眼"难"组织学生赏析探究，由一字发散开去，切入点睛，一个"难"字为情感交汇点，诗人所有的世路之难、处境之难、内心之难，都从中凸显。从意象、修辞、炼字等角度对诗联进行赏析，品中读，读中品，且读写结合，运用诗联赏析的方法进行批注。此诗写法多变，有以乐写哀的细节、丰富多变的修辞、虚实相生的场景、变换角度的抒情等，在学生赏析诗联时应当给予点拨和总结。写法的多变，是因为情感的多变，体现了李白浪漫主义的诗风特点。从"变"出发，在结构之变、写法之变、情感之变中任选角度阐释，总结升华。

第二次设计：立足语用，创设任务情境，寻求学生学习的生长体验

学习过程以活动实践、自主学习为主线，创设学习任务情境：校文学社"文海扬帆"公众号开展"大唐诗会"专题活动，活动展示分为"为你读诗""与你品诗""同你和诗"三个板块，请同学们积极向公众号投稿。在情境的设计和任务的驱动下，依旧是从"读"入手，"以读代教，以读促悟"。抓住"变"，感受诗歌的结构之变、情感之变、写法之变，从而倾听音声之美，涵泳情感之变,兴发精神之力。

古诗词课堂上的情境共生是我努力想追求的一种教学境界,恰当地根据古诗的内容和情感设置问题情境,可以增强学生学习的主动性和理解能力。此次把"体会诗人的情感变化"作为主线,在"为你读诗"中读出情感的波澜,在"与你品诗"中品出情感的起伏,在"同你和诗"中悟出情感的变化。

在"为你读诗"中学习古风诵读的技巧,读出"音声之美"。"音声之美"不仅是停顿、韵律、抑扬这些技巧上的美,更是把握技巧背后的情感,读出情感的激荡起伏,通过音声表现大唐诗人的生命之姿。在范读过程中,教师的语气或舒缓或顿挫,或低沉或慷慨,都能使学生直接感受到文字所蕴含的情感力量。学生会被老师的朗读所感染,也进行跟读,此时教师再对不到位之处点拨朗读,达到教学目标。

在"与你品诗"中,搭建知识支架和过程支架,教授学生诗联赏析的方法,先借助注释理解诗意,在此基础上对学生的思维力度提出要求,从不同角度批注品析,感受诗歌的"写法之变",再进一步品析"情感之变"。出示赏析角度提示,从意象、字词、修辞、句式等方面进行思考,运用联想想象,学生进行想象补白训练,从李白眼前的画面,一直说到李白心中的情感。学生反复揣摩炼字用词,体会用意。通过诵读、看景、入境、读喻、问典,感悟情志,读懂李白,从而突破教学难点。

古诗词中蕴含着丰富的民族精神和文化,在"同你和诗"中,引导学生通过名言警句的积累与活用,加深感悟,提升综合能力。在这首诗中,李白超越个人、超越自然、超越人生的境界,实现了诗歌无限的、永恒的意义,这是大唐精神、民族精神、中国精神的体现。通过联读诗歌,体悟精神之力,达到感悟情志、涵养化育的古诗词教学宗旨。

第三次设计:精进方法,改善思维品质,提升古典文化的育人价值

此次设计,再次核对教学目标,根据新课标的要求和建议,更加精简而明确,突出而全面;再次精进方法,精细朗读的方法,落实赏析的方法,让学生在具体的方法指导和训练中,掌握方法,生成能力,培养习惯。

　　首先，教学目标更加精简。"精"是精心剪裁，有针对性地突破；"简"是"简约"而不"简单"，有逻辑性地整合。在表述上，教学目标的呈现更加清晰准确，从语言建构与运用、思维发展与提升、审美鉴赏与创造、文化传承与理解四个方面设定教学目标；在语言上，教学目标注重用方法引导实践，利用注释和工具书理解内容、积累名句，并运用批注的方法提升古诗词鉴赏能力；在思维上，教学目标注重发展演绎思维和创造思维；在审美上，教学目标注重在具体的审美体验、评价等语文学习活动中构建审美意识、情趣和品位，掌握表现美和创造美的方法，打通诗歌与现实的联系。教学目标的整合从不同维度体现语文的学习要素。能从多角度为诗句做批注，体会情感；

　　其次，朗读指导更加细化。这首诗诗短意深，诗短情长。为了引导学生体味诗歌中的"深意"和"长情"，教学中细化了"读"的方式，如初知略读、深情诵读、比较品读、延伸阅读等，在读中感悟诗情、诗风，使学生养成诵读诗词的习惯和能力，并生成学习诗歌的策略与技巧。为读出"音声之美"，进一步达到古诗词的审美鉴赏与创造的目标，在浅层次的"读准字音，读清节奏，读出韵律，读通抑扬"中，通过具体的行为指令词，如批注读音、比读节奏、练读韵脚、示范抑扬等，让学生通过具体的训练，在技法上掌握古诗词的诵读方法。"音声之美"的传递，不仅要掌握外在的技法，更要体悟内在的情感，托尔斯泰说"真正的艺术产生的原因是那想表达日积月累的感情的内心要求。"故需"思其事，揣其情"，知人论世，才能知人论诗。观李白一生，得意与失意的交替、理想与现实的矛盾、低沉与昂扬的转换、处境和心境的映衬便展现在这一波三折、对比强烈的诗情中。顺势进行的"诵读展示"，让学生在长短交错的句式、跳荡纵横的结构中，进一步感受诗人复杂矛盾的心路、激荡起伏的情感。"以情动人"便是"音声之美"的核心意义。

　　再次，品读赏析更加优化。碎片化、形式性、割裂感是改至二稿也没有突破的难点，三稿时深入文本，对内容进行分类；打破形式，对思维进行整合;挖掘意义,对目标进行定位。从诗人处境之艰和心境之难的角度进行品析,品析多变的写法,把握作者难中求进,跌宕起伏的情感。二稿时虽搭建了知识支架和过程支架,但方法指导缺乏层次性和针对性,预设的生成也会大而化之。此稿中,针对诗联的不同写法特点,先从意象中体会象征意味,从场面中分析细节描写,从修辞中理解衬托手法。此诗最大的特点是用典句和警句的深刻内涵,正是这两种写法,让这首诗呈现着生命之姿,传递着大唐之音,闪耀着理想之光,故进行重点品析:品析典故,体会言外之意;积累警句,体悟诗人情志,实现了目标的同时也突破了重难点,更为下文体悟诗歌兴发感动的"精神之力"作了铺垫。

最后,作业设计更加开放。从之前的读和写的作业,进一步分层,设置由易而难,由基础的积累到方法迁移的鉴赏,再到精神升华的拓展。积累、阅读、评价、创写等作业,均根据学生能力层级自主选择完成。在作业中,做好课内到课外的过渡,做好学方法到用方法的迁移。作业不仅是巩固,还是检测和评价,"教—学—评"一体化,延续到课后的作业布置中,通过作业的完成,检测评价学生方法的迁移运用能力。在课堂中唤醒,在作业中唤醒,激发学生对诗的热爱。

教后反思

精心设置问题情境,注意语言的学用。课堂上的情境共生是最高境界,恰当地根据古诗的内容和情感设置问题情境,可以高效地改善学生的学习氛围,增强学生学习的主动性和理解能力。在本诗的教学中,把"体会诗人的情感变化"作为主线,设计了赏析古诗的主问题,围绕主问题,完成相应的任务。情境式的主问题引导学生理解诗意、了解手法、体悟情志,允许学生从不同角度进行探讨,提升了学生在内容、情感、语言、手法等多个维度的阅读鉴赏能力。

丰厚诗词的积累,丰盈精神的境界。古诗教学在提升学生语文学科的核心素养方面的作用非常大,教师要结合教材内容,在教学中为渗透学生的思想品德教育提供必要的支架。所以在对李白的诗歌解读后,对李白的豁达胸襟和积极乐观的人生态度加以延伸,希望同学们不只学习此诗的内容,更应学习此诗中的精神,继而进一步理解李白的精神追求和伟大志向。

初中语文古诗词教学探析

　　古诗词是中华民族智慧的结晶与民族精神的体现,呈现出中华优秀传统文化的多样性与丰富性,是传统文化最主要的组成部分。古诗词所创造的独特的语言表达形式,所渗透的具有中华民族特色的生命体验和文化精神,以及对其他古典文学样式的深远影响,使之承载着语文核心素养中"文化的传承与理解"的重要使命。学习古诗词,能够丰富学生的文化内涵,让学生感受艺术之妙,提升学生的审美情趣,并让学生领会古代仁人志士丰富深邃的情和意,并在他们光辉思想的影响下产生积极向上的精神斗志,获得人文素养的提升。

　　古诗词的主要特点体现在形式和内容两方面,如语言凝练、结构跳跃、极富节奏和韵律;再如内容丰富,意象具有美感、有强烈的抒情性等。根据古诗词形式和内容的特点,新课标中关于第四学段古诗词的教学建议如下:古诗词教学的积累与运用是学习的重点,兼顾"基础型学习任务群"中语言文字积累与梳理。对于古诗词所属的此类群属,课程内容中有如下教学提示:对于古诗词中的语言文字积累与梳理,新课标提示,应选择脍炙人口的千古名篇和名言名句等诵读材料,提倡日积月累和熟读成诵,不贪多求快和死记硬背,重在培养兴趣、语感和习惯;应选择和学生生活实际相关的学习主题,创设学习情境,激发学生诵读、积累、探究的兴趣;引导学生增强语言积累和梳理的意识,教给学生语言积累和梳理的方法,将语言积累、梳理与体认社会主义先进文化、革命文化、中华优秀传统文化相结合,且能够迁移运用到生活实践中。对于古诗词中的语言文字积累与梳理,文学语言和艺术形象的审美体验和品位,自然与社会的独特体验与思考,新课标均给出了整体的教学建议。

在新课标的引领下,第四学段的古诗词教学,力求联系学生生活实际创设真实情境,在语言实践活动中达成语言的建构与运用、思维的发展与提升、审美的鉴赏与创造的重要任务。

一、基于新课标的思考

新课标在"课程性质"中强调,语文课程应引导学生热爱国家通用语言文字,并且在学习过程中发展思维能力,提升思维品质,形成自觉的审美意识,培养高雅的审美情趣,积淀丰厚的文化底蕴,传承中华文化,强调核心素养目标的构建。

新课标提炼了四个学科核心素养,即文化自信、语言运用、思维能力、审美创造。"文化自信"首次提出,并在首要位置。课程理念中强调:"吸收古今中外优秀文化成果,提升思想文化修养,建立文化自信。"古诗词作为中华优秀传统文化的代表,其内容典范、文质兼美,通过古诗词学习,我们可以吸收人类优秀文化的精华,培养学生热爱古诗词、热爱中华文化的兴趣,继承和弘扬中华优秀传统文化,了解和借鉴人类文明优秀成果,厚积文化底蕴,建立文化自信,从而落实核心素养,实现语文课程的育人功能。

我们在古诗词的教学中,除实现文化自信外,还应该达到语言运用、思维能力、审美创造这三个学科核心素养。新课标第四学段在"阅读与鉴赏"有具体的要求:要求诵读古代诗词,阅读浅易文言文,能借助注释和工具书理解基本内容,在积累、感悟和运用中,提高自己的欣赏品位;要求欣赏文学作品,有自己的情感体验,初步领悟作品的内涵,从中获得对自然、社会、人生的有益启示。新增的"课程内容"中提到通过构建语文学习任务群,"引导学生通过整体感知、联想想象,感受文学语言和形象的独特魅力,获得个性化的审美体验;了解文学作品的基本特点,欣赏和评价语言文字作品,提高审美品位"。以上要求涵盖了基础型学习任务群中的语言文字积累与梳理,如基本文体知识、基本文学常识、教材文本积累、学生语感培养和语言实践能力;还体现了发展型学习任务群中的文学阅读与创意表达,如联想想象、鉴赏古诗词作品、创作古诗词等。依托任务群的要求,在具体的教学实践中,我们应要求学生掌握基本的古诗词意象特征、语言特色规律、修辞手法等,能在特定的情境中合理使用语言。因此,古诗词教学旨在通过审美鉴赏、合作交流等方式促进学生在实际生活中形成较强的语言实践能力,帮助学生在鉴赏诗词时形成正确的审美意识和健康的审美情趣。

在古诗词学业质量的评价方面,新课标建议围绕学生阅读文学作品的过程性表现进行。在第四学段,侧重考查学生对语言、形象、情感、主题的领悟程度和体验,评价学生文学作品的欣赏水平,关注研讨、交流以及创意表达能力。在具体评价中,教师应整合识字与写字、阅读与鉴赏、表达与交流、梳理与探究等语文实践活动,描述学生语文学习的具体表现,体现学段结束时学生核心素养应达到的水平。如在作业布置中体现评价,在语文诗词朗诵活动、诗词鉴赏活动等中体现评价,在语文学科测试中体现评价。除了以上评价方式外,老师还应注意恰当的评价语言和恰切的评价标准,从知识能力、思路方法、情感态度等维度评价学生的交流与展示,教师引导,同伴合作,让学生成为主角,直面挑战,和学生一起解决问题并全程评估。通过评价,以终为始,以教学结果调整教学过程。

综上,新课标对古诗词这类文学作品从"教—学—评"等不同方面做出了明确的规定,我们在具体的教学实施过程中,更应根据新课标,综合考虑"教—学—评"的整体性和一体化。

二、统编教材古诗词选篇概况

统编初中语文教材选了相当数量的古诗词,编录的古诗词均为名篇佳作,有八十多篇。从数量上,就足见其在语文学习中所占据的重要地位。分析教材中古诗词的选篇和分布,我们可以看到,统编教材第四学段中古诗词的设置呈现如下一些特点:

(一)鲜明体现新课标文化自信的理念

在课程理念中,新课标有如下表述:"强调内容的典范性,精选文质兼美的作品,重视对学生思想情感的熏陶感染作用,重视价值取向,突出社会主义先进文化、革命文化、中华优秀传统文化。"统编教材第四学段所选的古诗词,经历了淘洗与锤炼,强调经典性,文质兼美。从题材上看,有忧国伤时类,或反对战争、向往和平,或反映社会黑暗、同情人民的疾苦。或表达山河沦丧的痛苦、对国家前途和命运的担忧;有建功报国类,或表达建功立业的渴望、保家卫国的决心,或抒发报国无门、年华消逝、怀才不遇、壮志难酬的悲叹及被贬的愤懑;有思乡怀人送别类,或表达羁旅愁思、思乡思亲,或表达思亲念友、思念爱人的深情,或抒发送别怀人的不舍;有生活杂感类,或寄情山水田园、归隐避世,或借古讽今抒发昔盛今衰、物是人非、世事沧桑的感慨,或表达作者高尚的情操,或闪烁着哲理的智慧感召后人……亲情、友情、爱国、思乡等美好的情感贯穿其中,抒发家国情怀类的尤多,这充分体现了社会主义核心价值观和新课标文化自信的理念。

(二)古诗词形式多样,内容丰富

统编教材第四学段中的古诗词涵盖了四言、五言、七言、杂言,从民歌、绝句、律诗到词、曲均有收录,且每个时代均有代表诗歌选入。先秦和两汉时期以代表其最高成就的乐府诗为主;三国时期,以开创"建安风骨"新风的"三曹"(曹操、曹植、曹丕)为代表,选编了其诗歌。东晋时期诞生了我国第一位杰出的田园诗人陶渊明,选编了其诗歌。初唐时期,以"初唐四杰"为代表,其诗歌在教材中有所体现;盛唐之音,尤以李白和杜甫最胜,选编也最多。此时,诗歌的主题分类也开始多样化,高适、岑参、王昌龄的边塞诗雄浑悲壮,王维和孟浩然在山水田园诗中寄情山水;由盛唐的浪漫主义和积极热情,转向中唐的现实主义冷静思考,并在短期的过渡后呈现出唐诗发展的第二次繁荣;晚唐不及盛唐、中唐繁荣,但也出现了许多著名诗人,仅"小李杜"二人,包揽了晚唐在教材中的几首诗歌。宋朝最大成就是词,婉约派和豪放派,各表一枝。北宋在教材中的词作选编占大多数;南宋亦有相当数量。元代的主要成就在于散曲和杂剧,教材选编代表性散曲。清代在古诗词的选编上也有所涉及。

(三)选录内容呈现清晰的诗词发展脉络

从时间上看,从先秦到两汉,再到魏晋南北朝,又经唐宋元明清,绵延到近代,跨越了中华文明的悠久历程。诗词的发展能够体现中华文化的发展脉络。其中,尤以唐朝所选古诗词为最多,六册教材课内外共选编四十余首,占比近一半,初唐、盛唐、中唐、晚唐时期的古诗词均有涉及,唐代李白和杜甫的作品选编最多,可见,代表古诗词最高文化成就的唐诗,是初中阶段古诗词阅读的重点。

（四）助读系统全方位包裹

不同学段应有不同的阅读目标和能力训练点,这些阅读训练点,不需要大费周章去挖掘,在统编教材的单元目标、阅读提示、课后探究等助读系统中就已经明确地提出来了,我们只需要关注并提炼。例如,统编教材对七年级学生的古诗词阅读能力训练点:学习朗读,品味文中精彩语句,体会汉语之美;整体感知文章内容,把握作者思想感情;练习展开联想和想象。八年级古诗词阅读训练点:诵读古诗文,借助注释和工具书了解大意,积累经典语句。九年级古诗词阅读训练点:学习诗歌,理解诗歌的意象,感受意境,品味语言;诵读古诗文,把握作者的情感;学习诗歌,感受韵律,把握意象,理解诗人情感;诵读古诗文,感受人物的思想和情感。统编教材的古诗词设置,在不同学段和单元中,都明确了课前预习的任务、教学思考的方向和课后积累的意义。除此之外,注释出现在每首诗页面的右侧,便于学习。课后题的设置更注重学生个体感悟和思维训练。我们应尊重编者的意图,合理使用教材。如可以按照"预习""思考探究"和"积累拓展"几个板块的提示组织教学。但是在这个过程中,也要发挥自己的主观能动性,教师不只是教材的使用者,同时也是教学的创造者。

（五）阅读能力呈现螺旋上升的梯度要求,课内、课外呈现互证和拓展的联读模式

统编教材的编写,从内容设置到能力培养,都是一个螺旋上升的过程,体现在古诗词上尤其明显。统编教材第四学段中选编的古诗词基本按照由易到难、由少到多的梯度编排。课内古诗词有近四十首,课外古诗词近五十首。在课内古诗词的编排上,七年级上下册分散编排,七年级上册第一单元的最

后一课、七年级下册第二和第五单元的最后一课;八九年级每册第三、第六两个单元和文言文一起集中编排,主要强调教师带领下的学生对于这一类文体阅读方法的学习与掌握。在课外古诗词的编排上,每个学期分别在第三单元和第六单元后设置课外古诗词,从题材上更是与课内相照应,且每篇都有详细的注释和解读的助读系统,目的是扩大学生的诗词积累,更是打通学生从课内教读到课外自读的通道,及从一篇到一类的学用。

三、古诗词教学策略

(一)在中华优秀传统文化内容主题的确定中实现育人功能

古诗词中蕴含着丰富的民族精神和文化,作为中华优秀传统文化的代表和载体,弘扬了仁爱、民本、诚信、正义、和合、大同等思想理念;弘扬了社会和谐、向上向善的中华人文精神;弘扬了自强不息、爱国爱民、见义勇为、孝老爱亲等中华传统美德。因此,在古诗词的学习中,我们应该统筹安排、有所侧重,不仅从教材中凸显,更要在平时的教学中凸显出来。

1.聚焦主题要义,分类梳理,实现多篇古诗词相同文化主题表达的融合统整。

根据古诗词中的文化意象、文化现象、文学流派进行分类梳理,在统整的过程中,带学生从一首诗走向一组诗,从一篇到一类,从一个人走向一群人,直到遇见一个时代。

(1)以意象为议题,积淀文化知识。

古诗词中有丰厚的意象:有桃、李、樱桃等四季鲜果;有梅、兰、菊等芳花;有红、绿、黄等色彩;有戟、剑、钩等兵器;有鼓、琴瑟、箫等乐器;有大鹏、青鸟、凤凰、龟、鹤等珍禽瑞兽。流水在古诗词中往往代表时光流逝,以及对时光流逝的感叹;或是代表亲人、亲友间依依难舍的离别和缠缠绵绵的思念愁绪。如马致远《天净沙·秋思》中的"小桥流水人家";王湾《次北固山下》中的"客路青山外,行舟绿水前";李白《峨眉山月歌》中的"峨眉山月半轮秋,影入平羌江水流";崔颢《黄鹤楼》中的"日暮乡关何处是?烟波江上使人愁"。月亮是古典诗词里用得最多的意象,不仅代表圆缺欢合,还有恬静、纯洁、永恒、美好的浪漫之意，更是离别孤独、思乡牵挂、悲苦相思、伤感无奈的代名词，还表达伤今怀古的沧桑之情。如王维《竹里馆》中的"深林人不知，明月来相照"；李白《闻王昌龄左迁龙标遥有此寄》中的"我寄愁心与明月，随君直到夜郎西"。"窈窕淑女，琴瑟友之""但余钟磬音""半卷红旗临易水，霜重鼓寒声不起""喇叭，唢呐，曲儿小腔儿大"，这些乐器在古诗词里起到了渲染氛围、烘托心情、衬托人物等作用。古寺空灵的"钟磬"音在万籁俱寂时回荡，形成静谧祥和的氛围，体现了诗人的淡泊情怀；战士们在苦寒的夜里偃旗息鼓前进，"鼓"声不起写出了战事的紧急和战斗的惨烈，以及将士们永不言败的斗志；响亮的喇叭、唢呐声，专为"官船"抬高身价，活画出明朝中后期宦官在运河沿岸作威作福、鱼肉百姓的社会现实。理解这些乐器背后的文化能够更好地理解整首古诗词。

（2）以文化现象为议题，传承民族文化。

蚕桑织麻，赤壁怀古，文人唱和，对弈抚琴，登高望楼，山中避暑……这都是反映文人生活的文化现象，以这些文化主题、文化现象为切入口进行古诗词阅读教学，可以促进学生对民族文化的传承与理解。或怀才不遇、壮志难酬，如《渔家傲·秋思》《赤壁》；或报效国家、建功立业，如《望岳》《江城子·密州出猎》《雁门太守行》；或寄情山水、归隐田园，如《游山西村》；或人生苦短、感时伤己，如《浣溪沙》；或羁旅情愁、念家思归，如《次北固山下》《使至塞上》《天净沙·秋思》；或寄送酬和、劝勉激励，如《送杜少府之任蜀州》《闻王昌龄左迁龙标遥有此寄》；或怀古喻今、咏史抒怀，如《赤壁》《登幽州台歌》；或思亲怀友、情思感慨，如《水调歌头》《夜雨寄北》。

（3）以作者生平、文学流派为议题，读懂一个时代。

同一流派的古诗词通常具有共同的特点。常见的古诗词流派有王孟山水诗派、陶谢田园诗派、岑高边塞诗派、韩孟诗派、建安七子、婉约词派、豪放词派等。对同一流派的创作进行整合学习，有利于引导学生由个及类，学会用感性与理性相结合的方式，建构属于自己的文化认知。例如，统编教材共选编了六首杜甫不同时期的诗歌：《江南逢李龟年》《望岳》《春望》《石壕吏》

《茅屋为秋风所破歌》《月夜忆舍弟》。这些作品蕴含的情感和表达方式各不相同，从中可以看到杜甫"漫游齐赵"的浪漫、失意无望的仕途和贫病交迫的生活，体会杜甫的命运变化，理解他为什么能够写出这么多沉郁顿挫的诗歌，也理解了他的诗歌被称为"诗史"的价值意义。

2.在语言文字的积累与梳理中，激发学生诵读和积累古诗词的兴趣。

可以引导学生将语言积累、梳理与中华优秀传统文化相结合，并通过背诵和积累名言警句，感受中华文化的魅力，激发热爱中华传统文化的情感。例如，双声叠韵是汉语的一种声韵现象，是古代汉语中构成双音节的重要的构词手段，双声婉转，叠韵铿锵，古诗词中的双声、叠韵可以增加语言的音乐美感和文字韵味。李白的"黄鹤西楼月，长江万里情"，有嚼不尽的韵味；杜牧的"夜泊秦淮近酒家"三连声中见情感。"挥手自兹去，萧萧班马鸣"中"萧萧马鸣"最早见于《诗经·车攻》诗人和友人各自骑在马上挥手告别，依依不舍。而两匹马也似乎懂得主人的心意，不愿意与同伴分离，因此，忍不住萧萧长鸣。像这样蕴含着深厚文化内涵的词句在古诗词中还有很多，如玉龙、燕脂、八百里等，激发学生学习兴趣的同时也丰厚了学生的文化素养。古诗词中流传下来的经典名句，是我们镌刻在骨子里的骄傲——欣赏落日，有"落霞与孤鹜齐飞，秋水共长天一色"这样的写景名句增彩；考试失利，有"长风破浪会有时，直挂云帆济沧海"这样的豪情壮志鼓舞；人生困顿，有"沉舟侧畔千帆过，病树前头万木春"这样的理趣之思激励；离家思亲，有"但愿人长久，千里共婵娟"这样的美好祝愿慰藉……起承转合的古诗词语言规律，让我们积累到篇章的结构之美。

教学古诗词，要带领学生欣赏、品味其语言、形象，借鉴其中的写法，更重要的是带领学生真正读懂诗中蕴含的情和志。感悟情志、涵养化育是古诗教学设计的宗旨。我们都是诗人的后代，我们的身体里流淌着诗人的血脉，我们的生命里熔铸着诗人的灵魂。我们跨越时间和空间，是为了读懂了一位又一位诗人，提升文化自信的同时提升核心素养，用诗歌最柔软的力量救赎自我，去照亮自我未知的人生。

（二）在真实情境的创设中激发学生学习古诗词的兴趣

古诗词是经过历史变迁而留存下来的文化瑰宝，不同于白话文的简单明了，古诗词的文字相对凝练晦涩，因而理解起来会有困难，受语言环境不同因素的影响，大部分学生对古诗词学习缺少兴趣，且第四学段的学生升学压力较大，没有足够时间与兴趣去加强对古诗词的阅读。在古诗词阅读教学中，部分教师缺少教学的艺术和情感的渗透，致使学生提不起古诗词学习的兴趣。

基于以上原因，古诗词学习的首要任务是激发学生学习古诗词的兴趣。怎样激发学生学习古诗词的兴趣呢？新课标从课程理念到课程实施，均给我们指明了方向，点示了方法。

1.从学生语文生活实际出发，创设丰富多样的学习情境。

我们要努力增强课程实施的情境性和实践性，变革学习方式。在具体的教学活动中，从学生语文生活实际出发，创设丰富多样的学习情境，设计富有挑战性的学习任务就显得尤为重要。在具体的语言实践活动中，引导学生乐于实践，勤于思考，勇于探索。"生活即语文"，从学生的学校生活、家庭生活、社会生活出发，贴合学生的生活实际的教学内容和方式最能激发学生探究问题、解决问题的兴趣和热情。例如在进行八年级上册第三单元《唐诗五首》的教学中，设置单元情境化核心任务：为提升文化自信、审美创造能力，班级准备围绕"领略天地大美，聆听古人之声"，组织"为你读诗"活动，并发布在班级公众号上。在这个核心任务引领下，进行《唐诗五首》学习时，设计"诗词诵读大赛""诗词鉴赏大赛"等，并把朗诵视频、鉴赏文字发布在公众号上。这些贴合学生实际，具有真实情境的活动任务，既激发了学生主动学习和探究古诗词的兴趣，也加强了学生在日常生活场景和社会实践中语言文字的运用。

2.从学生学习情境出发，充分利用多媒体技术，提升古诗词学习的审美价值。

"课程实施"的教学建议中指出："关注互联网时代语文生活的变化，探索语文教与学方式的变革。"古诗词作为经典文学样式，具有音声之美、画面之美、情感之美等美学价值,如果课堂只有师生的诵读、品析、体悟,或许深刻,但难免不够立体,也会失了课堂中的一些语文的美感。因此我们可以充分利用多媒体技术,调动学生的各种感官。

从"听"的角度带领学生入诗。可以通过播放吟诵音频,感受诗词原始的古韵之美;可以在朗诵中配乐,感受诗词在音声和谐中和音乐的缠绕。古诗词很适合配乐,起到调动情感、渲染氛围、进入情境的效果,同时也是审美的教育。古筝、古琴、琵琶、笛、箫等很适合作为古诗词的配乐,除此之外,音乐的节奏和情感要和古诗词的感情基调相一致。比如《饮酒》适合节奏悠缓的古筝曲,和诗人闲适自在的心境相映;《江城子·密州出猎》《破阵子·为陈同甫赋壮词以寄之》适合激昂铿锵的古乐等。

从"看"的角度带领学生入境。古诗词中意象丰富,画面优美。光是抓住意象让学生想象画面已是美不胜收,那些山水画中展现的"诗中有画,画中有诗"更是让人流连忘返,或欣赏古诗词的配图插画,或让学生拿起画笔为古诗词配画,学生在这些富有古韵的画作中升华对于古诗词的理解。

(三)在具有内在逻辑关联的语文实践任务群中落实课程性质

古诗词起着传承精神、发展文化的重要作用,而要更好地实现这一价值,就要真正落实语文课程"工具性与人文性的统一"这一课程性质。

1.引导学生在基础型学习任务群中扎实语文"工具性"的作用。

(1)在跨学科活动中增加对文本的理解。

作者所处的时代、生活的环境和经历不同,在作品中所表现出的思想倾向必然不同。因此,要理解作品中作者所表达的情怀态度,就要做到"知人论世",结合教材对诗人和背景的注释,联系作者的生平、创作风格和当时现实,教师再补充相关资料,以便全面、准确、深入把握诗歌内涵。这样才能"设身处地"、更为深刻地理解了诗人的情感,才能从"诗言志"中听出诗人的兴发感动。

例如,对陶渊明诗文的理解。陶渊明所处的东晋是我国历史上极为动荡黑暗的朝代,统治阶级腐败无能、穷奢极欲,官场尔虞我诈、污浊肮脏,正直有才能的人无法施展自己的抱负。陶渊明受传统儒家思想影响,青年时期也是有读书出仕、建功立业的"猛志"的,但面对污浊的社会现实,他又不愿与世俗同流合污,就用辞官归隐的方式与黑暗的官场对抗,表达他对世俗的鄙弃,对自由生活的向往。陶渊明的归隐,不仅为后世留下宝贵的文学财富,同时也用清白高洁的人格感召了一代又一代的文人。在教学中,插入有关作者和作品背景的介绍,可以起到帮助或加深学生对陶渊明诗文理解的作用。但是插入相关作者、作品、写作背景的资料要注意以下几点:一是适时。时机恰当,或者课前的深厚铺垫,为诗作学习奠定基础,或者在深入理解内容、情感,学生的思维需要深化的时候出示。二是适量。课堂时间宝贵,要提高课堂质效,就要注意资料的裁剪,一定是和诗歌内容紧密相关的,不要旁逸斜出,冲淡了学习目标。三是适度。延伸和挖掘的内容应适合文本、适合学情。过深,学生不理解;过浅,起不到将学生的思考引向深入、认识有所提升、情感有所升华的作用。

古诗词历史久远,古代文人讲究炼字用词,在很多词语的理解上学生是有困难的,会遇到语言上的障碍,教学中先得处理好诗意的理解,才能为诗词的诵读和赏析打下基础。要达到教学的有效性,决不能整首诗逐字逐句地翻译,让学生只为了应付考试死记硬背。这样做,不仅破坏了诗词"意以境会"的美感,还会扼杀学生学习古诗词的兴趣,消弥古诗词教学的价值。

充分利用教材和工具书,理解诗意。在理解诗意的过程中,教师要应引导学生自主学习,充分利用教材和工具书。一般对于学生难以理解的词语和句子,编者都会预测到学情,在助读系统中的课下注释中出示出来,例如,诗词中的官职、地名、典故、通假字等,再如像《诗经二首》中的"述""芼""思服""溯游"等难以理解的字词,还如像"月下飞天镜,云生结海楼"这样不太好理解诗意的句子,课下注释基本会出示,以便发挥学生自主学习的能力,能借助助读系统,独立地初步理解诗意。必要时教师要予以点拨和讲解,但不要脱离文本、脱离语境机械记背。学生有了一定的古诗词语料的积累后,对古诗词的理解和掌握的能力自然会不断提升。

（2）在诵读活动中涵泳诗情。

新课程标准对诗词诵读保持了高度重视，所有诗词都要求反复诵读或有感情诵读。诵读是非常有效的古诗词学习方式，它是对课文语言及课文内容的直接、真切地感知，是进入课文情境、体会作者情感的一条最有效的途径，诵读应贯穿于教学过程的始终，并进行科学的诵读指导。基础地诵读，让学生理解诗意；深入地解读，启发学生探究诗情；深情地赏读，引领学生进入诗美。正确的诵读可使学生较快地进入赏析古诗词的角色，感受它的音声美、意境美、情感美。结合新课标的要求，把诵读当作主要的教学手段，以读代教，通过诵读理解文章的含义，体会作者寄予在其中的情感。

诗歌是富有音乐美的文学样式，诵读是中国最古老的读书方法。"读书百遍，其义自见"，朗读和背诵在古诗词教学中的作用尤其重要，它通过声音促使学生入文、入境、入情、入旨，同时朗读也传达学生对文本的理解，古诗词本身也极为适合吟诵。

教师要对古诗词的诵读进行具体指导，并做出良好的示范。如《饮酒》是首五言诗，五言诗是三个节拍，根据意义和音节可以读为"二一二"，如"悠然/见/南山"；也可以读为"二二一"，如"采菊/东篱/下"。教师要指导学生划出每句诗的正确节奏。讲一点押韵的知识，让学生画出韵脚。这首诗一韵到底，押 an 韵，声韵和谐轻快，洋溢着诗人轻松、平和、愉悦、自得之情。教师要引导学生读得慢一些，读出韵味，声调不宜过高，语速不宜过快。"悠然"的"然"字要拖音，才能读出诗人的悠闲之情；"见"字是重音，但这里要处理成重音轻读，才能读出诗人在不经意间望见南山的天人合一的愉悦自得情味。对于学生朗读不得法、不到位的语句，教师要用自己的朗读给学生做出示范，带领学生把握准确的停顿、节奏的快慢、重音的强调、语速的疾缓、语气的强弱、语调的高低等。

教师要对古诗词的诵读提出不同的要求，达到不同的目的，如初读主要是读准字音和节奏，再读要理解句子的意思，三读要把握整篇文章的内容，四读要体味诗文的思想感情，五读要品味语言的精妙等。在字正腔圆的朗读中读清停顿,不同的停顿节奏,是诗人情感抒发的变化需求;读韵脚,体会押韵使朗诵产生的铿锵和谐感。平读长仄读短,在古诗词上声字、入声字和韵尾的吟诵实践中体会诗歌情绪。教师通过"导读",让学生掌握重音、停顿、速度、语调等要领,通过练读、指名读、范读、应和读、吟诵等多形式的诵读,建构对诗文内容的印象,感悟声音传递的情绪,从而涵泳诗情、兴发感动,并在反复诵读中不知不觉将内容和理法化为自用。还要将不同文体、不同语句读出不同的情感,比如《关雎》的热烈欢快、《饮酒》的闲适自在、《行路难》的愤激希望等。

2.引导学生在发展型学习任务群中提升语文"人文性"的作用。

(1)在联想活动中描绘画面。

新课标文学阅读与创意表达任务群旨在"通过整体感知、联想想象,感受文学语言和形象的独特魅力,获得个性化的审美体验"。因此,联想想象是学习古诗词的好方法。古诗词讲究的是一种"情动于中而言溢于表"的美,统编教材中的绝大多数古诗词都是借助一定的意象来构成意境表达意旨的。叙事诗的意象往往是人物形象,如《关雎》中对心上人一见钟情、一往情深的青年男子,《木兰诗》中女扮男装、替父从军的巾帼英雄花木兰。抒情诗的意象常是赋予了诗人主观情感色彩的自然景物,如《行路难》中"雪满山"和"冰塞川"的意象渲染出了象征了诗人艰难险阻的人生道路;《天净沙·秋思》中更是在意旨的统帅下,由"枯藤""老树""昏鸦"等多种意象渲染了羁旅在外的游子孤寂惆怅之情。教师要帮助学生更好地体会意象的作用,可以让学生抓住意象,并揣摩意象,通过对诗歌意象特点的分析理解诗歌内容及抒发的情感。

许多古诗词都充满着诗情画意,在教学过程中,可以引导学生对诗词中的画面进行想象,把古诗词的美和画面的美相融合,实现诗中有画、画中有诗的良好教学情景的设置;引导学生展开联想与想象的翅膀来进行意境品味,在音声之美中想象画面,通过对诗歌画面的描绘,感受所选意象的特点,感受画面美;引导学生逐渐进入诗中描写的境界,逐步走入真实意境,领略意境美,从而感受诗人情绪、把握古诗词的内涵。

古诗词的意境美是古诗词教学的重点难点,古诗词为学生们提供了丰富而多样的审美材料,教师要给予学生更多想象和联想的空间,借由想象和联想让学生与作者实现"跨越时空"的交流。从心理特点和认知规律看,初中学生形象思维能力强,对他们来说,联想、想象的功夫做得越充分,对作品底蕴的感受、理解就越深刻。不仅可以达到思维的发展与创造,还可以感受到古诗词的美学内涵,获得审美的鉴赏与提升。

古诗词学习的过程,即是抓住意象,想象画面,进入意境,仔细体味,感悟意境,披文入情,理解意旨的过程。

(2)在涵泳活动中品味语言。

新课标把"阅读"改为"阅读与鉴赏",并明确指出诗词阅读与鉴赏要能理解作品的思想内涵,探索作品的丰富意蕴,领悟作品的艺术魅力,除此之外,还要对作品中感人的情境和形象说出自己的体验,品味作品中富于表现力的语言。要达到这一目标,就要以语言为抓手,通过品析语言来触发学生深度思考,加深其对诗歌的认识,提升其解读品味诗歌语言的能力;通过品味语言来激荡学生的思维,再使其审美情趣和品位得以提升。

品味语言,教师应引导学生深入咀嚼文字,找到"诗眼""词眼",以这些"眼"为切入点,或读喻,或问典,对用词巧妙处、手法精美处、内涵丰富处进行涵泳品味。在巧妙的用词中,体会诗作者传达的情感。古诗词的语言生动形象、含蓄蕴藉、讲究炼字。在欣赏古诗词时,要特别注意品析那些"工在一字,境界全出"的炼字之妙,要反复揣摩其语言的表达效果,体会包含的作者情感。如《行路难》中作者连用"停""投""拔""顾"这四个动词,富有强烈的感情色彩,将诗人愤懑茫然而又不知所措的情感呈现在读者面前;"将登太行雪满山,欲渡黄河冰塞川"中"将"和"欲"二字,写出诗人始终对遇明君、展抱负含有期望;结尾两句中的"破""挂"两字极富动态美,乘风破浪,沧海扬帆,意境开阔,壮思飞扬,千古雄句,激荡人心。再如,《饮酒》中"悠然见南山"的"见",《山坡羊·潼关怀古》中"峰峦如聚,波涛如怒"的"聚""怒",《望岳》中"造化钟神秀,阴阳割昏晓"的"钟""割"等字,都需要引导学生细细咀嚼,涵泳品味。

古诗词中精妙的用词,多是动词、形容词或副词,需特别注意,为帮助更好地品析,可用换字法帮助理解,在换字前后的对比中体会其表达效果。

(3)在表达活动中体悟诗情。

在精美的手法中,体悟古诗词丰富的内涵。在古诗词的形象世界里,语言环境不同于一般作品"上下文"的简单链条式结构,而是一个由形象体系互相渗透着情感的立体式多维空间存在。所以教师还应点拨学生从多角度、多方向伸展思维触角,让学生顺利地把握住诗中的言外之意、弦外之音,吃透那些意味隽永的语句。

品悟使用各种写作手法的诗句。首先品析的就是使用修辞手法的诗句,古诗词中常用的修辞和写作手法与其他文学体裁相比并无大的不同,如比喻、拟人、夸张、对偶、反复、双关、顶真等。但在古诗词教学中要引导学生注意用典这一特殊的修辞手法。用典是诗人借古人古事委婉含蓄地表达自己情感的一种修辞手法。用典不仅可以精炼诗歌语言,让诗歌语言生动典雅,还可以避直就曲地表意传情。品味使用典故的诗句,可以从中体会到作者的言外之意,即想要含蓄表达的情感。如《江城子·密州出猎》用"孙权射虎"的典故,表达诗人奋发有为、建功立业的渴望;用"冯唐持节赦免魏尚"的典故,表达诗人希望朝廷重新起用自己为国效力的心愿;用"射天狼"的典故,表达诗人要亲上战场、杀敌立功的决心。其次还要品析使用了表现手法的诗句,如动静结合、以动衬静、虚实结合、色彩配合、多种感官、象征等,这些手法的使用,让诗词更生动有韵味。

品悟景、情、理相生的诗句。古诗词中的景物描写往往附着着作者的情感,在自然理趣中蕴含着作者的志向,如"沉舟侧畔千帆过,病树前头万木春""人有悲欢离合,月有阴晴圆缺"等。

品悟点明题旨的诗句。《行路难》结尾的两句是千古传诵的名句,这两句气概豪迈,能够极大地鼓舞人心,尤其能引起处于困境中的人们内心的共鸣,激发起昂扬乐观的斗志,千百年来深受人们的喜爱。品析这样的诗句,可以直抵诗人内心,获得"兴发感动"的力量。

（四）在多元化的评价方式中实现"教—学—评"的一致性

1.在活动任务的表现中以评促学。

新课程最大的特点是变"教学问题"为"学习活动"，诗歌作为一种语言凝练、意境优美、内涵深刻，手法多样的文学体裁，它的教学价值不仅是给人带来美的熏陶，还应该让学生学会读诗、品诗、悟诗、评诗，甚至作诗，在具体的活动任务中去实践体验，提升审美情趣和审美能力。教师应设计听、说、读、背、写等各种形式的活动，引导学生进诗、入境、体味、感悟，并要做到示范有效、引领适度、点破到位、评价准确，这样既能帮助学生领悟诗歌的基本意蕴，又能让学生生发出合理独特的理解，从而发展学生的思维。

在学生完成任务的过程中，实时关注学生的表现，以此作为评价学生学习情况的依据，从而驱动学生古诗词阅读能力的培养，最大程度激活他们已有的知识，激发学习的兴趣和思维，使其在完成任务的过程中提升古诗词学习的综合素养，如设计古诗词朗诵大赛、古诗词鉴赏大赛、唱响古诗词活动、跟着古诗词游中国活动等。教师在学生完成这些实践活动的过程中，应当有意识地根据学生的表现记录、分析、研究，及时提出有针对性的指导意见，促进教师教学的改善和学生学习任务完成方式的转变，从而推动学生学习任务完成质量的不断提升。

2.在作业设计过程中以评促学。

作业评价是过程性评价的重要组成部分，作业设计又是作业评价的关键，在"双减"背景下，古诗词作业评价任务设计，要以促进学生核心素养发展为落脚点，紧扣教学目标，同时结合学习任务完成情况，发挥作业诊断、补偿、矫治等功能。不断加强作业设计的趣味性、实践性、层次性，让学生看得明白，以评促学，教学一体，推动学习任务完成效率的提高。设计基础型作业，需要全班完成；设计发展型作业，鼓励学生选择一项完成；设计拓展型作业，建议有能力的学生尝试完成。这样具有层次性、选择性和个体性的作业能进一步密切教与学的关系，从而最大限度地促进学生学习任务的高质量完成。

3.在纸笔测试中驱动教学一体。

纸笔测试是古诗词学习阶段性评价常用的方式。设置纸笔测试评价任务,必须秉持素养立意,紧密结合日常教学活动,发挥阶段性评价的诊断、调节功能,驱动教学方式的改进,以评促教,以评促学,教学一体。为推动学习任务进一步落实、落地、落细,应加强教师的命题能力,增强纸笔测试评价任务的探究性、开放性和综合性。

（乌鲁木齐市第五十三中学　王琼）

参考文献：

[1] 中华人民共和国教育部.义务教育语文课程标准(2022年版)[S].北京:北京师范大学出版社,2022.

[2] 余映潮,杨雪桥.余映潮中学语文古诗词教学实录及点评[M].北京:中国人民大学出版社.2017.

[3] 张本义.吟诵拾阶[M].桂林:广西师范大学出版社,2013.

[4] 石修银.情境读解:基于情境认知的深度学习——以古诗词教学为例[J].语文教学通讯.2021(11):43-45.

[5] 吴秀菊.初中语文教学中的审美教育路径——以统编初中语文教材古诗文教学为例[J].语文教学通讯.2021(35):39-41.

[6] 卢婷婷.叶嘉莹"以诗解诗"法对初中古诗教学的启示[J].语文教学通讯.2022(20):62-63.

第六章
古代写景散文教学案例与研习

《三峡》教学设计

【教学目标】

1.加深文言字词的理解,体会骈散句式节奏鲜明、音韵和谐的特点。

2.通过品读课文,理清作者的写作思路,体会文章整体布局的妙处。

3.分析文章采用多种艺术手法突出景物特征的技法美,领略三峡的画面美。

4.让学生感受祖国山川的壮美雄奇、清幽秀丽,激发学生热爱祖国山河的情怀,培养学生对地域文化的文化自信。

【教学重、难点】

1.理清文章的写作思路。

2.学习运用多种艺术手法突出景物特征的写景技法。

【教学创意】

本课是《三峡》的第二课时。笔者以"展卷人"的身份,通过《青绿山水·三峡卷》展播活动,学生逐一掌握了《三峡》的文化底蕴、文言音韵、文言意蕴、写景技法,一系列学生情境活动达成了文言创新阅读的层进式学习。

【教学过程】

一、导入新课

亲爱的同学们,大家现在收看的是书香校园《青绿江山》的系列节目。我是八年级的一号展播员,今天展播的是《青绿江山·三峡卷》,让我们邂逅郦道元,邂逅三峡旖旎的风光,让三峡美景柔软地落在我们心间。

二、展卷,识此青绿

展播员:下面由您开启《青绿江山·三峡卷》的前世传奇。

活动一:说话,识此《青绿江山·三峡卷》

1.请同学们利用所查资料,介绍《水经注》及作者。

2.围绕"此人、此景、此事"说话,了解《三峡》背后的故事。

学生反馈、交流。

小结:

郦道元少年时代起,酷爱游历奇山秀水,成年后更是乐此不疲,足迹遍布各地,眼界开阔。这种不平凡的生活阅历,使他的审美心理健康发展,同时也使自然山水自觉进入他的视野,成为不可替代的审美对象,并渗透着浓郁的审美情趣,达到天人合一、物我两忘的境界。作者笔下的《水经注》如一幅画卷,在历史的天空,依次展开了从先秦到南北朝间的一个统一帝国的地理、文化、历史……《三峡》不仅展示了三峡的奇美景象,而且具有很高的文学价值。

三、读卷,诵此青绿

展播员:下面由我为您开启《青绿江山·三峡卷》的诵读,感受郦道元笔下的文言意蕴。

活动二:诵读,感受三峡的音韵美和情韵美

1.一读,读准字音、节拍,读出文言的音韵美。

示例:

(1)朗读时要读准:湍(tuān)、巘(yǎn)、裳(cháng)等字的读音。

(2)课文句式骈散结合,多用四字句,要读好二二节拍,如"两岸/连山""隐天/蔽日"。

(3)注意停顿,如"清/荣/峻/茂",一字一停顿。

2.二读,读出语气,体会文意表达的情韵美。

示例:

(1)注意"领起词"的短暂拖音:自、自非、至于、或、有时、虽、则、每至、故。

(2)根据意义,读出不同的语气。"至于……疾也"要读出奔放的语气,读的时候要稍快;读"春冬之时……趣味"时语气则要舒缓,读出欣赏之意。

学生反馈、交流。

小结:

骈散结合,灵活多变

参差变化,抑扬顿挫

整饬华美,音韵和谐

山水清音,情韵各异

四、入卷,绘此青绿

展播员:下面由同学们开启《青绿江山·三峡卷》的描绘,领略郦道元笔下三峡的画面美。

活动三:译读,描画三峡的局部美与整体美

1.聚焦一处景物,批注特点,具体描画三峡的局部美。

如:

重岩叠嶂

表6-1　景物品析

景物元素	特点	具体场景	画面美
高山	高耸绵延	重岩叠嶂	雄壮美:雄奇壮丽,奇峰突兀,悬崖绝壁,山岭雄峻,如鬼斧神工开凿而成,两岸青山耸立,蔚为壮观

学生反馈、交流。

小结:

三峡之景美在：

山景的高俊，绵延雄伟

夏水的奔放，凶险湍急

春冬的清幽，秀丽奇绝

秋景的凄婉，低沉悲凉

2.合作探究，理清作者的写作思路，体会文章整体布局的妙处。

如：探究写作顺序：景物的选取、顺序。

学生反馈、交流。

小结：

文章先写山，后写水，布局自然，思路清晰。

写水则分不同季节分别着墨。先写夏水的奔放美，再写春冬之水的清幽美，最后写秋水的凄婉美。

五、品卷，赏此青绿

展播员：下面由我为您开启《青绿江山·三峡卷》的赏读，学习郦道元笔下的写景技法。

活动四：批注，三峡绘景之技法美

1.赏读课文，分析文章采用多种艺术手法突出景物特征的技法美。

示例：

(1)赏析时要从描写景物特征的方法入手，如：形状、色彩、声音等。

(2)赏析时要从描写景物的特征入手，如：视角、形态、观感等。

学生反馈、交流。

小结：

三峡写景技法妙在：

妙在修辞巧用、动静结合

妙在声色相衬、俯仰视角

妙在山水相映、层次清晰

妙在正侧结合、情景交融

2.亲爱的同学们,郦道元因一部《水经注》而出名,我们因《三峡》而邂逅了郦道元,邂逅了大好河山的一抹青绿。让我们在朗读中,再次感受大好河山的旖旎风光,传承我们的地域文化。

六、寻卷,写此青绿

展播员:下面由您开启《青绿江山》的美景创作。

活动五:写作,描绘身边的青绿江山

学习借鉴本文的写法,结合你熟悉的青绿江山的景物,写一篇简短的散文,要聚焦题材,最好能将自然景物和人文景观相结合。

学生反馈、交流。

课堂总结:

三峡的景美,《三峡》的书卷更美,光芒四射,吸引着人们的眼球,值得我们去细细地解读。作为一名八年级的展播员,我会向大家推介更多更美的书卷,来展现我们的青绿江山,培养我们的文化自信。

"绿水青山就是金山银山",今朝的三峡正放射着令世人瞩目的光辉,宏伟的葛洲坝工程、壮观的三峡大坝,正在成就着一个又一个世界奇观。我相信,不管这块神奇的土地怎么变,三峡在我们心中的位置永远不会变,三峡是我们心中永远的三峡!三峡承载着我们永远的热爱!大好山河,青绿千载,华夏江山,时空无垠……

七、作业布置

1.基础型:朗读课文并背诵课文。

2.发展型:课外阅读《水经注》中描写孟门山、拒马河、黄牛滩、西陵峡等的段落,体会其写景文字的精彩。

3.拓展型:文笔小试,请根据郦道元的《三峡》,为三峡写一篇精彩四季山水导游词。

案例研习

模山范水,描境写景

——《三峡》教学说明与反思

摘要

　　《三峡》是统编教材八年级上册第三单元的一篇古代写景散文。作为本单元的第一篇课文,《三峡》在调动积极性、充实积淀、熏陶性格等领域都起到重要的教育范本作用。对于八年级学生来说,他们虽已具备一定的文言文基础,能够疏通一般浅显的文言文,但是对于文字笔下的文言意蕴、优美意境、写法之妙的品析,仍然会感到较有难度。因此,根据学生的实际情况及本文特点,我们深刻地意识到构课方向应有所调整,即古代写景散文不能仅停留在整体感知、了解景物的特点上面,而应该从"语言运用""思维发展"和"文化传承"的方向去构课。

　　本案例按照文学阅读的打开方式,通过执教教师两次不同教学设计思路的变化,记录了教学的磨合过程、反思过程与认识过程,并最终形成了以教师"创设情境,组织活动"为契机,以学生"主动参与"为原则,以"生成学生语文核心素养"为目的的教学设计方案,让学生在一系列情境活动中,完成文言创新阅读的层进式学习。

背景信息

　　新课标指出,"义务教育语文课程内容主要是由学习任务群组织与呈现"。从三个角度一共设计了六个学习任务群。其中,基础性学习任务群注重在阅读语言文章积淀的基础上，引导学生养成良好语感、把握语言文字运用法则和规范、感悟汉字的文化。换言之，语文的奠基性不再只满足于知识背诵抄默等技能层面，而是指向语言文字运用以及文化、审美、思维等素养目标的达成。而发展型学习任务群中的"文学阅读与创意表达"的教学建议是这样描述的——"本学习任务群旨在引导学生在语文实践活动中，通过整体感知、联想想象，感受文学语言和形象的独特魅力，获得个性化的审美体验；了解文学作品的基本特点，欣赏和评价语言文字作品，提高审美品位；观察、感受自然与社会，表达自己独特的体验与思考，尝试创作文学作品。"一方面，作为贯穿义务教育学习全过程的任务群，"语言文字积累与梳理"体现了继承积累传统基础上的创新，在形式上更具灵动的"双栖性"，另一方面，它可以在其他任务群的教学过程中顺势开展，进行随文识字、读书，积淀传统经典语文资源和知识方法，同时开展即时性的梳理复习。此外，它还可以设置典型的学习主题单元，根据不同年级学生的积累与梳理需要，分别从识字写字、经典语言材料的积累以及语言文字运用规范等方面设计典型学习单元。

　　基于以上学习任务群的文本内容考虑，我们以八年级上册第三单元《三峡》的阅读教学作为研究内容。郦道元所作的《三峡》，寥寥一百五十余字，但文章结构规整、骈散交杂、声声合拍，宛若清风拂水，用简洁的笔触、丰富的概括，生动地描写了三峡四季的美景，赞美了美丽的国家，表达了对这片土地的热爱，是一篇文采斐然的优秀作品。而且《三峡》是中国地理学的优秀学术著作，开创了中国山水游记的新纪元，对后人启发颇大。该文对于引导学生提升美学鉴赏水平、掌握写景技法、提高写作水平，有不可替代的重要作用。所以我们试图在诵读的基础上，感受郦道元笔下的文言意蕴；在译读的过程中，领略郦道元笔下三峡的画面美；在品读的环节中，学习郦道元笔下的写景技法。

　　这一篇描绘山川风光的中国古代游记散文，兼属在文言文的语言文字运用的基础型学习任务群；又属于文学作品阅读的发展型学习任务群。基于单元教学目标，教学时要注意积累文言实词和虚词，整体感知内容大意，体会作者情怀。对此,我们的初次课程设置以基础型学习任务群为主,并确定了以诵读方式贯穿其中,由浅入深地理解课文内容。不管是学"言",还是悟"文",都让学习者带着不同的要求去听,写出印象,写出思索,写出疑问,写出体会。在抑扬顿挫、有趣味性的诵读中,学生细细品味"言"并回顾"文",以言品文、由文嚼言。以此提升学生的文言文水平和思维迁移能力。但是新课标指出"重视选文的科学性、审美情趣、文化底蕴"是改革后新教材的明显优势,所以不是简单的疏通文义,就能体会三峡的美;不是简单地掌握写法技巧,就能提高学生的鉴赏水平;更不是通过简单的感悟,就能实现情感的共鸣,激发学生热爱大好河山的情怀。仔细观察授课过程,教学设计缺少与新课标的融合。教师们以考定教,课堂教学上偏重于对词语的解释与对词语的翻译,甚至还将对实词、虚词、句式的翻译与基础知识的掌握,作为文言文教学的终极目标。故学生的活动也只会停留在重点实词、虚词的掌握上;只会停留在对文本最浅层的理解和感悟上。整堂课学生会对枯燥乏味的文言文越来越不感兴趣,尤其对传统"读、译、背"的模式越来越反感。"在这个被叫作'字字落实、句句明白'的'八字真经'的教法里,一篇篇有血有肉、有情有味、有灵气的文字,被拆解为一堆堆的文字材料。在只见'言'而不见'文'的教学中,学生们感觉不到美、感受不到情,对文言文仅有的一点点浓厚兴趣也被磨灭了,因而形成了望'文言文'而生畏的情况。"我们的教学目标就会发生偏转,学生审美情趣、文化内涵,将无法达到。

案例正文

"山川之美,古来共谈。"大自然的风景或清幽,或雄奇,或秀美,皆显大自然造化之妙。深入其间,总能获得美的享受,净化心灵,陶冶情操,心生一份对自然山川的无限热爱之情。郦道元的《三峡》无疑是一幅瑰奇多彩的山水画卷,是《水经注》里最具魅力的篇章之一,令人在观赏之际充满了惊奇和喜悦。

一、落实教学目标,明确任务,让学习方式体验化

在单元目标中明确提到,学习本单元课文,要借助注释和工具书,整体感知内容大意。反复诵读,借助联想和想象,进入诗文的意境,感受山川风物之灵秀,体会作者寄寓其中的情怀。注意积累常见的文言实词、虚词。鉴于此,我们的初次教学设计在教学内容的确定上,考虑到因质定教、因体定教、因学定教、因文定教、因材定教、因考定教六个维度,主要兼顾了基础型学习任务群。在教学设计上,以朗读训练为主,体现了层次性,由读对到读顺,最后到读美,彰显了朗读教学的意义价值,突出言的重要性。

首先,因文定教。在课堂上观看三峡的风景配乐影片,创造气氛,介绍作者、作品以及三峡的相关知识。其次,诵读文章,疏通文义。在这一过程中,一般安排以下四步:一读文章,正字音(学生进行分类诵读,校正字音)。二读文章,合理停顿。教师跟着音乐示范,让同学们在句子中打记号,自主朗诵,并归纳出相应的停顿方式。三读文章,读出语气。四读文章,合理翻译词句。以朗读贯之,由浅入深地会言得意,特别是读通文义部分,执教老师把一些常见的文言诗词、虚词的意思和句子结构的特点,逐一讲解。在这个被称为"字字落实、句句明白"的"八字真经"的方法下,这一篇有血有肉、有情有味、有灵气的文章,被拆解为一堆堆的语言素材。在只见"言"而不见"文"的教学中,学生们感受不到美,体会不到情,对文言文仅有的一点兴趣也被磨灭了,从而产生了望"文言文"而生畏的情况。

其次,因体定教。欣赏优美的语言、欣赏优美的风景是课堂的主体,也就是由"言"向"文"的转变。教师力图连接自然,所以抓牢诵读这条核心主线,设置了第四次诵读,让我们循其景、入其里。执教老师开始便发问"这篇文章重点描写了什么类型的三峡风景?""描写风景必须把握风景的特色,那么三峡的风景具有哪些特色?"学生进行阅读时,教师注重对语言手法的分析和指导,重点品析指导以下内容:俯仰视角的结合、正面侧面描写的结合、视觉听觉的结合、对比手法的结合。在品析中,学生把握了语言手法并感知到教师对精神境界的渗透。在结尾,教师选择了文章三个段落中的一个句子,通过想象,学生描述三峡的美丽景色。

最后环节是因学定教。在讲述过程中,要充分考量学生的实际情况,努力将这些文化精华与之产生共鸣,潜移默化地起到传承文化的作用。于是执教教师设计了探讨与交流的阅读任务:面对郦道元,面对《水经注》,面对祖国旖旎的风景,面对更丰富、更精彩的历史文化,我们还能做些什么? 尾声配上歌声,教学将在第六次阅读中完成。因《三峡》创作于历史久远的年代,这与学生所处的时代大有不同,缺乏具体的情感共鸣点,在此背景下,初中文言文的文本转换更需要有效的策略和方式。"转换的结果最终要落实在师生对文言文材料的共同理解与体验中,既要对文言文自身的内容与情感价值进行挖掘分析,又要符合学生的实际学情、切合课程目标。"

从上述教学设计思路可以看出,《三峡》的教学设计以突破语言文字积累为目的,重言轻文,完全属于以考定教。古代写景散文的文质兼美、诗情画意的特点并没有落到实处。需要我们根据八年级学生的特点从语感和思维能力出发,提升学生的文化精神品质和美学趣味,并以此来培养学生学习文言文的语言技能和思考转化技能。根据"创设情境,组织活动",透过古文诵读达到"感受中华文化的深厚博大,吸收中华民族文化睿智""提升文化品位、美学趣味和思想道德修养"的教学总要求,设计教学的具体实施方法和路径。

二、关注单元整体归属,由言而文,让文言知识系统化

在初次教学设计中,教师对文言文的教学缺少整体性的规划,教一篇是一篇,停留在词语素质教育(指导学生理解一些虚词,注重实词的一句多义、词汇使用、词语演变、表示习惯等)、句法培养(指导使用者注重部分的省略、词序的安排、确定句式和被动句式等)、写作培养(指导使用者在熟悉书写的基本上剖析语言组成,并注重文学发生的社会历史脉络以及作家生活等)等方面,忽略了"文言、文学、文章、文化"的彼此渗透与融合。

于是,在第二次教学设置上,首先,教师从课程归属的"大观念"入手,将基础型学习任务群与发展型学习任务群中的"文学阅读与创意表达"有机融合,从教学文言文的"文、意、言、章"出发,做到文言并举,为学生建立起对文

言文学习的整体认知,培养系统性思维,有利于学生掌握学习文言文的学科思想、学科思维方法,有利于解决文言知识的碎片化,杜绝"只见树木、不见森林"的问题。

其次,教师根据该学习任务群的学习内容和教学提示、结合古代散文单元的文体特点、综合学情,执教教师制定了以下核心素养目标:

语言运用方面:深化文言字词的理解,体会骈散句式节奏鲜明、音韵和谐的特点;借此建构文言理解的常规途径。

思维能力方面:通读课文,理清作者的思路,体味全文的精妙之处。

审美创造方面:分析文章采用多种艺术手法突出景物特征的技法美,通过三峡的画面美展开审美鉴赏与创造。

文化自信方面:引导学生体验祖国山川的壮美雄奇、清幽秀美,并启迪学生更加热爱祖国山川文化的情怀,培养学生对地域文化的自信,从而达到文化继承和理解的目的。

最后,创设学习主题、情景和核心任务。根据学习目标,教师把课堂的特色定位为"读文章,品写法,读写共生"这一核心任务,课堂的主题明确后,整节课围绕三大板块推进:一是"读三峡美景",二是"赏三峡之美",三是"探寻《三峡》之美"。这样的定位为学生指明了学习的方向,改变了学生"满堂灌"的学习方式,由被动变为主动,学生在情境中体验、感悟文言魅力。此时,课堂的教学结构非常清晰。在"读三峡美景"中,学生反复朗读,逐步感知、理解、消化、吸收相关的内容,并培养语感,体会骈散句式的节奏鲜明、音韵和谐的特点,受到情感的熏陶。在"赏三峡景色之美"中,教师引导学生分辨其写景的顺序。由此,学生明确决定文章写作顺序的,并非时间的推移、地点的转换等这些显而易见的因素。隐含在文章中间、绵绵不断的情感脉络——意脉,才是文章写作顺序的决定性因素。由"意脉"自然过渡到"探寻《三峡》写法之美",经对比阅读得出:写景——特点鲜明;意脉——宛转连贯;语言——典雅工整;情感——蕴藉深沉、物我交融。最后,运用本课写景方法,以《身边的青绿江山》为题,写一篇写景小散文。这样的课堂使文言文教学由言而文,有理有序，深入浅出，既达到了文言的教学目的，又实现了"文"的意蕴，同时又引领学生进行"写法"的实践，由文本到生活，开阔了视野，推动了思维，催生了创造，既夯实了对文言的理解，又提升了文化自信的育人作用。

三、创设真实情境，改变方式，让文言散文学习审美化

新课标在课程实施的教学建议中提出，"创设情境，应建立语文学习、社会生活和学习经验之间的关联，符合学生认知水平，应整合关键的语文知识和语文能力，只限运用语文解决典型问题的过程和方法"。因此，执教教师将使用书香学校《青绿江山》的一系列栏目，以展播员的身份带领学员们来到展播厅，通过把作家勾勒的三峡四季卷轴图一一展开，学生直接走进文字人物画面，进而走入作家的内心图画中。利用情景化教学优点，充分地调节学生学习趣味，从而拉近了学生与文字之间学生与教师之间的心智间距，更利于教师更好地进行课堂教学。

执教教师注重了文言的形式美，做到了言文并行。从文化底蕴、文言音韵、文言意蕴、写景技法品析的一系列学生情境活动，完成文言创新阅读的层进式学习。第一，在情景化教学中，目标更细化、形式更新颖，以展播员的身份一一展开青绿江山的三峡卷；第二，每一个活动的设计任务更具体、更清晰。要在创设生活情境的基础上，激发学生的学习兴趣；要构建学生的活动平台，给学生提供广阔的活动空间，学生有合作交流、积极思索、操作等活动空间，学生在语文学习的过程中，变被动为主动，使学生的文学素养真正得到发展。如聚焦一处景物，批注特点，具体描画三峡的局部美。教师给出"重岩叠嶂"的品析示例（见表6-1），给学生学习支架引导其主动参与。

四、关照文言散文学习评价，让学生思维层进化

每一个活动结束后，执教教师都设计了嵌入式评价，构建了"教—学—评"一体的教学模式。作业的设计更有层次性，体现"结构""进阶""支架"三大特征，分为基础型、发展型、拓展型作业。以新课标中的"学业质量标准"为依据，体现学科特点根据学生学习需要和能力基础，精准把握"已做、新做、未来做"的作业梯度和作业难易程度，合理确定作业数量，丰富作业类型，提高

作业设计品质。

（一）实施单元结构化作业

实施单元结构化作业设计，从总体上减少了重复操作和机械操作。单元结构的组织体系，必须根据单元的要求，将整个单元所有工作遵循特定的顺序与内部联系结合起来，同时对单元内的各时段作业进行统筹安排，探索各种类型作业的合理搭配，在保障学生有效掌握基础知识、基本技能的基础上，实现学习从知识到素养的进阶。因此，根据课后的思考探究一，执教教师设计了基础型作业：朗读课文并背诵课文，内化课堂所学知识。

（二）设置单元进阶式作业

重视复合思维作业，减少单一思维作业，以输出驱动输入，以高阶带动低阶，从掌握知识、理解意义到实现迁移。

单元由前置作业、过程操作（课堂操作）、后置操作包括课堂练习操作、随堂操作、课后操作对应系统等构成，呈现出螺旋式向上的结构，以达到"把握知能、了解意思、进行转化"的思想进阶，积极探索学科融合或跨学科融合作业。所以在发展性写作中，我选择了在课外阅读的《水经注》中，描述孟门山、拒马河、黄牛滩、西陵峡等的片段，感受作者语言的变化精彩，主要考察和指导孩子梳理与探究、表达与交流的能力。

（三）提供单元学习的支架

以"教—学—评"一体化为载体，关注学生的作业过程和作业行为，在作业设计中给予资源、路径、要求、提示支持，嵌入评分标准，帮助学生能够跨越障碍、高质量地"做事"和解决问题。所以拓展型作业还设置了文笔小试，根据郦道元的作品《三峡》，给三峡水力发电站做了一段精彩的四季风景导游词，更是培养了孩子研究性学习的能力。

学习文言文是培养和发展学生语文核心素养的重要途径。《三峡》选自郦道元的《水经注》，文质兼美。作业中的朗诵和背诵内容活动重在丰富学生的语言积累，课外阅读《水经注》片段活动意在语言运用过程中增强学生的文化自信，导游词的写作活动旨在通过创设情境提高学生的审美水平，这一切活动都指向学生的思维灵活性、系统性训练。

教学反思

　　教法和学法的选择要根据课文特点和学生学情特点。因此,在这一节课的教学中,教师采用朗读教学法、讨论探究教学法和激趣教学法的方式来教学。而在教学方法的选用方面,执教老师在教师导入过程采用了情境式教学来调动学生的积极性。在课堂教学活动中,以读为纲,通过采用各种方式的诵读引领学生慢慢地走进课文,从而实现教学目标。课上还由学生来设置"三峡"的景观,也同样调动学生积极性。而在引导他们自学的方法方面,采用小组合作学习与独立思考理顺文意,增长孩子词汇。在引导学生鉴赏三峡风景之美方面,采取以读悟文,分角色诵读的方式,并通过让学生们设置三峡景观以表达这种美,从而激发他们的积极性。对古文,要非常重视文言、诗歌、历史的三者融合,提高学生的审美水平,激发爱国情怀。模山范水、描境写景,华夏江山,时空无垠。

参考文献:

[1] 中华人民共和国教育部.义务教育语文课程标准(2022年版)[S].北京:北京师范大学出版社,2022.

[2] 黄海旻.寻找文言文教学中缺失的美——《三峡》教学设计[J].中学课程辅导(江苏教师).2011(10):93-94.

[3] 郑巍凌.探析初中文言文教学中的文本转换——以《三峡》的教学为例[J].语文教学通讯·D刊(学术刊).2016(12):28-29.

[4] 李惠娟.苏教版高中语文阅读教学研究[D].华东师范大学.2009.

古代写景散文教学探析

　　文言文教学历来都是中国语文教学中的重心,而古代散文则是除古诗词外学习文言文中最重要的一部分,而古代写景散文又是中国古代文集中取材最为广泛、表达最为自由的一种,因为不受字数和格律的限制,它更有利于抒情和议论。古代写景散文的内容都蕴含着鲜明的历史审美意义与社会人文意涵,是作家对景色的自身体验和情绪感受及其在见闻体验中产生的感悟与哲思,而自然景观也被打上了作家的历史烙印,景物通过历史色彩丰富的语言表现被拉入了社会,充满了人情味,从而在古代的写景散文中大自然、社会、人被完整地结合在一起,在阅读过程中,学习者自然地就可以了解大自然、思考社会、联系古今、反思自己。它对中学生人文地理基础知识的积累、审美趣味的提高、想象思维的训练、阅读理解能力的培养,具有重大价值。"在实际应用方面也有助于学生亲近文言文、学会仔细观察、提高写作,显然能达到全面育人的目的。"统编教材一共选入了36篇古文,其中写景文言文有9篇,占了所选古文的四分之一,具有相当大的比重,这也证明了古代写景散文在初中语文教学中占有重要地位。

　　依据新课标内容分析可知,中国古代的写景散文兼顾了两个基础型学习任务群:从文言文的语言文字运用上,它归属于基础型学习任务群的"语言文字积累与梳理";从内容的描述上,它又归属于发展型学习任务群中的"文学阅读与创意表达"。这就要求我们,一方面要"立足语言文字运用以及文化、审美、思维等素养目标的达成";另一方面要"培养观察、感受自然与社会的能力,表达自己独特的体验与思考,尝试创作文学作品"。

　　文化是一个国家、一个民族的灵魂。坚定文化自信,文言文是我国优秀传统文化的必然载体。统编教材选入的古代写景散文都是文法精湛、内容丰富、思想高远的优秀作品，其中蕴含着古人独特的思维方式和价值观念，凝聚着中华民族的文化智慧，是我国传统文化的精华。因此，初中古代写景散文的教学也就寄托着弘扬民族文化的重任。教师教授古代写景散文就是在帮助学生了解中国传统文化，体会民族文化的内容和精神。在此类语言学习中，学生能够"提升语言核心素养，强化民族自信心"，具有重要意义。

一、基于新课标的思考

关于这一学习任务群，新课标从不同维度做出了相关表述和要求。

在教学目标上，要求："在语言文字积累的基础上，引导学生形成良好语感、掌握语言文字运用规律和规范、感受汉字的文化内涵，要引导学生在语文实践活动中，通过整体感知、联想想象，感受文学语言和形象的独特魅力，获得个性化的审美体验；了解文学作品的基本特点，欣赏和评价语言文字作品，提高审美品位；观察、感受自然与社会，表达自己独特的体验与思考，尝试创作文学作品。"

从教学建议看，语文学科的特点就是通过语言来表现事物、抒发情感、传递信息。语文老师更要注重学生对语言文字的理解与应用，在课堂上指导学生感受语言文字的韵味，从而提升他们的阅读与写作水平。同时，要注重挖掘教材中与语言文字相关的内容和资源，在教学活动中让学生主动地运用从教材中学到的语言文字知识来表达自己内心想表达的内容和情感。要采用朗读、吟诵、抄写等各种形式，让他们将学习到的科学知识应用到现实生活中去。在教学中，教师要引导学生用心体会作者的情感，用自己的语言把这种感受表达出来，然后再引导学生把这种感受用文字表达出来。在教学活动中，教师还可以创设情境，让学生阅读相关文章，用自己的语言感受作者的情感和思想。

在思维能力目标方面，语文素养的核心是思维能力，语文学科的特点是重视思维活动。在语文教学中，教师要培养学生思维的逻辑性。我们可以根据文本特点或教学需要在教学中培养学生形成合理的逻辑思考问题、表达问题的习惯,提高他们逻辑思维能力和写作水平。

在审美创造的目标方面,要求学习"对自然山水、风俗人情等的描写,领会其表达效果,感受其审美情趣"。通过鉴赏写景散文语言的优美、情感的真挚感受作者所传达的思想感情。这不仅能提高学生的审美能力,还能陶冶学生的情操。在教学中,教师可以指导学生,让他们感受到作家在写景散文的美学体会,让他们用朗读、默读、悟读等各种方法,来欣赏他们的语言文字之美。在教师的引领下,学生自主阅读,以一种独特的方式去体验写景散文中所描绘的景物与情感的美,从而获得一种美的享受。教师还可以让学生欣赏作者优美生动的语言文字之美和景物描绘之美。让学生通过自己独特的视角去鉴赏。在这样一种独特体验中,使学生将自己融入文章所描绘之景与人物内心情感之中,从而激发起对生活、对人生的思考和感悟。

在文化自信目标方面,中华优秀传统文化在全球范围内占有举足轻重的地位。对中华文化的传承与发展,继承和发扬中华文明的伟大优良传统文化精神,以社会主义观为引导,以培养肩负中华民族伟大复兴重担的世纪新手为着眼点,着眼于中国特色社会主义新时代文化建设发展所面临的新形势新任务。在语文教学中,教师带领学生共同去挖掘课文中蕴含的文化现象,启发学生用学过的知识或者亲身经历去分享、解释其中的文化现象。通过具体的文学作品,多角度、多层次地深入学习、探究文化意蕴。教师应该有意识地培养学生的历史眼光和文化意蕴理念,培养学生鉴别优秀文化和包容、理解多样文化的能力。提高对各个时期、各个区域的文化的感知与认识,对文化现象的关注,对祖国文化的热爱,从而提高文化的信心,提高为祖国文化的发展做出自己的努力的使命感与责任感。

在教学评价方面,新课标要求对学生的行为和思考的方式以及学习过程加以重视,要对他们的问题进行处理,对他们在问题得到了解答之后知识、能力、情感和态度价值观等方面的提高给予重视。在评价中,既要充分肯定他们思想上显示出的进步,又要充分肯定学习过程中的思考方式和应用,充分肯定他们解决问题过程中体现的文化专业素养。

二、教材中古代写景散文课文选篇概况与素养目标构建

新课标在课程目标与内容部分传递出一个重要信息——整体提高学生的语文核心素养是教学设计的着眼点,教师需要结合所教的课文将课程目标转化为具体的、可操作的教学目标,并在课堂上和学生一起完成,才能使课程目标最终达成。可见教学目标的设立对语文学习的重要性。语文核心素养视域下的古代写景散文教学目标以"语文核心素养中的语言、思维、审美、文化四个要素为基准"。教师聚焦统编初中语文"古代写景散文阅读"篇目,统计出现行统编初中语文教材一共选入9篇文言写景散文,具体分析如下:

首先,选编的作品从学段分布来看,课本中选编的初中古代写景散文作品主要集中在八九年级,而且每个学段都设有专门的单元进行集中的学习。可以看出,选入的9篇文章充分考虑了初中生的知识能力水平和身心发展特点。刚上初中的低年级学生在学习这类文章时有一定的困难,他们需要一定的文言字词基础知识和学习文言文的经验,才能更好地学习古代写景散文。八年级上册所选入的相关作品的篇幅简短,内容上也比较通俗易懂。例如,《记承天寺夜游》和《与朱元思书》都是游记小品文,二者在文章的布局上采用的都是在前面着重描写山川景物,最后用一句简短的话进行抒情感慨,这样的描写更符合初中学生的思维方式。在八年级下册和九年级上册所编选的作品无论是在作品的篇幅还是思想内容的难度上都有所提高。这种选择和安排的方式表现出由易到难、由简到繁的特点,反映出语文教育界对学习古代写景散文的重视和循序渐进的教学理念。入选的文章在篇幅上都相对较短,这也是考虑到初中生的阅读理解能力尚未成熟,简短的文章可以减轻学生的畏难情绪,确保他们学习古文的兴趣。同时,这种选编的教材还是依据各个年龄学习者的认识能力与语言发展能力编排了相关的内容,符合当代教育心理学的规律。

其次,选编的作品从单元分布来看,八年级上册、下册和九年级上册课本选入的古代写景散文都设在一个专门的阅读单元。教材编者采用这种编选和安排的方式不仅有利于老师进行集中的教授工作,也有利于学习者对这类

作品的特点有一个整体感知,既可以大大提高老师的课堂教学效率,又可以进一步提高学习者的趣味理解能力。

综上所述,统编教材选编的文言写景作品在类型上偏重抒情型,注重作品所表现的人文性。所以在阅读过程中,要注重欣赏作品中描写的风景、表达的感情。此外,教材在选编上遵循了多角度、多方面的原则,以最少的篇目囊括了最广大的内容范围,既涵盖了中国古代写景散文中的不同朝代的重要篇目,也兼顾了各种形式的文学作品,从而提高了知识水平的全面性。

三、古代写景散文教学策略

新课标中提出,义务教育语文课程内容主要以学习任务群组织与呈现,从3个层面设置了6个学习任务群。其中,基础型学习任务群强调在语言文字积累的基础上,加强培养学生语言文字运用以及文化、审美、思维等核心素养。而发展型学习任务群"文学阅读与创意表达"中强调,"通过整体感知、联想想象,感受文学语言和形象的独特魅力,获得个性化的审美体验;了解文学作品的基本特点,欣赏和评价语言文字作品,提高审美品位;观察、感受自然与社会,表达自己独特的体验与思考,尝试创作文学作品"。应结合古代写景散文具体来谈。

(一)从诵读品味入手,品山水之绝美

古代游记散文,从文言文的语言文字运用来说,它归属于"基础型学习"任务群;从内容的表述来说,它又归属于"发展性学习"任务群中的"文学阅读与创意表达"项目。"语言文字积累与梳理"作为唯一的基础型学习任务群,在整个中学语文课程内容系统中都具有举足轻重的作用,是学生核心素养的重要组成部分。例如,在进行文言文教学中就侧重两个学习任务。

学习任务是从文言诵读入手,品文言之意韵。学习古代写景散文后,应让学生多次诵读,并且在多次诵读中要体现阶梯式,防止机械反复。如在《三峡》教学中,初读,感受音韵美。课文句式骈散结合,多用四字句,要读好二二节拍,如"两岸/连山""隐天/蔽日";注意停顿,如"清/荣/峻/茂",一字一停顿,来感受音韵美。再读,读出情韵美。注意"领起词"的短暂拖音;根据意义,读

出不同的语气，"至于夏水襄陵，沿溯阻绝。或王命急宣，有时朝发白帝，暮到江陵，其间千二百里，虽乘奔御风，不以疾也"要读出奔放的语气，读的时候语速要稍快，读"春冬之时，则素湍绿潭，回清倒影，绝𪩘多生怪柏，悬泉瀑布，飞漱其间，清荣峻茂，良多趣味"时语气则要舒缓，读出欣赏之意，这样就读出了山水清音、情韵各异的特点。

又如，读出景物美。《答谢中书书》一篇，通过诵读，学生可以体会"高峰入云，清流见底"，巍峨的山峰耸入云端，明净的山溪水清澈见底，峰的倒影为给水铺上异彩，水流的动势也为山增添了生命力。山水画相伴相映，情味盎然。"两岸石壁，五色交辉。青林翠竹，四时俱备"，两侧的石壁颜色斑驳，交相辉映。青葱的树林、青翠的竹丛，四季长存。以蓝天白云为底色，绿水为映衬，艳丽而生动，美不胜收。

此外，学生还要读出画面美。在前面几轮朗读的基础上，学生再体会文中景物呈现出的画面美就水到渠成了。如，《岳阳楼记》第三段体现了洞庭湖的阴冷，描绘出一幅昏天黑地、浪黑风高、恐怖凄惨的画面；第四段描绘出一幅明媚美丽、水天一碧、清新明亮、生机勃勃的湖光春色图。在授课时，执教教师可以配上音乐进行朗读，把握作者抒发的忧国忧民的情怀和对官场黑暗的痛恨以及对美好生活的向往。

遵循上述的四个环节，层层递进，学生由表及里地走进课文，理解其中的含义，内化知识，落实审美目标。

朗读作为一种非智力因素，运用于语文课堂，能够激发兴趣、促进理解。文言文因为用语习惯和现代汉语区别很大，所以在阅读上形成了一定的难度。如在教学中仅以字句翻译为教学目标的话，不仅会把古文强行压制到文字工具的低等层面，而且也会大大降低学生的学习兴趣。学生在熟读课文的基础之上初步了解大意、体味作品情感，全面动用眼、口、耳、脑，领悟中国传统文学作品的语言魅力。

统编教材古代写景游记散文的文体形式丰富，有骈文、赋、散文、骈散结合的文字。不管哪种文体，朗读的基本要求都是口齿清晰、读音正确、声音洪亮。因为一篇文章是由语素、词汇组成的句式、段落、篇章,所以要读一篇文章,势必是一个字一个词连缀起来的。姚鼐在《惜抱轩尺牍》中说:"大抵学古文者,必须放声疾读,又缓读,只久之自悟。若但能默看,即终身作外行也。"古人认为阅读作品如单单用眼睛看、不放声朗读便始终只能为门外汉,可见中国自古就对朗读的重视。文中还有不少异读字、通假字、生僻字等,要读准它们的音肯定需要借助注释和工具书,也变相培养了学生借助外物学习的能力。

优秀的作品经受时间的洗礼而流传于世,必然有它独特的光辉,要么内容丰富,要么技巧高超,要么情思深刻。学生需要反复朗读作品,神交古人,与作品产生共鸣才能真正体会到语言的魅力、体会到作者的情感,再把这种情感投入作品朗读中,抑扬顿挫才会感染听众,"书读百遍,其义自见",朗读越多,意义理解越深刻,背诵也越顺畅,这种良性循环即以读助背。在这里特别说明,本文提出的美读仅指诵读而没有朗诵,诵读需要以准确流畅、富有激情的方式阅读文章,而朗诵则需要在诵读的基础上再加上艺术表演。初中语文课堂也应该尝试设置课外空间,给有意愿且有能力的孩子们一方天地,在常规教学上,执教教师要求的往往是直接面向大众学生的诵读。但必须提醒的是,中国古代写景散文多由景生情,所以执教教师应该引导他们在诵读时利用语言中抑扬顿挫、快慢程度等的不同方法,努力营造想象的可能性,把听众引入想象的景色和自己主观感情中,以读带讲,让学生的文学素养潜移默化地构建起来。

(二)从自然景趣入手,品山水之绝美

写景是古代散文最重要的组成部分。古人为了将自己所见的景转化成优美的文字而又不落入科学应用文的俗套,必须加上比喻、拟人、夸张、排比等修辞手法;运用视觉、嗅觉、触觉、味觉等感官享受;结合正侧面结合、虚实结合、远近结合等表现手法,对自己肉眼所见到的景物加以客观生动的描述,让读者阅读的时候产生身临其境之感,给人以美的享受。统编教材选入的古代写景散文经典篇目繁多,是培养学生审美能力,引导学生观察自然宝贵材料。

首先，课本中保留了大量经典古代散文，审美价值和文章意蕴不言而喻。如郦道元的《三峡》，虽是一篇地理写实的文章，但语言鲜活生动，短短几句就将三峡秀丽的景色展现在读者眼前；苏轼在《记承天寺夜游》中的工笔勾勒之景可谓旷古绝今，寥寥几语为我们展现了一幅月色如水、竹影斑驳的迷人夜景。《岳阳楼记》这篇千古传颂的美文，作者在交代写作缘由之后，采用骈语描绘，散文论述，骈散结合，为我们集中展示了三幅生活画面的雄伟壮丽之美、柔弱优雅之美、色彩绚丽之美。语文教师就可以从文本中的自然景趣入手，开阔学生的视野，帮助学生形成阅读古代写景散文的自主意识，趣味良多。古代散文历久弥新、经久不衰就是因为文章本身的魅力是后世无法超越的。在生活节奏越来越快的今天，学生很少会停下脚步去观察生活中的点滴，去发现生活中的语文，教师应该引导学生去发现生活中的美。

其次，课本中的散文也包含了大量的风景描写类文章，且风景分布于全国各地，如湖南小石潭、湖北三峡、安徽醉翁亭、浙江湖心亭等。可以将其与河流、湖泊、海洋等内容结合起来，引发学生对风景描写类文章的兴趣。执教教师可通过放映关于这些风景的照片、录像和音乐，让学生比较形象地体会中华民族大好河山的壮美秀丽；也可以让学生参与课堂教学情境的创设，展开自己丰富的联想，用画笔描绘出寄寓作者万千情思的山水美景图，将执教教师的精彩导入与自己独特的理解融汇在一幅画卷上，寓教于乐。如《记承天寺夜游》的情境导入：古有一人，他是美食家；他是工程师；他是段子手；他是超级驴友；他是派对达人；他也是潮流教主；他是诗、词、文、书、画的集大成者。他是谁？他就是多才多艺的苏轼。今天，我们来学习一篇他在黄州写的一篇游记小品《记承天寺夜游》。通过创设情境，由苏轼的生平奇遇引入课文学习，激发了学生的学习兴趣。

我国古代的文人贤士常登亭台楼阁，观湖光山色，游目骋怀，纵情山水，并在游玩途中记录下自己的见闻和感受，因此我们才得以窥见这些经典的散文作品，感受到自然之美，领略到历史文化的底蕴。这类文章大部分是以作者游玩时的路线为线索,借由景物及周边环境的描写来表达作者的内在感受,寄寓深切情感。山水游记类散文在不同的时代呈现出了不同的特点,教师在解读课文时可以尝试。

联系作者所处的时代背景,结合其笔下散文呈现的特点进行品读。所以,解读此类抒情性散文可从两个方面切入:一是梳理游踪线索。如柳宗元,在写《小石潭记》时就紧紧围绕着"小石潭"展开,按照"看到小潭—潭中景色—小潭源流—石潭气氛"的方式游览顺序来写;如陶渊明,在写《桃花源记》时就以渔人行踪为线索,以时间先后为顺序,从发现桃花林、探访桃花源、离开桃花源、再寻桃花源,一线贯之。二是品读写景语言,重点把握言外之情、言外之理。作者的心中之感常常藏身在眼前之景中,因所见之景而忆起往事,于是有所感怀。那么在阅读时,教师要引导学生抓住关键词句,反复品读,从而找出文中的情感线索。一篇文章中情感堆砌处往往是作者的感受最浓郁的地方,但这些地方也往往是学生难以读懂、读得吃力的地方。因而教师在授课时应该把握住这一要紧处,结合阅读教学,在审美中感受作者流露的真切情感。如欧阳修的《醉翁亭记》不仅写景优美,更主要的是它体现一个古代被贬官员身处逆境的平和心态,与民同乐的政治襟怀,以及醉情山水、怡然自得的乐观精神。因此,在教学过程中要循序渐进,先读懂课文,解决文言知识的问题,再理解鉴赏文章内容,两者彼此关照,相辅相成,以诵读贯穿整个教学过程,以"醉"字为切入点,理解"乐"的情怀。抓住贯穿全文的主线——"乐"字,并结合时代背景和作者个人被贬的经历,帮助学生体会"乐"的情感,体会作者文中蕴含着的"与民同乐"的政治理想。

执教教师在教授这些文章时不仅要传授给学生基础知识和基本技能,还要对学生的人生态度、情感意志等方面进行正确引导,帮助他们树立正确的价值观。执教教师在课堂教学中,要灵活采用多种教学方法引导学生对这些经典优美的古代游记作品中描绘出的美景产生美感,对作者在文中寄寓的情感产生钦佩之情,获得审美体验,提升审美情趣。

新课标在"文学阅读与创意表达"学习任务群中明确提出,要引导学生在语言实践活动中，通过整体感知、联想想象，感受文学语言和形象的独特魅力，获得个性化的审美体验。在文言文教学中，意味着要侧重三个学习任务——

1.从志趣哲思入手，悟天地之情味。

字本无情，因作者而有之。"情"是贯穿散文的一条重要线索。但抒情不是滥情，作品所抒发的情感并不是无病呻吟。在不同政治背景下，作者往往会含蓄委婉地抒发内心之情。吴均在《与朱元思书》中用"经纶世务者，窥谷忘反"表达自己对官场政务的厌倦与对自然和谐的崇尚向往。如果执教教师在授课时将其作为切入点、加以点拨，学生学习古代山水游记散文的效果定会有所深入、有所顿悟、事半功倍。

情是贯穿古代散文的重要线索，大部分文章都会沾染作者的情感色彩。散文作品大多是凭借一种事物寄托自己的情感，作品往往会有两条情感线索：一条是作者对景物、事物抒发的直接情感，一条是作者通过某种手法暗中抒发自己对仕途、政治、事件的真实评价或感受。所以执教教师在教学时不仅要引导学生感知文章的表层含义，更要启发学生思考作品背后的深刻内涵。如柳宗元的《小石潭记》明为写景，实则借景抒情。本来一同游玩应是一件快乐的事，但是文章却体现出一种幽寂之美。"致君尧舜上"是每个文人墨客的理想，试想柳宗元才高八斗在政治上也颇有思想，却郁郁不得志。不仅体现了作者满腔热血得不到回报的孤寂和被贬谪之后的苦闷，也体现了作者以笔作剑，发文为声，渴望一展抱负，不卑不亢的高尚情操。

2.从人文目标入手，感人物之风骨。

古代写景散文中，作者因欣赏自然万物生发出对社会、自然的思考，体现出正确的价值观和深厚的文化内涵。

《大学》中言："欲修其身者，先正其心；欲正其心者，先诚其意。"修身养德对青年一代尤为重要，对整个国家、民族的发展也至关重要。古代散文承载着千百年来的国家、民族的精神追求，体现社会的共同价值观念，"仁"与"礼"至今都是我们为人处世的标准，"学而时习之""知之为知之"直到现在都是我们养成良好的学习习惯的标准;"富贵不能淫,贫贱不能移"也是我们流传下来的民族气节;"鞠躬尽瘁,死而后已"的奉献精神也被赋予时代的意义。古代的哲理教导我们要有一种忧患的思想,要有一种"大丈夫"的气概,要有一种"先天下之忧而忧,后天下之乐而乐"的爱国主义精神。在人生的处世态度上,吾辈与先人相差甚远。古代写景散文不仅是课堂上的教学题材,更应是我们价值观建立的底层建筑。

中学生正处在皮亚杰的认知发展阶段论中的形式运算时期,对周围世界的依赖性逐渐下降,经历他们人生当中的"心理断乳期"。这一阶段的学生正逐渐形成自己的三观,因此中学生需要学习古代写景散文,从古代文人博大的胸怀与气度中汲取树立积极人生态度的养分。无论从文化传承方面还是从学生教育方面来说,将古代写景散文中蕴含的民族精神和传统文化传承给下一代,让他们学习古人热爱祖国大好山河,汲取古人的智慧,陶冶情操,都是课堂教学的出发点。

写景散文记录游人在游历过程中的所见所感。人们在游历途中,除了饱览湖光山色、花草虫鱼之美,也会领略到游览地的一些独特的民风民俗,生发出饱含民族精神和智慧的感怀。所以写景散文中在记叙山水、抒发情感的同时也展示着游览地的景观文化,折射出中国古代文人的道德修养文化和地方民俗文化。执教教师应当有意识地去培育学生的发展思想和文化理想,培养学生了解、鉴赏、包容多元社会文化的能力,提高学生感受和了解各个时期和地域的生活文化、关注文化现象、热爱祖国文化的意识,增强文化自信,为祖国文化建设贡献自己的力量。

3.从文学技法入手,学文脉之严谨。

首先,从文体结构来看,写景散文虽然属于古代散文中的一个分支,但是文体结构并不复杂,甚至有些"程式化"的特征。从教材选编的古代写景散文中,执教教师不难发现这些文章的结构有一些共同点,那就是根据作者的游踪变化造成的一系列视角变化来描绘景物、突出情感。让学生清楚地认识到这一点,明白古代写景散文的统一文本结构,学生就会很容易地将古代写景散文与其他文言文区分开来。

其次，从文学技法来看，古代写景散文的文学技法亦有突出的特点，每篇经典的古代写景散文皆可成为写作游记的范例。

一是语言总体特征鲜明。古代写景散文在语言表述上的美学特征大致可以归纳为简洁凝练、绚丽飘逸、清新明丽。如《与朱元思书》和《醉翁亭记》，语言绚丽飘逸、曲径通幽、辞藻华丽、气势恢宏，作者通过真实客观、本色自然的简洁文笔，寓美景于描绘，含情感于文章。再如《湖心亭看雪》，作者张岱用简洁凝练的白描手法将湖心亭美景描绘得浑然天成。

二是表现手法丰富。移步换景，托物言志，融情于景。一方面，移步换景是文章中的一种写作方法，即作者的观察点随着距离与角度的不同而改变，从而给读者带来他们在游览中看到的景物和场景。读者可以按照作者对场景角度和方向描写的不断转换，在脑海中将一幅幅静态的画面想象成动态的画面，化静为动，从不同的角度和方面去欣赏不同的景致。另一方面，托物言志、融情于景、情景交融是古代写景散文中作者表达自己某种思想感情常用的写作手法。古代写景散文中的任何景物在作者的笔下都带有某种感情色彩，作者都能够用来抒发心中所思所想。此外，在表达方式上，作者多运用对比来烘托、突出景物特征。如《岳阳楼记》，先描绘一幅阴雨天气的凄凉画图，抓住淫雨、阴风、浊浪绘恐怖，抓住天地暗淡绘阴森，抓住交通阻绝绘悲凉，抓住虎啸猿啼绘凄厉。作者描绘时使听觉、视觉、声响、色彩交互为用，把"满目萧然"景象写得淋漓尽致。再描绘了一幅风和日暖的欢乐画卷，与前一幅构成了鲜明的对照。阳光明媚，水天一色，飞的、潜的，动物、植物，生机勃发，香色兼备，皓月渔歌，情趣盎然。由于"物"异，故"览物之情"迥然不同，一悲一喜，情随景移。

古代写景散文的语句传递着无尽的美，作者形象而生动地描写了某个地区的山川名胜、历史文化或风俗习惯等，给人身临其境的感受，言为心声，读起来给人一种自然舒畅之感。执教教师在教授此类文章时，要带领学生反复阅读文本、发挥自己的联想与想象去感受文中描绘的美景，在此基础上细细揣摩文中运用的写作手法,全方面感受文本语言之美,受到优秀文学作品的熏陶。

四、落实古代写景散文教学的评价效益

古代写景散文课堂教学的研究应重视学生在课题探索活动中的互动、探究、分享、拓展等行为,以及活动进程中形成的语言表达、美学欣赏、文本演改等认知结果,并尤其重视学生思维的进程与思考的方式。

首先,要秉承"以人为本"的评价理念,注重人的发展。古代写景散文的课堂教学评价体系不应始终围绕学业成绩,而应以学生文言综合素养的提升为宗旨,以培养师生的文言审美、情趣、弘扬传统文化精神、增强民族自豪感为目标,在考核中,既要注重学习成果,又要注重潜力的开发。古代写景散文的教学评价机制都应秉承"以人为本"的教学中心思想,重视人的主动性、积极性和创造性的发展,充分发挥课堂教学评价系统对内容、方法、过程等的正向导向和调节功能,认真考查学习者对词语、意象、情感、主旨的理解能力和感受,客观评价学习者对文言写景作品的鉴赏能力,并关注学生研讨、交流以及创意表达的能力。

其次,评价体系内容全面,评价工具相互补充。新课标中明确提出了"素养目标",需要在"语言运用""思维能力""审美创造""文化自信"四个层面上,全面地考量教学工作的目的,不仅重视对学生的基础知识和能力的培养,还重视对学生的专业技能和生活的关怀,这就要求教学评价体系的各项指标应紧紧围绕"素养目标"来制定具体的评价细则。评价细则的考核也不应仅仅是一张量化的表格,既要重视定量评价,即用数据的形式进行评价,更应重视定性评价,即用描述性语言进行评价,二者相互补充。在古代写景散文的教学中,因为它包含丰富的人文内涵,存在许多不确定性,对古代写景散文进行教学评价更适合定性评价,因为它需要借助丰富的生活感悟以及创造性的想象,量化评价对重情感悟的文言散文学习来说,具体的数字不能反映师生丰富的思想情感和人格的建造,执教教师在课堂上的引导、点评都不能用数字来说明,有时教师一句暖心的话语、一个小小的眼神也会化作学生进取的不竭动力。

最后，过程性评价和终结性评价相互结合。过程性评价是对师生在课堂教学中表现出的情感、态度、策略等行为所作出的评价；终结性评价是一种传统的评价方式，主要以数值来衡量教师的教和学生的学。古代写景散文的教学考核要把过程性评价与终结性评价紧密结合在一起，利用终结性评价为以后的教学提出了必需的参考，并利用过程性评价来提高在教学过程中教师的积极性与主动性，以此提升学习者的内容结构水平与教师的教学水平。在当前中国注重"课程和教学"的教学模式下，"课程评估"日益引起了广泛的注意，它要求教学进程中教师对学生的及时评价，这种评论不是模糊地、简单地用一个"好"或"不好"加以笼统概括，而应针对学生的关注点、参与度、想法和情感表达等层面，采用鼓励性和启发性的方式具体评论，以点亮他们智力的火花，并引导他们形成自主学习的领域内驱动力；它也要求教师在课堂上善于运用多种评价手段，使学生在学习过程中能不断地进行自我认识、自我纠正、自我超越。

综上，中国古代写景散文不仅是中学语文教育理论与教材中的重要组成部分，更是中华民族灿烂文化的重要组成部分。它也以其独特的社会审美艺术价值，在中国古代散文艺术的研究中占据了一席之地。通过高质量的教学，古代写景散文既能够提高初中生的民族文化认同感与自豪感，也可以提高初中生的语文教育核心素养，从而促进了初中生语文课学习的综合发展。

（乌鲁木齐市第五十中学　赵艳英）

参考文献：

[1] 中华人民共和国教育部.义务教育语文课程标准(2022年版)[S].北京:北京师范大学出版社,2022.

[2] 李佳琪.高中古代山水游记教学研究[D].河南大学,2016.

[3] 周迪.基于语文核心素养的初中口语交际教学研究[D].扬州大学,2018.

[4] 陈丹.高中古诗文教学中学生审美能力培养探微[D].苏州大学,2011.

第七章
古代议论文教学案例与研习

《鱼我所欲也》教学设计

【教学目标】

1.积累文言词汇,体会不同文言句式的表达规律与表现张力。

2.通过课后思考探究(一)的合作探究,掌握作者的核心论点及论证结构。

3.分析孟子论证的雄辩特征,完成文中相关论题的再认识。

4.深入理解"舍生取义"的精神内核,通过学习活动濡染学生的"浩然正气"。

【教学重、难点】

1.学习本文的论证思路和孟子的论辩技巧。

2.理解孟子舍生取义的观点的内涵。

【教学创意】

本设计是《鱼我所欲也》第二课时。笔者运用孟子名言"我善养吾浩然之气"分别从语言风格、论证思路、论辩技巧、拓展写作四个角度展开教程。

【教学内容】

一、导入新课

上节课我们了解了《鱼我所欲也》大意,知道这篇文章节选于《孟子·告子上》,是孟子与告子关于人性的辩论。今天,就让我们来到论辩的现场,感受一下稷下学宫先哲们彼此间灵魂与智慧交锋碰撞的魅力。

二、旧知的储备

要想听得懂先哲们的千古高义，我们必须得提前做点功课。夏丏尊在《关于国文的学习》中认为"理解"可分为"词句""全文"两方面（课后补白）。上节课我们聚焦课下注释进行文本翻译，强调了文言的个别词句，从认知过程分类的角度来看，是以"记忆"为主。现在我们换一个角度进行"理解"。

活动一：解释、诵读下列词句，发现语言规律

1.筛选相同的用词，自由诵读，感受其表达特点。

用字："也"，13处语气词循循善诱，引君入彀。

"而"，11处连词列尽事理，考虑周全。

用词："生"与"义"，屡屡出现，反复论证。

2.筛选文中结构相同的句子，同桌互读，翻译并说说其表达作用。

对称句，有的设喻说理，有的正反相对，这样演绎地递进，灵活又严密。

排比句，有的紧锣密鼓，有的疏密有致，这样反复地论证，磅礴又激昂。

总结句，有的理至易明，有的思想深刻，这样生成地归纳，点睛又警策。

反问句，有的循事问理，有的痛心质疑，这样真诚地说理，中肯又权威。

3.齐读，读出孟子运用"相同"的词句表现出的汪洋恣肆和气场强大的语言风格。

提示：相同的用词，多一些联结，

相同的用句，多一些区别。

孟子说："我善养吾浩然之气。"《鱼我所欲也》运用相同的语气词和连词贯通文意，运用相同结构的多样句式表情达意，显得气势磅礴，感情激昂，充分体现了孟子大义凛然、果断决绝的语言个性。

三、全文的理解

有了这些储备，我们就能欣赏到一场雄辩滔滔的论说了。

活动二：梳理、分析说理过程，完成文脉把握

1.默读课文，为文章添加一个副标题，并完成思考探究一，以彰显你的思

一、本文注重推理，逻辑严密。根据课文内容理解作者的论证思路，把下面的图表补充完整。

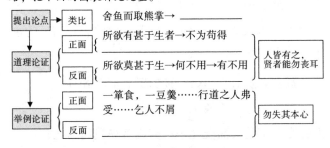

图7-1 课后思考探究(一)

维敏捷,领会了这场辩论的核心。

提示：

副标题的拟写方向：

(1)解释说明:对主标题的功能加以解释和说明,并将自己的意思明确表达出来。

(2)揭示主题:对主标题表达的内容作出进一步揭示,使大家能够更容易理解。

(3)补充作用:对主标题的进一步补充,使主标题的内容能够有更清晰的表达。

师生互动,交流副标题和思考探究(一)。

《鱼我所欲也》是关于儒家"舍生取义"美德的一篇短论。文章逻辑缜密、语势雄辩,裹挟着一股动人心魄的浩然之气。

2.分角色诵读,"观点提出"齐读,"道理论证"女生读,"举例论证"男生读。

《鱼我所欲也》的文脉联结、层层推进、摇曳跌宕,由"舍生取义"开启,到"是心"的递进,到"性善本心"的回归,由"讲道理"的循循善诱,再到"摆事实"的不容置喙,完成了一个严谨的论证过程。

3.师生演读《鱼我所欲也》,并围绕话题批注孟子严谨说理的具体方法。

话题:"不相同"的词句说理很严谨。

（师）鱼,我所欲也……舍生而取义者也。

（女）生亦我所欲……故患有所不辟也。

（男）如使人之所欲莫甚于生……则凡可以辟患者何不为也?

（女）由是……是故……

（师）非独贤者有是心也,人皆有之,贤者能勿丧耳。

（男）一箪食……乞人不屑也。

（女）万钟则不辩礼义而受之……穷乏者得我而为之;

（师）是亦不可以已乎? 此之谓失其本心。

师生交流。

反义词:所欲与所恶、用与不用、辟与不辟、受与不受、甚于莫甚于

不同情况的假设与推理:如使、则、由是、是故

教师小结:孟子说:"我善养吾浩然之气。"《鱼我所欲也》的舍生取义是贯穿人的日常生活与极端条件下的自然选择,大是大非的对立、正例与反例的举隅、敬佩与厌恶的流露,强烈地映射出孟子坦荡与磊落。他用一个个鲜明的对比完美诠释了一以贯之的坚守与执着。

四、义理的辨析

其实,我们在《孟子三章》中就已经体会到了孟子的雄辩滔滔的语言艺术和启迪智慧的千古高义:我们以"得道多助,失道寡助"为法,以"生于忧患,死于安乐"为训,以"富贵不能淫,贫贱不能移,威武不能屈"自勉,试图实现自我的进步与成长。面对"生"与"义"的冲突,我们也该有自己的判断与选择。

活动三:阐说、辨析至德要道,实践创意表达

1.读课文,选择你与孟子有"相同"理解和认识的句子当成座右铭,把它推荐给同学们,并试着阐释它的教育意义。

如:

我认可:"鱼,我所欲也;熊掌,亦我所欲也。二者不可得兼,舍鱼而取熊掌者也。生,亦我所欲也;义,亦我所欲也。二者不可得兼,舍生而取义者也。"

教育意义:"鱼"与"熊掌"是口体之奉,"生"与"义"是灵魂之寄,这句昭示

着一个没有"失其本心"的人,在生命不同层面自然而然地选择,类比强调了至大至刚的浩然之气,使得儒家"仁德本心"的至高境界具有了普遍价值。

师生互动。

儒家"性善论"的哲学本源经由孟子的慷慨陈词呈现出彻骨的心痛,其间潜藏着孟子对战国"无义战"的控诉,对自己政治理想无法施展的不甘,对"仁义"社会未来发展的迫切。

2.再读课文,选择你与孟子有"不相同"理解和认识的句子,模拟《鱼我所欲也》,按照下列提纲,完成一份别样的辩论稿。

孟子说"舍生而取义"是在特定的历史背景之下的是非选择。当我们再次审视"生"与"义"时,有时候就会发现"舍生"未必是"是","取义"也未必是"非"。请自选文中某句话作为命题。如"忍辱包羞的另一种可能""假如乞人能食嗟来之食""孤勇者赞歌"等。

启:(提出论点)

承:(道理论证,展开阐说)

转:(举例论证,荡开一笔)

合:(紧扣主题,升华结论)

今天的我们用辩证的眼光重新审视了儒家的洪钟大吕,终于明白在平凡的生活中,在极端条件下我们该有怎样的选择。这一思想先哲用穿越千年的智慧诠释着漫长岁月里对生命的尊重,诠释着社会洪流中自己的人生选择。

吾辈自当追随:养正气,成大用。

五、布置作业

1.基础型:聆听了孟子的论辩,试着背诵课文并用自己的话复述论辩过程。

2.发展型:孟子的对比论证频繁使用,裹挟着动人心魄的浩然正气。请为其中某一段补充相关事实论据。

3.拓展型:课外查阅资料,结合生活经验,说说你是如何理解的"舍生取义"的。

横看成岭侧成峰

——《鱼我所欲也》教学说明与反思

摘要

《鱼我所欲也》是统编语文教材九年级下册第三单元的一篇古代议论性散文,闪烁着哲理的光芒,是孟子论述人性的重要篇章。一方面这篇散文颇有小论文的结构特点:"舍生取义"的核心论点鲜明,道理论据、事实论据丰沛,论证逻辑严密;另一方面,又颇有演说词的激情和气势,汪洋恣肆、汩汩而滔滔,令人备受鼓舞与感染。可是对于九年级学生而言,文言阅读大多停留在故事讲述生动、人物形象鲜明的篇目上,议论文阅读方法尚不够成熟,阅读这样一篇"文言小论文"是有难度的。这就决定了,古代议论性散文不能仅要求"会翻译,知大意",而是应该朝着"文化认同""思维发展"和"能力提升"的方向去构课。

本案例记录了执教教师的三次不同教学设计思路的变化,教学的磨合过程、反思过程与认识过程,形成了以发展学生"思维能力"为旨归、以教师"巧设情境,解构高尚"为抓手,按照"思辨性阅读与表达"的任务群的方向,努力让学生实现"认知—理解—判断—辨析—再认知"的进阶式学习。

背景信息

在新课标中将"思维能力"作为语文学科核心素养之一,并为语文教师指明了利用"思辨性阅读与表达"任务群发展学生思维的教学方向。本学习任务群旨在引导学生在语文实践活动中生成理性思维和理性精神。这就要求教师要抓住文本的思辨旨趣,凝练核心问题,以此作为教学的切入点和突破口;更重要的是引导学生对自己的学习行为和思维活动进行全方位的反思与评估,让理性精神在课堂上得到真正落实。古代议论性散文长于论辩、说理,不仅形象生动,而且逻辑严密,是培养学生思辨能力的很好的教学文本。《孟子》选入教材共有《得道多助,失道寡助》《富贵不能淫》《生于忧患,死于安乐》和《鱼我所欲也》四篇,其间有儒家思想独特而影响深远的学说:"得道者多助,失道者寡助"的仁战思想;"舍生取义""富贵不能淫,贫贱不能移,威武不能屈"的道德原则和修养方法;人性本善,"人皆有之,贤者能勿丧耳"的人性论。但经过多年的教学总结,教者发现这类散文在教学中实际效果却并不理想,主要反映为教师备课视野较为狭窄,仅着眼于文言字词的理解和"碎片化"论证过程的解读上,"讲授式""解析式"的单一教学方法很难让学生产生学习兴趣,学生课堂思维参与度不高,学习目的功利性明显。古代议论性散文的思辨价值尚未被师生充分开发,教学方式有待改进。

基于以上考虑,教师将《鱼我所欲也》的阅读教学作为研究内容。《鱼我所欲也》文质兼美:有行文流畅、生动设喻之语貌,有严密论证、伸张义理之理趣,有恢宏激昂、正大慷慨之气韵。该文本具备知识文化传承与思维逻辑训练的双重功能,并且对于提升学生思维品质和写作水平,有不可替代的重要作用。八年级上册《孟子三章》的铺垫,知晓孟子"治国的基准"与"修身的高标",本课则将儒家"仁"的精神内核做出了更深刻的挖掘。所以教师试图在诵读翻译的基础上感知孟子议论宏肆、句式丰富的语言特点,在梳理分析的过程中发现逻辑严谨、论证丰富的表达效果,在思辨表达的前提下"以意逆志",涵养辐射自我的浩然正气。

《鱼我所欲也》是新课标推荐背诵的篇章,处于九年级下册,学生已经储备了相应的议论文知识。所以我们的初次设计是立足于"辨体识裁"的教学常规。学"文言",指导学生参照注释疏通文义,在大体理解的基础上,熟读成诵。教"议论文",小心谨慎展开论点、论据、论证的筛选、辨识和梳理。孟子的性善论与人格理想仿佛被淹没在浅尝辄止的"理解"中:作者作品的介绍止步于辉煌的学术成就,孟子是高高在上的"圣人",《孟子》是熠熠生辉的"至道";扎实的译读循规蹈矩,课下注释、同桌互助、集体问难、尝试背诵。形式多样,可是很难吸引学生主动参与,缺少语言运用,大多是瞬时的记忆;然后利用思考探究(一)来理解文章的观点和论证思路,从整体上把握孟子的论说严谨而深刻的特点;将积累拓展(四)当作感受孟子的"人性论"的抓手。

教师的初次教学设计由浅入深、覆盖全面,有鲜明的应试意识:从文学常识,到文言词句的理解,再到主题意义的把握,教师都不遗余力地展开,试图将繁复的文言词句和高深的儒学义理分门别类地灌输给学生。但是对照新课标的课程理念,教师就会发现"文"与"言"的疏离与联系:不是翻译出了全文就读懂了孟子的慷慨陈词,不是筛选出了论点论据就真的理解了孟子论说的全面深刻,不是列举了中华民族历史上"舍生取义"的仁人志士,这样的人格追求就会触及内心。仔细观察授课过程,教学设计缺少宏观的"随文而教"的统筹,很难形成"舍生取义"鲜明的认知,"理解"是割裂的;学生活动浮光掠影,停留在识记、检索和整合的层面上,"理解"是僵化的;教学目标是偏转的,将经典的文言议论性散文的教学价值定位为应试,而不是着眼于语文核心素养的培养,"理解"是短视的。整个课堂学生会因文言而畏难、因说理而生涩、因高尚而疏离。如果尝试把《鱼我所欲也》放置在"思辨性阅读与表达"这一任务群中,教师就"积累文言词汇、句式的表达规律""掌握作者的核心论点及论证结构""欣赏孟子论证的雄辩特征"和"理解'舍生取义'的精神内核",设计具有实操性的活动,就关注到了学生的学习过程:在阅读、积累运用中比较文言词句的表达效果,在梳理观点、明晰论证的展开中辨析是非、善恶的人性,负责任、有中心、有条理、重证据地表达个性化的理解。

教师的初次教学设计带来了思考:文言议论性散文的阅读应该立足于学生的"语文核心素养"的高站位,设计一以贯之的富有挑战性的学习活动,将文本阅读和自主探究结合起来,为学生提供广阔的思考、表达和交流空间,努力催生语文课堂的理性之花。"随文而教"的文言字词学习应该和课堂朗读活动的顺势融合,应该着眼于"文言语感"的直觉思维的培养;对于严谨而层进的论说结构的探索与梳理应该有新奇的学习活动,学生在好奇心与求知欲的导引下实现逻辑思维的有效训练;抓住最有特征性的"对比论证"对孟子雄辩的论证进行的审美鉴赏与创造,助推思维的生成;以文中某句话作为敌论点,完成个性化的创新写作,在语言运用中实现孟子相关论题的再认识,从而培养学生的辩证思维和创造思维。

案例正文

《鱼我所欲也》出自《孟子·告子上》,是孟子解答其学生公都子的独白式论述。文中以鱼与熊掌的选择引申探讨了人的生死观和义利观,孟子反复强调"义"比"生"更为重要,主张"舍生取义"。教学中,教师要遵循认知的一般规律(记忆、理解、运用、分析、评价和创造),将文学艺术和育人价值加以整合,努力实现从识记向理解、辨识向分析、灌输向体验的转变,使语文课真正具有思维含量的高品质。

一、根植于"辨体识裁"常规的初次教学设计:体现思维发展的逻辑

首先,老师让学生参照课下注释先进行自主翻译,再同桌互译加以强化。同时设计了以应试为目标的背诵活动。教学以指导学生记忆为主,由于没有对原文进行深度理解,对于拗口的对比中反复的"所欲""所恶""有甚于""莫甚于"的句意理解成了空中楼阁,背诵成了机械式的填空。文言的讲解,必须有"随文而教"的意识。学生在具体语境中发现、理解的意义才能焕发出巨大的原动力,才会为后续的推理、分析做好铺垫。文言的讲解更要有"实践活动"的意识。学生在好奇心的驱使下学会主动整合、归纳"同"与"不同"的语言表达规律,才能举一反三地理解文中最难理解的回环论证部分——"生亦我所欲……所恶有甚于死者"一段。

其次,用课后思考探究(一)来感知文章的观点和论证思路。对章法考究处进行梳理和分析。若学生活动的参与仅仅是检索、筛选、填表,那么就无法从整体上把握孟子的论说严谨而深刻的特点(见图7-1)。如果我们的活动能够深入对"文章行文脉络"的思考,深入对"孟子的推论方式"的分析,能感受说理严密的逻辑,那么九年级学生对高贵的"舍生取义"精神可能会多一些认可和笃定。这才是一个内化和深化的过程。

最后,对于文本思想魅力的感知则是运用课后积累拓展(四),列举仁人志士的事例,思考大道至理的现实意义。"列举"是思想认同的表现,"思考"是理解内隐的方式,这样的活动仅停留在"灌输"的层面上,那孟子散文的教学价值被打了折扣。如果更换带有思辨意义的活动主题,重新定义活动形式,让学生成为说服者、体验者,那么语文课程的育人功能就能潜移默化地达成,也会为其他议论性文章的教学提供新的思路、注入新活力。

从上述教学设计思路变化的轨迹可以看出,《鱼我所欲也》的教学设计是僵化的。古代议论性散文的教学内容是繁杂、深奥的,需要我们根据九年级学生思维发展的特点,创设适宜的学习主题和学习情境,带领学生抽丝剥茧地实现文言理解、思路梳理、论证鉴赏与思想共鸣。

二、整合优化教学活动的改进设计:营造思维训练的进阶式学习场域

为了突出学生主体,实现难文巧教,教师努力在"实践性""情境性"上下功夫,聚焦古代议论性散文的教学难点第二课时,教学设计在孟子的"我善养吾浩然之气"主题活动之中去理解、鉴赏、分析、运用,努力营造了思维训练的进阶式学习场域。

首先,教师使用"时空穿梭机"带领学生来到稷下学宫,感受到先哲们灵魂与智慧交锋碰撞的魅力,将高高在上的圣贤变成了亲切的师者。对相同、相近和相对的字、词、句进行重读、整合后发现:用"也"字,循循善诱,引君入彀;用"生与义"反复论证,强化观点;有对称句的说理,演绎递进,有排比句的反复论证,磅礴激昂,有总结句点睛归纳,振聋发聩。这些可贵的语言经验在朗读之后会有更深刻的体会:文章运用相同结构的多样句式表情

达意,显得气势磅礴、感情激昂,充分体现了孟子大义凛然、果断决绝的语言个性。

对于论证思路的梳理和论据,同样借助了课后思考探究一,并分步设置了三个具有挑战性的课堂活动:第一,为文章添加一个副标题,并完成导图,明确"相同"的核心论点是儒家"舍生取义",文章逻辑缜密、语势雄辩,裹挟着一股动人心魄的浩然之气。第二,分角色诵读,清晰"观点提出""道理论证""举例论证",明确"相同"的论证梳理:《鱼我所欲也》由"舍生取义"开启,到"是心"的递进,到"性善本心"的回归,由"讲道理"的循循善诱,再到"摆事实"的不容置喙,完成了一个严谨的论证过程。第三,围绕话题"'不相同'的词句说理很严谨",批注孟子说理的具体方法。明确"相同"至道的理解——"舍生取义"是贯穿人的日常生活与极端条件下的自然选择,大是大非的对立、正例与反例的举隅、敬佩与厌恶的流露,强烈地映射出孟子的坦荡与磊落。他用一个个鲜明的对比完美诠释了一以贯之的坚守与执着。

当然,对孟子至德要道的认同,需要更有力度的课堂活动来内化、升级。教师设计了在文中选择座右铭,并阐释推荐理由。让学生以意逆志,思考儒家"性善论"的哲学本源,感受孟子的慷慨陈词呈现出彻骨的心痛,其间潜藏着孟子对战国无义战的控诉、对自己政治理想无法施展的不甘、对"仁义"社会未来发展的迫切。然后,实践创意表达,选择与孟子有"不相同"理解和认识的句子,模拟《鱼我所欲也》,完成一份别样的辩论稿。这样的训练活动较有挑战性,从筛选检索、思考发现,走向文化认同和个性思辨的高阶学习。

整个课程设计,以孟子的"我善养吾浩然之气"为主题,将文言理解、思路梳理、主题把握升级为总结语言规律、分析论证魅力、学用行文结构一系列思维训练活动,学生在实践过程中学会客观、全面、冷静地思考问题,识别文本隐含的情感、观点和立场,学习孟子的思维方式,并尝试了有逻辑、有深度地表达观点。

三、考量任务实施的优化教学设计：架设活动展开的助读体系

《鱼我所欲也》虽然是短章，但毋庸置疑是一篇难文。尤其是新课标定义了此类文体所承载的教学目标，就更加深了教学的难度。不管实践活动形式有多挑战，课堂情境有多吸引人，但是在任务实施过程中我们所做的就是让难文、深文变成可亲可敬的座右铭，让圣贤变成有血有肉坚守者，让学生枯燥的思维训练变成振臂一呼、指点江山的宣讲。所以我们在关键处架设了学生跟进的台阶：第一，活动的设计指令性词汇清晰化。如感受语言风格，我们表述为"翻译词义""分析异同""诵读感受""总结归纳"，每一步都有准确的指令。第二，活动的展开有细致的范例。如座右铭推荐语的组合，既有具体的表达（"鱼"与"熊掌"是口体之奉，"生"与"义"是灵魂之寄，这句昭示着一个没有"失其本心"的人，在生命不同层面自然而然的选择，"类比"强调了至大至刚的浩然之气，使得儒家"仁德本心"的至高境界具有了普遍价值），又有内容的提炼（解析关键词+整体意义+艺术手法）。第三，重视评价导向。课堂评价要特别关注学生关键点的思考过程和思维方法，促进学生逆向思维的发展，把握文本解读的边界，发展多元解读能力。更要围绕"义利观""人性论"精心设计基础型、发展型、拓展型作业，增加作业的可选择性，鼓励学生通过跨媒介创意表达完成孟子义理学说的整合，使之内化为知识结构，组合出良好的思维策略，为高中大量的孟子议论性散文阅读做好铺垫。对于这样贴心的课堂，学生一定会勇于完成挑战性的学习任务。

教学反思

古代议论性散文的教学是语文学科义务教育段的难题，文本的知识价值、思想价值和文学价值都凝聚在我们的课堂之中。教学相长，一堂有效的古代议论性散文思辨性阅读教学课堂离不开教师思维的参与。教学前，教师设计活动需要做大量思辨工作，独立研读文本，参考多方资料，充分挖掘文本中的思辨要素，思考怎样激发学生的问题意识、从多个角度来启发学生

的思维,保证课堂的严谨有效。教学中要实现学生的思维活动和教师思维同频共振,教学内容的动态生成,教学评价的角度很关键,这些都锻炼着教师教学能力。教学后,更要努力更新教学理念,扩充知识储备,改进教学方式,提升处理课堂问题的专业能力。"横看成岭侧成峰"的不确定性,给语文课堂增加难度,更是增加了灵动的趣味和深刻的魅力。面对挑战,教师要比学生更勇敢。

古代议论性散文教学探析

古代议论性散文综合了议论文和散文的特点，往往以散文的笔法来阐述作者的某些观点和主张，发表议论，抒发情感，具有强烈的抒情性、鲜明的形象性和深刻的哲理性。古代议论性散文在内容上多以中华优秀传统文化为主题，以弘扬"讲仁爱、重民本、守诚信、崇正义、尚和合、求大同"等核心思想理念为目标，鼓励人们向上向善；在形式上长于论辩、说理，不仅形象生动，而且大多逻辑严密，对于培养学生的思辨能力来说是很好的教学文本，担负着语文学科育人价值和提升学生的核心素养的任务，具有显著的教学意义。统编初中语文教材共选编了11篇，比重并不大，但却在阅读与鉴赏、表达与交流、梳理与探究三大核心任务中承担着极为重要的使命。

在新课标中，这一文体的教学兼有基础型任务群"语言文字积累与梳理"和发展型任务群"思辨性阅读与表达"，围绕创造性转化和创新性发展的要求，课程目标应该有这样两个维度的界定：阅读教学在理解概括、记忆背诵、主旨归纳的基础上，挖掘文本的深层意蕴，开展高认知学习活动。

这一类思辨性阅读教学的出现，从根本上体现了语文的工具性与人文性统一的特点，极大地冲击了传统阅读教学理念：我们要从文本解读碎片化、教学方法机械化和学生学习兴趣不足、课堂思维参与度不高的阅读教学中走出来，开展具有教学意义和学术边界的细读活动，侧重学生理性思维能力的培养；运用创新性思维方式从多个角度对文本内容进行多元解读；运用批判性思维对字词句的解释、作者的观点和思路等进行质疑反思；运用逻辑思维对文章行文脉络、作者推论方式进行思考和辨析。这是巩固语文学科知识、鉴赏古代议论性散文和提升师生思辨能力的教学优化过程，有利于为现代议论文、高中古代议论性散文教学提供新的思路,注入新活力。

一、基于新课标的思考

这样的表述在新课标"思辨性阅读与表达"任务群下有:"引导学生在语文实践活动中,通过阅读、比较、推断、质疑、讨论等方式,梳理观点、事实与材料及其关系;辨析态度与立场,辨别是非、善恶、美丑,保持好奇心和求知欲,养成勤学好问的习惯;负责任、有中心、有条理、重证据地表达,培养理性思维和理性精神。"

还给出了教学提示:"应根据学生思维发展的特点,在不同学段创设适宜的学习主题和学习情境。""应设计阅读、讨论、探究、演讲、写作等多种学习活动,引导学生学习发现、思考、探究问题的思路和方法。应注意不同学段的特点,避免操之过急、求之过深。""注意引导学生客观、全面、冷静地思考问题,识别文本隐含的情感、观点、立场,体会作者运用的思维方法,如比较、分析、概括、推理等,尝试对文本进行评价。引导学生基于阅读和生活实际,开展研讨等活动,表达要观点鲜明、证据充分、合乎逻辑。""评价要关注学生在问题研究过程中的交流、研讨、分享、演讲等现场表现,以及活动过程中产生的文字、表格、统计图、思维导图等学习成果,要特别关注学生思考的过程和思维的方法。"

教师需要更新教学理念。这一文体的教学是以阅读教学为载体的思维教学模式。这就要求教学中既设置有训练语言能力的阅读教学活动,也设置有发展思辨能力的思维培养活动。教师需要提高专业素养,广泛学习思维学、逻辑学等领域的专业知识,掌握议论文体基本阅读教学方法和思维逻辑培养方法,以一般性阅读教学活动为基础,努力将文言语意的初步理解、论说主旨的准确把握、推理层次的演绎层进、艺术风格的感知提炼、以意逆志的阅读经验五个教学内容融入课堂,呈现一个完整的教师、学生、文本、作者的多维对话过程,为学生的思维培养奠定基础。

教师需要了解学生思维发展的特点。第四学段(7—9年级)的学生正处在形象思维向抽象思维发展的关键时期,思维独立性和批判性有显著发展,阅读行为开始具有一定的深刻性。而抽象逻辑思维要经历初步逻辑思维、经验型逻辑思维、理论型逻辑思维(包括辩证思维)三个阶段。教师把握不同年级的特点进行合理的干预和引导,使学生的阅读理解更加深刻,通过批判、推理、实证、反思等一系列理性思维活动抓住文本的说理旨趣,厘清文本的逻辑关系,澄清文章的价值意义,在阅读、辩驳与论证中不断内化知识,完善文言表达建构,培养分析问题、解决问题的能力,重塑个性人格的气质。

教师需要多元化评价学生的思维活动。学生的直觉思维、形象思维和创新思维在课堂上的对话体系中会有触发,老师在关注终结性评价的同时更要高度关注他们的过程性表现,选用恰当而科学的评价方式,激发学生思维的敏捷性、灵活性,鼓励学生批判质疑或多元解读文本,助力教师权威的获得,助力学生成就感、效能感的获得,从而构建问题解决策略。同时,老师还要考虑学生的个体差异,根据实际需要,对不同学生的思维发展水平进行诊断和分析,为他们提供具有针对性的意见,帮助他们合理安排和调整学习进度。

二、教材中文言议论性散文选篇概况

古代议论性散文在教材中的选篇并不多,共十三篇(《〈论语〉十二章》《爱莲说》《富贵不能淫》《生于忧患,死于安乐》《得道多助,失道寡助》《诫子书》《北冥有鱼》《庄子与惠子游于濠梁》《虽有佳肴》《大道之行也》《马说》《鱼我所欲也》《送东阳马生序》),有百家争鸣的先秦诸子散文,有表明立场、诚心劝诫的书信,有以己为鉴、鼓励后学的赠序,有立足现实、针砭时弊的论说。从内容上大致可分为以下三类:君子修身、治国之道、读书治学。这三类均以儒家、道家传统文化思想智慧为主干,是思辨理念的重要渊源。这些文章不论是语录体的单篇短章还是专题小论文,都长于论辩和说理,不仅形象生动,而且逻辑严密,按照七到九年级学生阅读能力形成了由浅入深、由易到难的思维表达脉络。

文章的语言表达具有一定的思维定式。这些中国古典文化中最高哲理的载体,文古义奥,但细读就会发现内在的规律。具体表现为句与句之间有连缀,往往运用恰当的动词、准确的连词和鲜明的否定词,全面归纳了所有的可能，类似的句式有无可辩驳且一气呵成之效，如"居天下之广居，立天下之正位，行天下之大道"；段与段相衔接，论点、论据或是论证方法都被有序组合在一起。"鱼"和"熊掌"乃平常的选择，"义"与"万钟"则是极端条件下的选择。这些文言表达的反复书写，将深奥的义理通过不同的语境加以阐释，让我们的语言文字积累与梳理有了扎实的基础。

文章的组织结构表现为比较完整的逻辑性。作为阐述自身观点和发表议论的载体，它们"论如析薪，贵能破理"，往往表现为条理清晰，层次分明。在行文脉络上，作者通常开门见山，鲜明地提出中心论点，接着将大量具有说服力的论证材料组织在一起，通过丰富多样的论证方法来论证自己的观点，结构思路非常清晰。如《富贵不能淫》从辩驳景春之言始，运用了举例论证批判"妾妇之道"的作为、对比"大丈夫"的行事方式和精神风貌，辞采犀利，论辩有力，先破后立的行文范例了驳论文的文面构成。

文章是作者精神的外化物，具有极强的主观性。教材文章所反映出的精神世界既独特又丰富，有深广博大的哲理思考、有理想社会的政治追求、有天真烂漫的自由理想、有求真务实的治学经验。他们的观点总是站在自己的视域里，这就决定了文章或多或少带有一些主观成分。如《庄子与惠子游于濠梁》由庄子与惠子的对话构成，二人反复辩难，绕口令一般的"安知鱼之乐"，在庄子偷换概念中折射出悠然从容，其间论辩的逻辑与趣味值得反复咀摸。值得注意的是，古人所论喜用比喻论证、对比论证等，细细研读可能会发现文本逻辑存在一些不严谨之处，这些主观表达值得以批判性的眼光来重新审视，对作者的"思辨"进行"再思辨"。

文章具有很强的现实针对性。春秋战国天下乱局，儒家圣哲思考救国救民、解决社会矛盾的方针路线，出现了大量以阐述礼义、发挥儒家思想为旨归的篇章，它们是中国古典文化中最高哲理的载体：教育学论文《虽有佳肴》，就教学方法做出了精辟的概括和理论的阐述，"教学相长"的观点至今仍有很强的指导意义；战乱纷呈的春秋后期，迫切需要出现一个太平盛世，所以就有了"大道之行"的社会理想。虽然百家争鸣的先秦时代已远去，但《〈论语〉十二章》等文本还向我们诉说着先秦诸子关于学习生活、治国理政、人生态度等的思考与探讨；虽然七雄争霸的纷乱、连横合纵的主张早已淹没在历史的长河中，但孟子在《生于忧患，死于安乐》中所提到的"个人成才、国家治理中的忧患意识"对当今仍然具有极强的现实意义；另外《爱莲说》也向我们诉说着周敦颐在浊世保有高洁品质的决心，传递出了儒生贤士的担当与坚守……这些都是古代议论性散文精神价值内在的思辨特质，这些思辨特质不仅有益于提升学生的理性思辨能力，更重要的是能丰富学生的精神世界，助力学生正确人生观的形成，有着历久弥新的精神力量。

三、文言议论性散文教学策略

文言议论性散文具有丰富的思辨素材，如人物的对立、情理的悖谬、文化的守正与创新……针对这些内容，我们可以进行多个课时的课堂教学，有意识地开展富有逻辑性和目的性的任务序列，帮助学生延展思维广度、变换思维角度，培养学生的问题意识和思维习惯，一方面在潜移默化中吸收古今中外优秀文化成果，提升思想文化修养；另一方面在任务驱动中培养学生求真创新的精神、解决问题和合作交流的实践能力。

（一）潜心细读文本，打通"文""言"壁垒

文言议论性散文的思辨性阅读教学有着语言训练和思维训练的双重要求。但时代的距离使得"文言"与现代语言在生活背景、风俗习惯、思维方式等表意方面存在很大的差异，这就使得学生和文本之间存在隔阂，文章虽有设喻、类比的内容，但千古高义要广泛"科普"，要"说服"众人，必定采用一定的语言技巧，相对于写景、叙事类文言文就显得较为晦涩，理解起来相对较为困难。所以古代议论性散文的阅读是建立在学生理解课文内容的基础之上的，在教学中教师的首要目标就是引导学生细读文本，打通"文"与"言"的隔膜，推动学生对文本意义的深层理解。

古代议论性散文的"细读"，就是要求学生阅读文本时，要准确理解、客观分析文本的意义表达。教师要重视实词的积累。文言文中的实词往往由本义衍生出多个意义，并存在细微差异的引申。例如"安"的本义是形容词"安

稳、安宁"(《茅屋为秋风所破歌》:"风雨不动安如山"),可引申为动词"奉养"(《曹刿论战》:"衣食所安"),副词"怎么,哪里"(《马说》:"安求其能千里也?"),疑问代词"表处所,哪里"(《庄子与惠子游于濠梁》:"安知鱼之乐"),庄子与惠子因"安"字的不同理解衍生出一段论辩趣事,其间庄子据实援引、偷梁换柱、避重就轻以一"安"字巧妙建立自己的推理逻辑。

文言文当中的虚词也不容忽视。虚词的主要作用是组合语言单位,一般不作句子的成分,不表示实在意义,可以充当副词、介词、助词等。在学习古代议论性散文时我们经常会被这些虚词绕晕,如"而"作为连词时可以表示并列、递进、承接、转折、修饰五种关系。学生想要准确理解这些词的含义,则需要联系文本的上下文语境,辨别文意的衔接与过渡,为准确理解文意铺设台阶。《鱼我所欲也》中共出现了十一处"而",有些是完全对立的反转,拓展了文章的内涵;有些是另起一事,使文意递深;有些是上下句的并列,增强气势与说服力。这些词语解析与细读的过程也是学生思辨的过程。

文言句式的理解需要进行辨析。省略句、倒装句、判断句、被动句的辨析难度较大,学生需要在自主学习的基础上利用合作探究,让自己辨析特殊句式的能力得到发展。如《马说》中"骈死于槽枥之间"是省略句,"骈死"前省略了"之",(和普通的马)一同死在马厩里,"马之千里者,一食或尽粟一石"是倒装句,"之"字是典型的状语后置的标志。而对比与铺排的句式更应该得到应有的重视,我们可以选择举一反三的教学模式:如《富贵不能淫》中的"不能淫""不能移"与"不能屈"的举例就有相同的语言结构;对关键词"淫"的使动用法的细腻讲解,会顺势推动学生去猜读、推断下两句的解法。在此过程中,学生不仅理解了句意,更提升了辨别与分析的能力。

学生能够细读文本,是开展思辨能力训练的基础步骤。在实际教学中,教师要安排充足的阅读引导和合理的细读时间。学生的课前预习要有指导,运用预习任务驱动学生的自主学习,让学生学会借助注释和相关工具书来初步读懂文本;要引导学生充分利用好教材中的相关资源,结合单元导语、课后的思考探究、积累拓展来获得对文本的进一步感知和个性化思考;要为学生提供相关背景知识和互文资料，为学生"以意逆志"深入理解其人、其事、其论，了解作品的现实针对性，让学生对所学的古代议论性散文内容有较为客观深入的理解，从而达到推动学生建构文本意义的目标。

（二）融入逻辑知识，搭建思辨支架

思辨性阅读要求学生在感性经验的基础上去体验阅读文本，学会理性地思考辨析文本内容逻辑及意旨内涵。这是一种深度学习，是古代议论性散文思辨性阅读教学中的重要难题。而教师在课堂中向学生传授必要的逻辑知识是引导学生跨越这一障碍的有效途径。教师应结合学生阅读和表达中遇到的实际问题，适时适度地引导学生学习必要的逻辑知识，以有效地帮助学生解决概念、判断、推理等方面遇到的问题。

教师应当在教学中可融入的必要的逻辑知识：关于逻辑思维的基本规律（如对立统一、质量互变、否定之否定等规律），与逻辑思维基本规律相适应的思维方法（如"分析和综合""抽象和概括""比较和分类"），逻辑思维形式（如概念判定、归纳推理、演绎推理、类比推理）。教师在课堂中融入的这些逻辑知识会逐渐转化为指导学生今后自主思辨的逻辑思维，能有效帮助学生跨越认知障碍，不断提升理性思辨能力。

《鱼我所欲也》在教授过程中，让学生针对孟子的人生选择时，分析说理方法，借此向学生传授"例证类比""设喻说理"（鱼与熊掌之取舍）精当地运用生活中的实例引出观点，极大增强了辩言的说服力和共鸣性；关联词起转有回环往复之态，"是故、故、由是、则"这些标志性词语，使得文章逻辑结构清晰可辨；反向论证增强文章的整体性和逻辑性，提升论证的张力，如穷时"一箪食"的舍弃和达时"万钟"的选择，既有反向的对立，又有假设的归谬，拱卫了"舍生取义"的核心观点，增强了文章的说服力。

搭建思辨支架的另一种方式是可视化的图表或思维导图。当教师将学生隐性的分析和综合、抽象和概括、比较和分类的思维活动转化为显性的思维导图，就会帮助学生建立文本论点、论据之间清晰联系，并快速明晰文章论证结构。这样既可以锻炼学生思维的条理性和逻辑性，也可以从图中观察出学生对文本的思维方式和结构的理解程度,以此来有针对性地对学生的思维能力进行锻炼和培养。

(三)引入周边资源,拓展思辨空间

第四学段学生往往缺少对古代议论性散文历史语境的感知,这就造成他们在学习过程中无法真正理解部分文本内容,这在一定程度上限制了此类文本价值的发挥。通过教学实践,我们发现与文本有关联性的文学史料和类文材料,是古代议论性散文思辨性阅读课堂不可忽视的课外资源,这些文字材料成为教学资源,不仅为思辨空间提供客观性支撑,而且可以为学生的思辨活动开阔新视野。

例如教师在教学《爱莲说》时,既可引入黄庭坚称赞"人品甚高"如"光风霁月",又可联读清代邓显鹤《周子全书》赞其"为人清正,襟怀淡泊",以暮年抱病之身,爱莲花之洁白,感宦海之混沌;既可补充北宋政事、理学鼻祖的社会历史,又可拓展"借影"笔法,通晓直而有节的竹、傲霜凌雪的梅这些文化符号背后的人格写照。这些相关内容,让学生深入感知周敦颐当时面临的社会现实,从而对文本有更准确的理解,对作者有了更立体的认识,对文化有了更深刻的认同;其次这些史料还能帮助学生实现较为丰富的文本积累,在阅读新文本的过程中很可能会不自觉代入从之前相关文本中获得的定式化经验,使学生对文本内容的理解更为客观,对人物的理解更为立体。思辨性阅读过程实现多个文本的联合阅读,更有益于增强学生思维的广度与深度。

(四)巧设情境活动,提高思维活性

教学方式和方法是教学活动的重要组成部分,我们需要巧设课堂活动,将教学难度大的任务套嵌在恰当的情境之中,激发学习兴趣,契合思辨期待,提升学生的思辨能力。

教师可以诵读,咂摸特别语言的韵味。文言议论性散文通常直抒胸臆的表达,有着作者渴望被听见、被信服的愿望,语言上除了基础的文言韵味,更有强烈的情感特征,就需要学生在诵读中亲身体验文本意境和掷地有声、振聋发聩的音韵之美,我们要帮助学生完成当堂成诵。为此,教师通常需要这样三个层面的诵读指导,以《北冥有鱼》为例:关注文章的表意层次。本文可分为三层,先介绍大鹏的外形,再写大鹏的活动,最后写大鹏飞上高空之后眼前景象。每一层都贯穿着神奇华丽浪漫的描述。朗读者注意用停顿来呈现文意的递进与连转,用语速来渲染大鹏凌空的特定情境;然后教读特殊的句式,如顶真句"北冥有鱼……不知其几千里也"表意贯通,读时应有连绵流畅之感;"怒而飞",从大鹏的外形过渡到活动,用重音来诠释层次之间的关系。"天之苍苍,其正色邪?其远而无所至极邪?"反诘语气何其震撼,又是何等的深情。最后,还要留意容易遗漏的句子"野马也,尘埃也,生物之以息相吹也"看似和大鹏并无关系,但却是对《齐谐》引言的补充,解释了大鹏借助风的力量的原因。理解了这一点就会对《庄子》作品想象雄奇瑰丽特点有更深的理解。通过诵读训练对文章层次、特殊句式和容易遗漏的内容进行强调,让学生在多层次、多角度的朗读过程中融入课堂,实现集体训练,获得差异性发展。

教师可以造境,激发研究论说的热情。此类文体对于第四学段的中学生来说会有一定的挑战,我们要以激发思辨兴趣为目标,巧妙设置生活情境、问题情境和学习情境,将学生带入课堂高质量的探究中,实现高质量的思辨性阅读。如《诫子书》以议论为主,主要论述修身治学,强调淡泊宁静的价值。在当下,尘世喧嚣,各种诱惑和干扰之下,如何做到立定志向、专心向学是一个大课题。其中的教育价值不等于贴合七年级学生的理解能力。如果由《诫子书》的教学能够统筹到这样的教学活动中,"读懂一位奇人(诸葛亮的传奇故事)""读懂一封家书(文言文意理解)""读懂一种传统('诫子'的优良传统)",将垂诸久远的劝诫之词变为一个故事、一种分享(文意理解和自己的家教故事),即使是关乎修身养德的内容也会多些课堂参与。

教师要善于运用"专题学习",提升思维广度与深度。我们要从具有联系的若干材料中提取专题,进行系统整合学习的方式。如八年级下册第六单元的四篇文章是可以基于其单元主题"理想与现实"或单元核心任务"倾听儒家与道家的声音"来设计整个单元的专题性教学。我们从"倾听儒家与道家的声音"这个单元核心任务出发,以"千古第一理"为主要学习任务,让学生在自定的标准下辩证分析,合理推断,基于文本来对四篇文章说理艺术的优缺点进行有理有据地评定,并通过让学生绘制思维导图、写作小论文等方式来提升学生的思辨能力。

教师要引导学生讨论辩论,拓展学生思维空间。课堂中运用辩论法的意识,鼓励学生阐述自己观点、聆听他人观点、反思和理性重构自己观点的过程,在这个思维碰撞的过程中学生的思维空间会被有效拓展,思辨兴趣和热情也能获得充分的提高。如在《鱼我所欲也》的"鱼与熊掌""生与义"的类比论证的逻辑是否严谨?"舍生取义"的选择是否具有普适性和绝对性? 在这个过程中学生的问题意识被激发了,在思维的碰撞中摆脱了对文本标签式的理解,有了自己的认知和判断,批判性思维和逻辑思维等都得到了极大程度提升。

教师还可以进行主题写作,深化学生思辨阅读成果。古代议论性散文本身可以挖掘出很多可供学生进行思辨性练笔的材料,受课堂、教师等的感染,学生的思维更具洞察力和捕捉力,更易产生灵光一闪的个性化观点,而课堂练笔就可以及时将这些具有思辨性的想法记录下来,这也是思维内化的一种方式。《鱼我所欲也》这篇课文的思考探究题一是比较常规的思辨性阅读任务,而思考探究题五则要求学生学习孟子的论证方法,进行小短文的创作。《鱼我所欲也》的论证思路非常清晰,整篇课文也是议论文写作的优质学习模板。

(五)通过合作探究,锻炼推理能力

古代议论性散文作为一种议论文体,主要阐明作者的观点和主张,是作者内在逻辑思路的外显,教师在教学中要注意引导学生通过推理分析来锻炼学生的逻辑思维能力。文本逻辑是由论证目的、论点、论据、论证语言、论证方法等要素有机组合的思维链,每篇古代议论性散文都有自身独特的文本逻辑,教师在教学中引导学生整体把握文本的逻辑思路,既要让学生对文本逻辑有更为全面和准确的理解,又要掌握每篇文本的个性化的逻辑特点,掌握普遍的论证要素和行文思路,将阅读教学的内容转化为学生表达的逻辑能力。这就要求我们的阅读活动当以理性思维为核心,强调开放的阅读姿态,鼓励学生积极地思辨,并进行交流分享。

教师要善于培养学生透过现象看本质,形成"文章反映出了作者的什么观点? 作者叙了什么事,说了什么理? 作者的观点是什么? 作者用了什么方法表现出来的? 作者为什么这样来论证?"等问题的思考,让学生在分析和解决之下带动思辨能力提升;教师要引导学生分析作者阐述观点的方法,对文本逻辑进行梳理和把握。在实际课堂上将论点、论据、论证语言、论证方法等要素进行有机组合,将感性的认知学习提升到理性的总结经验;教师更需要引导学生对文本逻辑进行理性重构。教师要合理引入相关史料(写作意图、时代背景、历史局限等方面),拓展学生的思辨空间,通盘考虑作者看似不严谨之处与作者写作意图等是否存在一些关联,探讨更恰当的替代性论法、论据或结论,从而使得学生对文本逻辑获得理性的重构,在这个过程中锻炼学生的逻辑思维能力。

如《北冥有鱼》是庄子在心灵极度苦闷的情况下所写。庄子天才卓绝、聪明勤奋,"其学无所不窥",并非生来就无用世之心,但是"而今也以天下惑,予虽有祈向,不可得也"。一方面,"窃钩者诛,窃国者侯"的腐败社会使他不屑与之为伍;另一方面,"王公大人不能器之"的现实处境又使他无法一展抱负。人世间既然如此污秽,"不可与庄语",他追求自由的心灵只好在幻想的天地里翱翔,在绝对自由的境界里寻求解脱。正是在这种情况下,他写出了自己的追求之歌《逍遥游》。庄子以鲲鹏形象,生动地阐明了"世上万物无论大小都处在不同的限制之中,没有达到真正的逍遥"。想象丰富,意境开阔。庄子写鲲鹏,是为了写精神的追求。

(六)重视评价功能,尊重个性思维

苏联教育家马卡连柯说:"教育是最辩证、最灵活的科学,也是最复杂、最多样化的一种艺术。"具体表现在课堂上学习活动的推进和理性思维的参与,我们要考虑第四学段学生阅读能力的发展特点,重视评价功能角度,在课堂上发挥导向与反馈,调节与激励的作用。

　　理性思辨能力的发展是此类文体阅读教学的重要内容。我们要清楚四个评价维度:关注学生在信息阐释方面的表达,训练学生具备基本处理信息的能力;重视学生在梳理、运用论证方法的实践,引导学生形成自觉地梳理事实论证、道理论证、对比论证、比喻论证等论证方法,并尝试运用;构建文本质疑和多元解读的民主课堂,帮助学生用好逻辑工具,拓展思维空间,促使发散性思维、集中性思维与逆向思维的发展,把握文本解读的边界,发展多元解读能力;鼓励学生在阅读训练中整合思维方法并尝试解决具体问题。

　　同时,教师的教学评价语言,也要做到准确得体、亲切自然、生动丰富、启迪激励。具有艺术性的教学评价,既可以塑造学生的自信,又可以激发学生学习的积极性、主动性,激发学生的求知欲,还可以打动学生的心灵,从而促进学生发展。如在教学《马说》时,学生认为"千里马"的故事很真实,逻辑通畅,为何有的人并没有表现出千里马的特质,却要求享受千里马的待遇?教师针对学生的质疑,补充了王安石的背景资料,还原了课文中"也"字的不同情味,解答了学生的困惑。学生的质疑是一种个性化思考,也恰恰从"千里马"的角度领会了时代重视个人成长进步的新要求。如果教师能够对学生思辨的展开分析,既可以激发学习兴趣、活跃课堂氛围,又从"标签式阅读""权威化阅读"的窠臼跳脱了出来,获得的是鲜活而深刻的阅读经验和人生体会。

　　综上所述,此类文体的阅读教学在实施的过程中要指向培养学生的语文核心素养,通过利用好文本中的相同之处、矛盾之处、不寻常之处来驱动学生的思考,在轻松愉悦的课堂氛围中引导学生提出问题,解决问题,并运用多种教学方法来激励问题的步步探幽,并对整个探索求证的过程进行多元化的评价,最终助力思辨课堂的生成。

(乌鲁木齐市第五十中学　李蓉)

参考文献:

[1] 中华人民共和国教育部.义务教育语文课程标准(2022年版)[S].北京:北京师范大学出版社,2022.

[2] 郭跃辉.高品质语文课堂应有"思维含量"——以一节观摩课《鱼我所欲也》为例[J].中小学课堂教学研究,2021(11):52-54.

[3] 王晨曦,张存平.极具现场感的滔滔雄辩——《鱼我所欲也》解读[J].中学语文教学,2016(01):45-47.

[4] 谢霞."和而不同"教学策略的运用与发展——以《鱼我所欲也》一文教学为例[J].语文教学通讯·D刊(学术刊),2018(05):64-66.

第八章
现代议论文教学案例与研习

《敬业与乐业》思辨性阅读教学设计

【教学目标】

1.识记、理解文中的名言警句,学习这篇议论性文章观点鲜明,论据精当的论说方式。

2.梳理论证结构,感受作者"由浅入深"的思维脉络。

3.理解并鉴赏道理论据的恰切和事实论据选取的精当。

4.引导学生领悟"敬业与乐业"的精神内涵,培养学生认真思考生活和社会现象的能力和知行合一的意识。

【教学重、难点】

1.理清文章的结构,体会层次分明、条理清晰的说理特点。

2.学习论证方法,并能够学以致用阐述自己的观点。

【教学创意】

本设计是第二课时。在第一课时的铺垫中,学生从演讲词的角度理解了论点、论据和论证过程。第二课时拟以"带领学生参加辩论会"为情境,以梁启超先生的《敬业与乐业》作为资料库,以"撰写论辩稿"为教学抓手,分别从"确立一辩开篇陈词,准备攻辩论说素材,拟写四辩总结陈词"三个角度展开教程。

【教学内容】

一、课程导入

"树人杯"辩论赛就要开始了。

1.了解辩论赛。辩论赛的核心词汇就为一个"辩"字，双方的辩手都是势均力敌，每一方都有自己的论点和论据。通常"一辩"陈述观点，"二辩、三辩"攻辩主力，"思辩"总结升华。双方的辩手就凭借自己的能言善辩，凭借自己的思维能力和相关知识，争取这场辩论赛的胜利。

2.组织模拟辩论赛。

我们的辩论题目是"敬业乐业"。请你以本文作为资料库，组织部分辩稿。

二、活动一：默读，确立开篇陈词

1.默读课文，确立中心论点。

提示：

(1)作者的见解、态度，表判断的陈述句。

(2)标志性语言，如"我确信""是""要"等。

(3)中心论点常出现的位置：标题、开头、结尾。

明确：

中心论点：我确信，敬业乐业是人类生活的不二法门。

2.确立分论点。

为阐述中心论点，开篇陈词中还需要围绕展开论说。请继续筛选出全文的表达"敬业与乐业"的观点，并发现它们之间的必然联系。

屏显：

我确信"敬业乐业"四个字，是人类生活的不二法门。

第一要敬业。

第二要乐业。

今天所讲，敬业即是责任心，乐业即是趣味。

学生活动,师生交流。

明确:

首段确立中心论点,分论点是"有业之必要"。可见"有业"是前提,继续谈论"敬业"是必要,接着阐释"乐业"是最高境界,最后提出"敬业即是责任心,乐业即是趣味"收束全文。

一辩开篇陈词要做到——

核心观点清晰:敬业乐业,是人类生活的不二法门。

分论点逻辑严密:先说"敬业"再说"乐业"。

结论回扣:我们认为的合理生活"敬业即是责任心,乐业即是趣味"。

三、活动二:筛选,赏析攻辩素材

"攻辩"过程是需要大量可以证明观点的依据。

——请跳读全文,找出并归类这样的论据。

1.根据类型不同:事实论据、道理论据。

2.根据时代不同:古今中外。

3.根据受众差异:雅俗共赏。

4.根据内容不同:居高位者与底层百姓。

选取论据的原则性。

(1)论据要有确凿性。

(2)论据要有典型性。

(3)论据要有针对性。

(4)论据要有丰富性。

(5)论据要有新鲜性。

——批注,选择一处论据,赏析这处论据的表达效果。

示例:

唐朝有一位名僧百丈禅师,他常用格言教训弟子,说道:"一日不做事,一日不吃饭。"

学生活动,师生交流。

小结：

论辩"言之有物"。引用名人名言使论辩过程有知识，有思想，有内容。辩手在论辩时能够信手拈来、出口成章，可以体现我方丰富的知识储备。

论辩"言之有据"。罗列丰富的事例的论辩过程具有充分的事实根据，根植于实际的论辩，易于得到他人的信服。

论辩"言之有序"。论据表述具有逻辑性，有主次、分重点。

论辩"言之有趣"。论据上至高官，下至百姓的，作者把深奥的、复杂的"敬业与乐业"讲得简单、易懂，攻辩素材选择要做到：

1.扣合观点。

2.多元典型。

3.根据对象场合恰当选择。

四、活动三：整合，撰写结辩陈词

最后，辩论双方应针对辩论会整体态势进行总结陈词：要注意结合前期论辩的实际，先强调我方观点，强调对关键词的理解；然后针对对方辩友语言中的明显错误进行分析，努力升华乙方的观点；还要涉及更高的价值观，世界观，使听者受到鼓舞。

浏览全文，围绕我方观点撰写总结陈词。

屏显：提示——

1.抓关键词，例如关联词。

2.抓关键句，例如设问句。

3.用这样的结构把我方提出中心论点的方法和论证过程的顺序以及使用方法概括出来就是总结陈词。

学生活动，师生交流。

总结陈词：

先陈述观点"敬业、乐业，是人类生活的不二法门"。

接着用三个立足点证明观点的正确性，先是用孔子的名言，并且举了百丈禅师的事例论证了"有业之必要"。再次分三个层次"敬业的含义""敬业的原因""如何才能敬业"层层论证了"敬业之重要"。

最后,用四个层次第一"深入职业";第二"在职业中奋斗取得快乐";第三"在职业中竞胜得到快乐";第四"专心一职业得到快乐"论证了"乐业之重要"。

在辩论的最后,我方再次阐释观点"敬业即是责任心,乐业即是趣味"。

整合结辩陈词要做到——

观点鲜明,逻辑严密。

材料翔实,条理明晰。

五、作业设计

基础型:用思维导图的形式表达本课的论证思路。

发展型:给我方辩友再添加一个道理论据和一个事实论据,要求一百字左右。

拓展型:课后阅读《谈骨气》(吴晗)

案例研习

《敬业与乐业》教学设计探索

摘要

《敬业与乐业》是统编教材九年级上册第二单元的一篇议论性文章。此文主旨鲜明，层次清晰，很好地体现了议论性文章"说理"的特点。这篇典型的议论性文章适合学生作为学习议论性文章的起点，学会议论性文章的阅读方法，助力以后的学习。九年级的学生学习议论性文章，对文章的观点鲜明，论证严密的特点理解起来有困难，梳理论证思路更是一个难点。因此根据学生的实际情况和议论性文章的文体特点，如果只是遵循"发现问题—提出问题—解决问题"三步走的方法，更难引起学生的学习兴趣。这就需要教师改变教学观念，从"语言运用""思维发展"和"文化传承"的方向去构课，让学生用学习议论性文章的理性思维去解决生活中的实际问题。本案例遵循新课标"思辨性阅读与表达"任务群的教学要求，执教教师通过三次不同教学设计的探索，记录了教学理念的转换、对课文不同层次的研读以及在情境教学中构建议论性文章教学策略的实施过程。

背景信息

"思辨性阅读"是在理性思考下进行的阅读。阅读者运用思辨的方式展开阅读，从而让阅读过程成为一个理性思考的过程。学生在这样的文章中可以学习思考与表达的方法，结合阅读材料学会阐述自己的观点。

统编初中语文教材提出了议论性文章这个概念。议论性文章教学中通过引导学生对文本的梳理、分析、判断和明晰，最终达到提升学生思辨性思维的目的。新课标也有具体的要求："梳理观点、事实与材料及其关系；负责任、有中心、有条理、重证据地表达。"议论性文章就是要让学生们学好条理分明的表达形式。议论性文章包括了一般传统意义上的议论文作文，也包含逻辑性短文和表明立场的信件、演讲词等各种类型文章。同学们在七、八年级已经接触过一些议论性文章，比如七年级上册《纪念白求恩》、七年级下册《最苦与最乐》、八年级上册《我为什么而活着》、八年级下册《应有格物致知精神》等。"议论性文章"的提法和相关知识以单元学习重点的形式在九年级第一次出现，在这个学段进行议论性文章思辨性阅读教学，符合学生的思维发展规律，可以提升学生的思维品质和综合素养。

统编教材九年级上册，有两个单元的议论性文章，第二单元和第五单元，可以算是初级版的"议论性文章单元"。第二单元议论性文章单元的主要学习任务是积累这类文章的论点、论据和论证方法等相关知识，是对这种文体有一个较为完整的认识。

《敬业与乐业》课文选编于统编教材九年级上册第二单元，文章围绕"敬业与乐业"这一话题，开宗明义地提出"'敬业乐业'四个字，是人类生活的不二法门"的中心观点，再从"有业""敬业""乐业"三个方面进行论述，最后用"敬业即责任心，乐业即趣味"对自己的观点做了总结。此文主旨鲜明，层次清晰，很好地体现了议论性文章"说理"的特点。这是本单元的第一篇课文，通过这篇课文，可以引导学生学习并掌握论点、论据及论证的相关知识，为学好议论性文章打下坚实的基础。

根据以上考虑，此案例选择《敬业与乐业》的阅读教学作为研究内容。这篇文章是梁启超先生于1922年对上海中华职业学校学生的一次演讲。对学生进行职业道德启蒙教育。为了避免以前议论性文章教学中的乏味，新课标提出第四学段（7—9年级）的学习内容有："学习经典的思辨性文本，理解作者的立场、观点与方法。紧紧围绕社会热点话题，以书面或书面形式方法参与讨论。"第四学段指导学生根据阅读和生活现象，开展讨论等活动，表述要见解独到、证据充分、有逻辑。这些要求都符合建立学生思辨性意识的要求,故设置为参加辩论赛撰写辩论稿为场景的情景教学。让学生在模拟"撰写辩论稿"中辨明观点,准备论据,理清论证思路。

基于以上理念,同时为整合教学资源、提升老师的素养,本案例以《敬业与乐业》的阅读教学为素材,记录了此篇阅读教学的磨合过程、认识过程与提升过程。

案例正文

《敬业与乐业》这篇课文有奠基石的功效,是中学生系统学习议论文的第一篇课文。这个单元的主要学习任务是积累议论性文章论点、论据、论证等相关知识,是对议论性文章这种文体有一个较为完整的认知。对于思辨性阅读,执教教师抓住了"辨"字来训练学生的思维能力,让学生在活动中辨明观点、辨出论据、辨清思路。

一、指向"语言构建与运用"的教学点拨:围绕文体,以阅读教学为主

"语言构建与运用"是语文核心素养的基础层面,注重学生可在早已积累下来的语言原材料间构建起有机联系。《敬业与乐业》是一篇经典的议论性文章,论点清晰、事实论据丰富多彩、论述层级清楚,是学生系统学习议论性文章的第一篇内容,有着重要的启蒙教育功效。对于九年级学生,在本课习得的议论性文章的基础知识和阅读方法,为以后学习议论性文章的文体特点和语言规律打下了坚实基础。因此,第一次设计的教学活动为:明辨观点,理清思路;区分材料,点明方法;模仿先贤,写出自我。

在教学过程中,考虑到学生区分观点和论题上会有困难,所以设计的第一个活动,以学生认识议论性文章的基本概念为主。为了达到这个教学目标,执教教师采用了一种比较常见的教学方法:默读课文,让学生在课文中找句子。本篇文章的特色是作者在演讲时引用了大量的名人名言,梁启超先生也是讲道理的高手,学生会认为这些道理都是作者的观点,不能很好地区分

道理论据和观点。

在这一稿教学设计中,基于学生初次系统学习议论性文章的考虑,学生更好地掌握关于议论性文章的基础知识,为后续学习议论性文章打基础。在这样的常规教学设计中达到教学目标的方法更多的是靠老师的点拨和告知,学生的学习是"静态化""碎片化"的,始终游离在课堂之外,也存在教学难点无法突破的问题。要以学生参与为原则,发展学生思辨性思维为目的,去改变教学策略。

二、旨在"思维发展与提升"的教学设计:创设情景,以学生参与为原则

"思维发展与提升"是学生语文素养形成发展的重要表现。具有此素质的学生可以识别、剖析、梳理和归纳最基本的语言状况和文学现象,并会有根据、条理清晰地表达自己观点,促进学生自主学习和小组合作学习的观念与能力的提升,执教教师改变了意识:由"老师中心"转为"学生中心","抽象化专业知识"转为"实际情景"。根据新课标的教学提示:可以采用"阅读""演讲""讨论"等多种学习活动,落实到具体的教学情境。再结合本篇文章的预习提示:"本文所说的'业'是成年人的职业,但是'敬业与乐业'的精神具有普遍意义。你认为我们在学业中怎样才能做到"'敬'和'乐'呢?"教授这篇课文不仅仅是学习一篇议论性文章,教师还要让学生思考平常在学习时如何做到"敬业与乐业"。九年级的学生面临中考,学习压力日益增大,面对困难,学生茫然无措。学完这篇文章,学生能变成学习的主人,提炼文章中的观点去解决困惑。基于以上考虑,设置教学情景:组织学生去参加一场辩论赛。学生在学习了议论性文章的基础知识后,运用所学:辨明观点、理清思路、整合材料形成自己的辩论稿。此次教学设计在教学活动的组织形式上发生了较大变化。由生活中的真实情景展开,用教学活动充分调动学生参与的积极性。教师带领学生从概念的抽象思维到课文重点应用的具体思维,解决第一次教学设计的遗留问题。

首先,设置情景。辩论赛就要开始了,辩论题目是"敬业乐业"。请你以本文作为资料库,组织部分辩稿。每个活动都是围绕辩论赛展开,以撰写条

理清晰的辩论稿为目的,学生参与到课堂中来。活动一,确立一辩,开篇陈词。学生用熟悉的"找文章中心"的方法来筛选文章的中心论点和分论点。其实学生即使经过了第一课时对议论性文章基础知识的铺垫,对这些名词也是陌生的,不能很快地转变,不如就用学生熟悉的方法,学生很快能找到文章的中心句。和中心句有关的句子就是分论点,知识点层层渗透,激励学生进行独立思考,提升思维品质。做课文小结的时候也结合了辩论赛,一辩开篇。观点清晰:敬业乐业,是人类生活的不二法门。分论点明确:先说"敬业"再说"乐业"。重申结论:我们认为的合理生活"敬业是责任心,乐业是趣味"。这样也能让学生清楚这篇议论性文章的结构:总—分—总。学生在辨中学、学中悟,慢慢发现议论性文章不只是乏味地提出问题—分析问题—解决问题,在平常的学习生活中也可以应用。

其次,分清材料和观点。执教教师不再生硬地带着学生梳理论证思路,去套格式,而是从学生感兴趣的论据入手,达成教学目标。用"记名言"和"议事例"两个小活动来找寻论据,准备攻辩素材。学生用熟悉的方法,很容易就能找出文章中的"名人名言"和"具体事例"。用课中积累的方法,学生习得"道理论据"和"事实论据"。教师继续告诉学生论据的作用,这些"论据"都是"论点"有力的支撑,可以让自己的观点"更有力度"。最后借助课后练习题告诉学生有哪些论证方法,学生自己辨析这些论据使用了哪些论证方法,教师点示。在活动中,学生始终围绕辩论赛找论据,议论性文章不再枯燥乏味、高高在上,而是提供材料的资料库。

再次,梳理论证思路。这次的教学设计将这个难点放在了最后一个活动。经过前两个活动,学生明确了中心论点和分论点,筛选出了道理论据和事实论据,并且对论证方法有了一定的了解。一场辩论赛的关键还是要把这些观点和材料有理有据地呈现出来,才能达到新课标的要求"有中心、有条理、重证据的表达"。学生浏览全文,围绕我方观点撰写总结陈词。给学生提示:抓关键词,例如关联词;抓关键句,例如设问句。用这样的结构把我方提出中心论点的方法和论证过程的顺序以及使用方法概括出来就是总结陈词。

学生在教师细腻的指导下,才能有抓手,很快进入状态,做到先浏览筛选,再勾画动笔写。

整个课程设计围绕主题"撰写辩论稿",学生进入一个真实情景中,运用学过的方法学习议论性文章,先确立中心接着筛选论据最后理清思路。学生在学习中掌握了学习议论性文章的方法,把学到的知识点在同类型的文章中迁移应用。

三、立于"文化传承与理解"延伸:读写结合,让理念渗透到课堂之外

"文化传承与理解"强调学生能关注当代文化传播。学生在使用中华民族规范字的过程当中提升自己的文化认同感,塑造热爱生活的人生理想,提高为民族复兴的责任感和使命感。议论性文章是要用定义、分辨和逻辑推理等思维活动揭露事情本质特征的一种文体活动。这种文章恰可以直接激发学生对人生、对社会的思索。学习该类文章不可以停留在文体知识层面,还需要融合文章的思想内涵和实际意义,激励学生结合实际日常生活展开讨论与思考。

《敬业与乐业》是梁启超为彼时轻视体力劳动、把出人头地作为人生价值追求的职业学校学生进行职业启蒙教育而写的一篇演讲词,文章本身就有着精神感召的作用。转化了教学理念,不再生硬地给学生灌输议论性文章的知识点,学生根据概念去在课文中找寻问题的答案。而是在生活情景中给学生切实可行的抓手,学生在教师引导下提升思辨性思维的能力。

为了让学生更好地参与到教学中来,教师做了如下改变:

第一,教学活动是切实可行的。如前面两次的设计,活动之前都有冗长的阐释,对概念详细讲解,如在辩论赛的开篇陈词中我们首先要确立中心论点:"1.现在请大家默读课文,用一句话概括文章的中心。课中积累"中心论点,用于议论文中,相当于记叙文中的中心句,是作者对所论述的问题的最基本看法,是作者在文章中所提出的最主要的思想观点,是全部分论点的高度概括和集中"。变成三稿的"1.默读课文,确立中心论点。提示:①作者的见解、态度,表判断的陈述句。②标志性语言,如'我确信''是''要'等。③中心论点常出现的位置:标题、开头、结尾。"指令简洁而明确,在第一课时已经详细讲解了议论性文章的知识点,第二课时可以直接引用。指令性词汇清晰明确,让学生默读然后找观点即可,学生才能迅速"入戏"。

第二,教学活动是以学生为主体的。例如找论据的活动,我前面的设计是帮助学生梳理出了论据,带领学生分类。这样学生自己思考的范围变窄,只需要根据老师的指令行动就可以。最终改成只提示学生论据的归类,他们自己找、自己赏析,教师提供细致的范例。这样学生才能由被动学习变成主动学习。

学生在课堂上活跃了思维,对"敬业乐业"有了结合时代的认识。最后根据时代性设计基础型、发展型、拓展型作业,让学生碰到实际问题时"有中心,重证据,有条理"地去表达。

教学反思

本案例聚焦于"中华优秀传统文化"主题,开展"思辨性阅读与表达"学习任务群教学要求的教学设计。以统编教材九年级上册第二单元课文《敬业与乐业》为例,设计了以学生参加辩论赛为情景的三个教学活动。

上课时,首先依据难易程度分级设计学习任务。从简单地了解议论性文章的文体知识到把握中心论点,再层层递进;在理解的基础上,找到结合时代的论据;并且理清论证思路,能清晰流畅地表达观点。课堂学习活动中借用辩论赛的环节,积极参与讨论,碰撞出思想的火花,加之老师正确的指引和点拨,学生去领悟对待学习的态度,学生不再游离在课堂之外。尤其是最后一个活动"撰写结辩陈词",学生用抓关键词和关键句的方法去梳理论证思路。不再是教师出示填空,学生机械地记忆了老师出示的图表,很难学会梳理论证思路的方法。学生围绕观点,抓住关键句和关键词去梳理文章的论证思路,课堂上学有所思,学有所得,把课堂还给了学生。课后继续用基础型作业:用思维导图梳理论证思路,巩固学生对论证思路的认知。同时为了检验学生学有所得,设计了补充论据的活动:这篇文章离我们的学生年代久远,课文的预习要求也提出要让学生融会贯通,课文中提到的"业"并不是单一的指职业,更要求学生从中学习对待学业的态度。课后发展型作业也对课堂活动进行了补充,要求学生写出支撑中心论点的论据,促进了学生思辨性书面表达能力的提升。最后的拓展型作业推荐学生阅读同类文章《中学生的修养与择业》(胡适),让学生多积累思辨性思维的素材。

本课案例充分结合新课标对"思辨性阅读与表达"任务群的目标要求,教学设计中情境的创设和活动的实施都能体现锻炼学生思维的目标,分层作业的设计是根据学生不同程度对学生课堂所学进行巩固,为后续第五单元继续学习议论性文章打下了基础。

现代议论性文章教学探析

　　"议论性文章"的提法是对传统语文教学中议论文概念的扩展,它既包括一般意义上的议论文,还包括说理散文以及阐述看法、观点的书信、演讲词等各种类型的文章。

　　"议论性文章"不是一个严格的"文体"概念,而是突出"议论"的表达方式的文章的集合概念。此类文章都含有"论",但有的以"论证"为主,有的以"论述"为主,说服力强。相比议论文,"议论性文章"具有三点超越:第一,包容性更强。既包含典型的议论文,也包含说理散文、阐述观点的书信、演讲、新闻评论、时事随笔等。第二,说理方法更加复杂多样。界定、阐述、比较等,既包含形式逻辑也包含非形式逻辑,不仅包含事理逻辑还包含情理逻辑,由此带来的说理特点也是多元的。第三,衔接性更强。"议论性文章"的概念与统编版高中语文教材中的"论述类文本""说服类文本"等称呼更为贴近,它体现了文体革新的方向与文体包容的态度,有利于学生初高中语文的衔接。本文的研究对象是统编初中语文教材中的现代议论性文章,不包括教材中的古代议论文。

　　新课标中,这一文体的教学属于"思辨性阅读与表达"发展型任务群,教学设计应以一般阅读教学为前提,以培养学生理性思维为目标,能让学生在阅读材料中结合已有的知识和经验,进行知识加工,对阅读材料中的观点进行质疑、分析、推理和评价。议论性文章的课程内容在新课标以任务群的方式呈现后也发生了改变,将"读、写、议"的对象由"论说文、说理文、辩论题"拓展为"实用性作品、文学性作品、思辨性作品"及"自然生活的现象与事例",涵盖所有文体,且贯穿各个学段,"思辨性阅读与表达"的理念必将根植于学生的语文生活。本篇文章中研究的教学策略主要针对"实用性作品"。

一、基于新课标的思考

语言是思维的外壳,思维是语言的内核。在语文学习过程中,通过语言文字触摸思维本质,提高学生的思辨能力是提升语文课程核心素养的重要途径。"思辨性阅读与表达"任务群,作为侧重培养学生理性思维和理性精神的课程内容,是第一次整体集中出现在国家义务教育语文课程标准架构中,也是新课标修订的创新点之一。

(一)开拓理性阅读,助力语文学习

新课标在"课程目标"中指出:"思维能力是指学生在语文学习过程中的联想想象、分析比较、归纳判断等认知表现,主要包括直觉思维、形象思维、逻辑思维、辩证思维和创造思维。思维具有一定的敏捷性、灵活性、深刻性、独创性、批判性。有好奇心、求知欲,崇尚真知,勇于探索创新,养成积极思考的习惯。"

由这一表述,我们看到了核心素养对逻辑思维、辩证思维和创造思维的要求,也看到了思维品质在核心素养中的重要地位。设置思辨性阅读与表达任务群,则是为集中培养学生的理性思维和理性精神服务的。

(二)注重语言实践,习练理性语言

新课标对本学习任务群给出了四条"教学提示",涉及学习情境的创设、学段特点的把握、信息技术的运用和学习表现的评价等。原则上,本任务群的教学和其他任务群一样,需要创设任务情境,发挥学生的主体作用,强化主动学习、实践学习和语用学习等。议论性文章是以议论为主要表达方式,以论证的方式表达作者观点的一类文体。较之诗歌、散文等文体,议论性文章主题更严肃,表达更理性。统编初中语文教材中议论性文章单元阅读内容和写作内容一致,单元主题和写作主题相结合,例如九年级上册第二单元"议论要言之有据",本单元的课文选文是《敬业与乐业》《就英法联军远征中国致巴特勒上尉的信》《论教养》《精神的三间小屋》,这四篇课文都是"议论性文章"。写作练习中运用课文内容举例,比如统编初中语文教材九年级上册第五单元

"论证要合理"中运用了课文中的例子解释如何论证,充分体现了读写结合的特点。

读写结合的训练中,学生可以习得议论文的基础知识和阅读方法,还能掌握议论文文体特点和语言规律。

(三)发展理性思维,培养理性精神

"思辨性阅读与表达"任务群对应教学目标:"引导学生在语文实践活动中,通过阅读、比较、推断、质疑、讨论等方式,梳理观点、事实与材料及其关系;辨析态度与立场,辨别是非、善恶、美丑,保持好奇心和求知欲,养成勤学好问的习惯;负责任、有中心、有条理、重证据地表达,培养理性思维和理性精神。"由此可见,无论是"思辨性阅读"还是"思辨性表达",课程目标均指向发展学生的思辨能力。

新课标要求学生能够"阅读简单的议论文,区分观点与材料,发现观点与材料之间的联系,并通过自己的思考,做出判断"。因此初中议论文阅读教学必须培养学生归纳论点、收集论据以及论证的能力。同时,教师要有意识地培养学生的阅读全局观,引导学生感受议论文论证的理性之美。优秀的议论性文章不是一味地堆砌论据,在教学中可通过多种方式引导学生从多个角度分析论据,在分析论点和论据关系的过程中理解作者的意图,从而掌握基本的论证方法。

二、教材中现代议论性文章选篇概况

统编初中语文教材入选的现代议论性文章共有19篇。其实教材在七八年级就编入了少量的议论性文章篇目,而且编排数量从七年级到九年级呈现不断增加的趋势,从七年级到每册的两篇增加到九年级每册4—8篇,数量上呈现出明显的层次性和递增性特点。具体见如下表格:

表8-1 统编初中语文教材议论性文章篇目

年级分布	篇目	课型	单元教学要求
八年级下册第四单元	《最后一次讲演》	活动探究单元	1.学习演讲词,理解其观点,感受其风格,获取有益的启示,把握演讲词的主要特点。2.了解写作演讲稿的常见技巧运用,阅读所得学习撰写演讲稿。3.通过多种方式学习演讲技巧,进行演讲实践,举办演讲比赛,在演讲—聆听—评议的综合活动中提高在公开场合的表达能力
	《应有格物致知精神》		
	《我一生中的重要抉择》		
	《庆祝奥林匹克运动复兴25周年》		
九年级上册第二单元	《敬业与乐业》	教读	1.了解议论文的特点。2.把握作者的观点,区分材料和观点。3.理清论证思路,学习论证方法
	《就英法联军远征中国致巴特勒上尉的信》	教读	
	《论教养》	自读	
	《精神的三间小屋》	自读	
九年级上册第五单元	《中国人失掉自信力了吗?》	教读	1.学习联系时代背景,把握作者观点,理解文章的中心论点,能区分观点和材料,把握观点与材料之间的联系,了解驳论文的特点,理解议论文逻辑严密,思辨性强的特点。2.学习常见的论证方法,体会议论文严谨准确,具有逻辑力量的语言特点。3.培养学生实事求是,敢于质疑的科学精神和大胆设想,勇于创造的创新精神
	《怀疑与学问》	教读	
	《谈创造性思维》	自读	
	《创造宣言》	自读	
九年级下册第四单元	《短文两篇》	教读	1.阅读浅易的文艺论文,把握核心概念,理清概念间的关系。2.理解作者的观点,梳理文章的论证思路,学习辩证分析问题的方法,提升思维品质,发现疑难问题。3.在独立思考的基础上拓展阅读相关资料,有自己的见解,学习文章,介绍的读书和鉴赏的方法迁移运用,提高鉴赏文学作品的能力,获得读书的乐趣
	《山水画的意境》	教读	
	《无言之美》	自读	
	《驱遣我们的想象》	自读	

从上表可以看出,统编初中语文教材选编文章有如下特点:

(一)关注学生认知规律

七年级开始就编入少量篇目的夹叙夹议的文章,如《纪念白求恩》和《最苦与最乐》(在本文中,这两篇课文不作议论性文章讲解)。虽未单独说明议论性文章的概念,但对学生初步认识议论性文章有着启蒙作用。到了八年级阶段,教材以综合性学习单元为依托,加入了演讲主题,让学生了解议论性文章在生活中的应用,感知议论语言的魅力。进入九年级,学生形成了思维定式,并有专门的议论性文章单元和写作专题出现,把它作为学习的重点,学生可以对议论性文章的文体知识进行系统了解,对议论性文章的阅读方法进行学习,对议论性文章的写作进行尝试。

(二)教材选篇设置全面

统编教材中所选议论性文章均是具有典范性和文学价值高的经典作品。注重了文化的多元化,国内和国外选文相结合,比如梁启超的《敬业与乐业》是一篇演讲稿,法国作家雨果的《就英法联军远征中国致巴特勒上尉的信》是一封书信,鲁迅先生的《中国人失掉自信力了吗?》则是一篇杂文,选文的风格不同、内容多样。从选文中心思想来看,不管是中国议论性文章选文还是外国议论性文章选文大都侧重突出"立德树人"的思想,强调对学生精神世界的塑造。单元主题涵盖人生之舟、修身正己、情感哲思、情操与志趣、思想光芒、情趣理趣精神的家园、怀疑与创造、选择与坚守等。通过这些选文的学习,学生可以领略多种不同风格的议论性文章,感受语言世界的奥秘,体会作者高深的精神境界。

(三)融合思辨型学习任务

统编教材选编的议论性文章单元的学习内容可归属在"思辨型阅读与表达"任务群。

统编教材九年级上册第二单元是学生接触的第一个议论文单元。单元教学要点是学生在了解议论性文章,文体基本特性的基础上,知道什么是论点、什么是观点、什么是论据,以及三者之间的两两关系。通过本单元学习,学生可以熟悉议论性文章的构思特点,初步建立逻辑思维的基本意识。

统编教材九年级上册第五单元是初中学段的第二个议论文单元。单元人文主题为"求知明智,善读辨思",选编了《中国人失掉自信力了吗?》《怀疑与学问》《谈创造性思维》《创造宣言》四篇议论文,也是立论文和驳论文中的经典范文,或针砭时弊,或谈论创造的意义,阅读这些文章,锤炼思想,提高思辨能力。

统编教材九年级下册第四单元的人文主题是"读书、谈美、论艺"。属于文艺性议论文章。教科书选编的五篇文章,都涉及人们的精神生活,既富有思想性,又蕴含艺术美:有从宏观视角谈论读书求知话题的《谈读书》;有从微观角度探讨欣赏艺术作品方法的《不求甚解》《驱遣我们的想象》;有侧重阐释美学观念的《无言之美》;有着重探讨意境问题的《山水画的意境》。学生通过对四篇文艺论文的学习,深刻体察阅读对于丰富精神生活的价值和意义,以此端正自己的学习态度,树立正确的读书观。

三、现代议论性文章教学策略

本文研究的教学策略均在"语文核心素养"的指导下,在"思辨性阅读与表达"任务群的指引下,关注新课标层级要求。义务教育语文课程培养的核心素养是,学生在积极的语文实践活动中积累、建构并在真实的语言运用情境中表现出来的,是文化自信和语言运用,思维能力,审美创造的综合体现。

本文阐述的思辨性阅读教学的概念是以一般阅读教学为前提,以培养学生理性思维为目标,能使学生对阅读材料中的观点,结合已有的知识和经验,在知识加工过程中提出疑问,进行分析、推理、评价。从而让阅读过程成为一个理性思考的过程,实现学生语文核心素养目标的达成,下面从五个方面阐述议论性文章的教学策略。

(一)整体感知,准确领会议论性文章的精神导向

核心素养是学生通过课程学习逐步形成的正确价值观、必备品格,是课程育人价值的集中体现。统编初中语文教材选编的议论性文章中有许多蕴含文化精神的经典作品,其中有深厚的文化品格、深厚的民族气节和深厚的文化情怀。学生通过阅读、推断的方式,梳理观点、辨析态度与立场,准确领会议论性文章的精神导向。

1.揣摩作者观点,在阅读中形成正确的人生观。

议论性文章是围绕一个话题,阐发自己看法的文章,其基本特点在于"说理"。"理",即作者的观点和对事物和问题的观点。其中,中心论点是作者对所论述问题的最基本的看法,也是文章的核心观点,其观点既有中心论点的论述,又全分论点高度概括、集中论述,是作者在文章中提出的最主要的思想观点。在教学实践活动中,引导学生通过阅读、分析、推理,能明辨作者要表达的主要观点,从而感悟作者正确的人生观、价值观。

中心论点是文章中一个完整的有明确判断的句子。文章中论点和论题的关系很紧密,通常可以通过论题找到论点。不同的议论性文章,中心论点提出的方式不同。中心论点一般出现在文章题目,或者文章第一段,或文章结尾段。九年级上册第二单元,《敬业与乐业》开篇就点明了中心论点"'敬业乐业'四个字,是人类生活的不二法门"。教育学生"敬业"的重要性,弘扬"敬业乐群"的中华传统美德。《论教养》的中心论点就结尾"必须以尊重的态度对待别人"。点明教养的本质是尊重,从而提升学生自身的修养。有些议论性文章也没有明确点明中心论点的句子,需要学生自己概括。《精神的三间小屋》是一篇议论性散文,也是自读课文,借助"阅读提示"在课文中找到描写和议论"精神的三间小屋——情感、事业、我们自身"的句子,并且理解这些句子的内涵,从中归纳出本文的中心论点。

《就英法联军远征中国致巴特勒上尉的信》是法国作家雨果写给巴特勒上尉的一封信,课后第一题:"通读全文,看看这封书信主要表达了作者什么观点,文中又是从哪几个方面进行论述的。"结合当时背景,理解作者对侵略者的强烈谴责,对圆明园的真心赞美,因"美好被毁灭"唤起学生对祖国的热爱。

这几篇文章或谈人生,或议社会,或论教养,闪耀着思想的光芒。学生揣摩这些观点的过程,也是深化对社会、人生的认识的过程,可以提高思辨能力。

2.整理格言警句,在阅读中让精神得到滋养。

教材选编的多数议论性文章都含有大量的名言警句,对启发学生思维、涵养品质、树立正确的价值观起到了积极作用。按照新课标基础型学习任务群"语言积累与构建"的教学要求,这些名言警句可通过诵读、搜集、归纳、摘记、写感悟的学习活动从中汲取精神力量。

(1)译读名家古语,加强对传统文化的认同。

九下第四单元《无言之美》用孔子的话"天何言哉? 四时行焉,百物生焉。天何言哉?"引出"无言"这一话题。《怀疑与学问》中,作者引用"学者先要会疑。——程颐""在可疑而不疑者,不曾学;学则须疑。——张载"在篇首告诉学生在做学问中"怀疑精神"的重要性。学生通过搜集整理,用自己的话阐释句子获得启示,深化认识,涵养高尚的精神品质。

(2)积累哲理语句,提升优秀文化自信。

在《创造宣言》的"阅读提示"中要求"文中有不少含义深刻的句子,找出来,理解品味,并抄在笔记本上"。可为该段中心句"教者莫作神,莫作石像,莫作意中人"。"教育者也应该创造理论,创造技术,值得自己崇拜。"也可以是谆谆告诫,"我们就是要把不平凡的东西做到平凡中去,把单调的东西做到单调中去"。让学生归纳、摘记,从中理解作者的"创造宣言"。学生通过诵读积累文章中的名言名句,才能反观自身,坚定理想,提升素养,为社会贡献自己的力量。

(二)拓宽认知,全面学习议论文的理性表达

在语文核心素养的指引下,议论性文章教学既然以培养学生对于语言规律规则的掌握为目标,自然应该遵循学生学习的心理规律。在"基础性任务群的语言积累与建构"的教学要求关照下,按照设定的目标由简单到复杂的认知规律建构起语言知识的框架,不断拓宽认知,更新、深化已有的知识结构。

第一,感受道理论据的简洁与深刻。道理论据是指那些来自实践并经过长期实践证明和检验,并得出正确论断的见解。内容包括经典著作和权威言论(如名人名言等),同时也包括自然科学原理、法则、公式等方面的内容。《最苦最乐》是1922年梁启超先生为学生进行职业道德启蒙教育,在上海中华职业学校发表的一篇演讲。在论说过程中有很多名言具有强烈的警示作用。如:"饱食终日,无所用心,难以哉!""群居终日,言不及义,好行小惠,难以

哉!""主一无适便是敬。""天地之大,万物之多,而惟吾蜩翼之知。""用志不分,乃宁于神。""素其位而行,不愿乎其外。"如果不展开特别的课堂教学,九年级的学生在理解上会有含糊,很难实现对观点"敬业之必要"深刻理解。欲想达到理性思维的发展,前提是在语言的理解和积累上下功夫。

第二,理解人物典故的深意与作用。议论性文章证明论点,增强文章的说服力,往往选择具有新颖、典型的事实的支撑。事实胜于雄辩,论证能够收到以一当十的效果。可是一些陌生的事例,就不好理解。教师的教学行为能够提示学生深度理解,从而达到拓宽知识面的作用。如九年级上册五单元《创造宣言》美术家罗丹的创造理念,莫扎特《安魂曲》的创造历程,东山樵夫的泰山割草的微创造无不属于哲学的范畴。我们对"环境平凡、生活单调、年纪太小、能力太弱,陷入绝境"的五种阻碍"创造精神"的借口进行批驳,对召唤"创造之神"立论就显得不容置疑,辩无可辩。杂乱的事实论据需要通过学习活动进行梳理。我们根据"阅读提示",学生通过略读课文,找出文中"客观"和"主观"两方面的事例。接着,学生梳理围绕不同观点选用的材料,从而建立起材料与观点之间的必然联系。在"这一篇"的阅读理解中,学生丰厚了自己的学问背景。

第三,构建文体知识的认知框架。从七年级的议论性文章到九年级规范的议论性文章单元,统编初中语文教材体现了由感性到理性认知的导向。我们的教学也要逐步建构相关的知识体系:议论的表达方式—观点表达的基本规律—规范议论文的论证框架,从而助力学业水平测试。我们教学中心论点的形式特点和表达规律,引导学生准确辨识并整合中心论点;我们教学论据与论证的运用类型,感受不同的表达效果,引导学生使用具体的规范语言实现分析与明确;我们教学论证思路的梳理,通过关键词和过渡句的思考与分析,引导学生发现论证的铺展与递进;我们教学论说语言鉴赏与审美,引导学生感受理性语言的艺术魅力。

第四,学习文艺论文的科学与严谨。九年级下册第四单元是读书问学、谈文论艺的重要内容。所选文章既富有思想性,又蕴含艺术美。但这样陌生领域属于方法论的范畴(不求甚解的思辨,山水画的意境,艺术的无言之美,文艺作品欣赏过程中想象的引导),理解难度较大。这些论述具有极强的指导意义,阅读理解是一个输入的过程,经过学生个性化的思维认知的加工,如果能够迁移到行为活动中,将会是其思辨、思考和表达最重要的路径工具。

(三)精耕细作,挖掘议论性文章的实用价值

议论性文章是一种文体,它揭示事物的本质属性,是运用概念判断推理的思维形式。能增进人们的理解,从而使人们对作者的观点和意图产生理解和信服。我们的教学要更加注重发挥学生的主体性,帮助他们养成科学的思维习惯,培养他们的求证意识和解决问题的能力。教学要更加注重学生的主体性,这就需要老师们的智慧。

首先,扎实做好议论性文章阅读的程式建设,努力形成"有立场"表达的清晰思维。这类文章基于对问题的思考,展开清晰地表达、精准地表达、有条理地表达。教师应从核心问题入手,选用恰当的活动任务细读文本,梳理论证过程,驱动学生的理性思维活动,从而在"思维发展"的理论与议论性文章的教学实践之间搭建一座桥梁。执教《论创造性思维》时,先跳读课文,抓住文中的重要问句、总结性句子,再梳理写作内容,理清写作的思路。试着给上面的内容按照"观点、材料"归为两类,并领会其重要作用。我们得到了这样的阅读经验:观点的标志:"因此、我完全赞同、得出如下结论、由此看来、如果能做到这些"等;材料的标志:"这方面的典型代表、另一个例子、有的、有人"。材料服务于观点,材料证明观点,二者是证明与被证明的关系。再试着提炼本文的中心论点——任何人都拥有创造力。然后聚焦论证展开的关键问题与问句,运用批注的方式,探索论证展开的过渡技巧,提炼出问题、问句在论证过程中所起到的重要作用:"引发思考,显高屋建瓴的论辩气势;突出内容,订创造思维的论证内容;形成波澜,改神秘玄奥的高端话题;立场鲜明,励众人创新的自我意识。"这样的教学由具体到抽象,再到经验总结,提纲挈领地指导了类文阅读,深化了学生思维表达清晰化、结构化意识。

其次,体会、咂摸议论性文章阅读的感性因子,努力审辨"有倾向"表达

的艺术魅力。文中有大天地,解读文字的过程,其实就是对世界的探求、阐释和评价。这样一种理性思维的实践过程,会挑起学生的认知冲突,引发学生的思维震荡,从而产生一种学习的需要,进而形成一种心理倾向,主动去探索,去验证。如《中国人失掉自信力了吗?》从字词教学就开始铺垫:写反动政权的词语——玄虚(用使人迷惑的形势来掩盖真相的欺骗手段)、诓骗(说谎话骗人)、诬蔑(捏造事实,毁坏别人名誉)和写民族脊梁的词语——为民请命(替老百姓说话)、前仆后继(前面的人倒下来,后面的人继续跟上去。形容英勇奋斗,不怕牺牲)、埋头苦干(专心地下苦功夫做事)。这样的强调为驳论文的欣赏与审辨提供了可能。再读课文,感知爱憎情感,围绕话题"我见《中国人失掉自信力了吗?》语言的战斗性"进行分析、求证,于是就有了对鲁迅极具讽刺力量的语言有了更加充分的领略,顺势理解了"他信力""自欺力"的仿拟,"中国人失掉自信力了吗?"的反问,"地底下""中国的脊梁"的象征和省略内容的深刻内涵,升级了对语言的战斗性的再认识:凸显社会现实的准确性,催生敢于斗争的坚定性,蕴含鼓舞激励的先进性,昭示与时俱进的时代感。在这一学习过程中,不仅体会了议论性文章阅读的感性因子,更是将学生的鉴赏与审美提升到一个新的高度。在这一过程中师生们围绕着"感情色彩"一系列的思维活动,从解读文本最终指向学生思辨能力的提升,提炼、归类、分析和综合,借助于文章内容和自己的内在话语,对文字信息进行综合运用。

再次,用心设计议论性文章阅读的教学活动,努力开发"有价值"表达的教学情境。议论性文章的阅读以理性的思维活动为核心,强调开放的阅读姿态,鼓励学生积极思考、辨识、分析、比较、归纳,并进行交流分享。那么就要设置学生乐于参与的教学情境,使其产生表达意愿,训练学生在完成任务的过程中提升自己处理实际问题的能力和语言表达的能力。如《不求甚解》的教学中,我们可以以文本作为素材库,组织"不求甚解的是与非"双方部分辩稿。通过一辩立观点,激励学生进行独立思考,关注中心句和分论点,渗透核心知识。再梳理二辩攻辩素材,将文中出现的事实与道理论分门别类融入辩稿,明确材料与观点之间的联系,然后三辩据生活实际拓展,实现归纳与反思。最后四辩重申观点,辩证看待"不求甚解",这样的活动开展一方面让学生明确了驳论的写法和结构特点,另一方面也发挥了"实用类文本"生活实际的应用,学生在交流中发现自身问题并获得改进办法,并收获启发。

(四)综合表达,实践议论性文章的语言学用

议论性文章依托"思辨性阅读与表达"任务群,强调自我反思,指向问题解决能力的形成。这是对已有思维经验和思维方法的反省,对新知识、新方法的理解和分析。通过这种反思,可以完善问题解决的策略办法,经过科学的迁移训练,最后实现思辨方法经验的内化。这既需要课堂上学生的自我监控和自我反思,也需要教师设置迁移训练活动:一是阅读再训练,二是以表达促阅读。所以我们设计了阅读思考、活动探究、主题写作的序列化实践活动,以任务来驱动表达能力的提升。

1.识别思考,在理性阅读中涵养深刻的思想。

议论性文章的阅读教学中,训练学生独立自主的思辨能力是基本教学任务,通过细读文本,学生沉浸在恰当的学习情境中,着意领悟和分析文本的上下文、过渡句和各类问句的言外之意,尤其是总结句的深刻内涵,既训练了实证、推理、批判的能力,又在修身养性、审美鉴赏、读书论艺和做人修身各方面将自己的认知推向了纵深:我们可以设计"心有签签结",将读书箴言和审美技法的相关内容做出集纳,进行互赠;我们能够修改习作,将不同文体的精华部分添加人生感悟、生命思考;我们能够开展"好书推荐",具体分享自己的读书经验,分享自己的阅读成果。通过各种语文活动,将阅读中的语言精华——议论句的重要意义得以重申与强调,涵养学生深刻的思想,为"有深度"的表达打下基础。

2.活动探究,在语文实践中锻造丰富的表达。

"语文课程是一门学习国家通用语言文字运用的综合性、实践性课程。"语文能力要在学习主题的引领下,充分运用任务驱动,让学生在不同情境下斟酌思考,在理性思维干预中筛选组合,在语言实践中习练表达,最终实现个

性、恰当又灵动的语言体系。八年级下册第四单元为活动探究单元，学习任务由学习演讲词、撰写演讲稿、举办演讲比赛组成，教材选用《最后一次讲演》《应有格物致知精神》《我一生中的重要抉择》《庆祝奥林匹克运动复兴25周年》四篇文章，以"演讲词学习"为任务驱动。可以通过体验式学习，在模拟中创设情境学习的环境，与演讲者进行对话，理解演讲者怎样围绕观点设计思路和组织内容、了解演讲者对话题或事件的主要观点有助于引导学生思考的深入和思维的拓展。九年级上册《敬业与乐业》的学习中，以"参加学校辩论赛"为教学情景，确定辩题"敬业乐业"，让学生以课文为资料库，识别作者观点为己所用，开展讨论活动。

3.学习模仿，在篇章写作中呈现严密的思维。

议论性文章的每个单元都设置了单元导语和写作训练，单元导语给学生提供了本单元学习的方法，教师要有大单元意识，运用核心任务紧扣单元教学目标的定位。篇章的写作应以教材选文为范例，给学生提供了写作的理论知识和方法指导。九年级下册第四单元是对美学概念的"理解—思辨—迁移"，一方面学生可以通过课文积累相关美学概念，形成自己的美学理解，更重要的是通过不同课文，积累不同的论述思路。如《山水画的意境》中"是什么—为什么—怎么办"，《无言之美》中"提出问题—分析问题—得出结论"，《驱遣我们的想象》中"知识铺垫—理论阐述—实例分析"，《谈读书》中每层提出观点、做出阐发，《不求甚解》中先驳后立、层层铺垫、层层阐发、确立观点。学生可以通过对单元课文的理解与梳理，思考属于自己的表达习惯，在"好文不厌千回改"的任务驱动下，按照相应的论证思路，展开"拟写提纲—补写论据—仿写大作文"的形式，分阶段推进，从而实现此类文章的阅读迁移。

（五）多元化评价，尊重激励议论性文章的思辨认知

评价是教学环节中不可或缺的内容，议论性文章的评价设计，应围绕"思维能力"内涵发展的目标要求，紧扣"思辨性阅读与表达"任务群的学习主题与内容要点，对照学业质量标准，聚焦思维方法、思辨能力、思考习惯与理性精神等学习目标，制定过程性评价的具体内容与实施方法。

把过程考核贯穿于学习任务始终。重点考查核心素养的发展水平,如学习态度、参与程度以及学生在学习情境中表现出来的"思考能力"。尤其是要借助思维导图等学习工具,真实地呈现学生内隐的思维过程,促进学生进行反思。

1.活动探究——关注现场关键表现。

根据具体的学习目标,制定表现性评价目标,设置对应的评价项目和标准;选择最能体现"思维能力"发展的标志性表现,设计现场观察记录表;运用记录表,定向观察并记录学生在学习活动中的关键表现,并当场做出针对性的点评或提示,以指导学生及时改进学习方法,调整学习过程。例如,八年级下册的演讲单元,组织学生的演讲比赛,提前设计表格,设置观点、举例、表达、形象和效果五个评价项目,突出与"思维能力"密切关联的三个关键性指标:观点正确、鲜明、新颖;例子真实、贴切、新鲜;表达清晰、流畅、准确。设置相应的分数,让学生通过评价清楚演讲的标准。

2.课堂情境——突出学生自我评价。

学生是评价的对象,也是评价的主体,为了培养学生独立、自觉的学习能力,应发挥互评的作用,更应突出自评作用。教师与学生共同确定考核目标,帮助学生对学习成绩形成预期,从而提高学习期望值;同学们一起对照目标列出具体的行为清单,哪些该做,哪些不该做,让学生们心中有数,形成学习自律;引导学生自觉关注学习表现和学习结果,对照清单总结反思,形成学习习惯。如在《敬业与乐业》教学中设计辩论赛活动,可从思辨性表达的"仔细倾听、辩证思考、理性表达、合理采纳和礼貌回应"五个角度,制定正面清单和负面清单,为学生在参与辩论时的自我约束和自我评价提供行为标准。

3.检测习得——运用多种评价方式。

根据学习活动的不同类型和不同阶段,采取不同的评价方式,以增强评价的针对性、科学性与整体性。常用的评价方式有课堂观察,既要关注学生的提问数量与质量,更要关注学生的专注程度与思考角度,以考查学生的思维方法与有效思维长度;对话交流,特别关注学生的交互应对速度与问题思考深度,以考查学生的思维品质与思维类型等。此外,还可以通过现场作业评价,例如《精神的三间小屋》理中含情,情中有理,指出了精神追求的内涵和意义,鼓励人们注重自我完善和人格的精神升华。可以让学生用这种情理交融的说理方式,谈谈自己的精神追求。还可以在学习完整个单元以后,以阶段性测试评价的方式,推断学生的思维过程及思维方法,以做出有理有据的诊断性过程评价。

(乌鲁木齐市第三十二中学 王文韬)

参考文献:

[1] 中华人民共和国教育部.义务教育语文课程标准(2022年版)[S].北京:北京师范大学出版社,2022.

[2] 朱梓铭.基于语文核心素养的初中议论文教学策略[J].科教文汇(上旬刊),2020(19):147–148.

[3] 梁云荣.在"分分合合"中教《敬业与乐业》[J].中学语文教学参考,2021(36):23–24.

[4] 2018级初中语文组.巧借课后习题,助推课堂教学——以统编初中语文教材九年级上册第二单元为例 [EB/OL]. http://www.jzjyyun.cn/

[5] 梁美红.部编版初中语文教科书之社会责任素养因子研究[D].浙江:浙江师范大学,2021.

[6] 柳叶.部编本初中议论文阅读教学研究[D].苏州大学,2021.

第九章
口语交际教学案例与研习

《辩论》教学设计

【教学目标】

1.在辩论的情境中,用课文回顾、自主体验的方法,梳理整合辩论中口语表达运用的听、说与问答规律。

2.在辩论体验中,能够发现问题、独立思考,形成自己的见解,提升分析问题的能力。

3.通过情境设置,学习辩论技巧,进而感受辩论的语言美、仪态美。

4.通过辩论体验,树立增强中华文化底蕴的意识,并能在辩论的交际文化中提升运用中华优秀文化解决实际问题的能力。

【教学重、难点】

在学习活动体验中,学生在参与辩论的过程里,既能习得辩论的思辨方法,又能提升思维能力。

【教学创意】

本设计是"口语交际"中"辩论"的一课时教学。笔者创设真实课堂活动情境,在主问题"哪个辩论是成功的"引领下,学生以辩论的方式学辩论,分别从单元知识整合辩论策略、实践辩论发现辩论技巧、观赏评价获得辩论素养三个方面展开教学。

【教学内容】

一、导入：情境导入，用辩论的方式学辩论

同学们，今天我们学习辩论。为了让大家对辩论有清晰、直观的认识，老师节选了两个视频，请大家观看视频，辩一辩：哪个辩论是成功的？

二、学习任务一：观看视频片段，明确辩论观点

播放节选视频。

视频一是"第九届世界华语辩论锦标赛决赛"中西南政法大学非常漂亮的一辩的观点陈述，她一开口就从古今中外举出实例来明晰"幸福是主观的"这一观点。

视频二是《奇葩说》第6季第23期辩手傅首尔讲述自己妹妹和父母相处的故事，以及现在她作为母亲和儿子相处的故事，从而明确"父母固执己见时，孩子应该选择倾听而不是争论"。

学习活动一：学生观看节选视频，辩论：哪个视频辩论的方向最明确

提示：观看视频，结合已经学过的议论性文章的知识，特别是梳理本单元的文章思路，从语言表达的角度，想一想：哪个视频辩论的观点是鲜明的？

学生发言，展示独立见解。

例如：《驱遣我们的想象》一文，在论证思路中以一诗一文为例，深入浅出地阐明了欣赏文艺作品的途径和方法。而播放的视频中也是从古今事例、生活实例入手证明自己一开始就抛出的观点。

小结：真正的辩论，首要的原则是紧扣话题，明确自己的观点，才能让辩论有方向地开始并推进。

三、学习任务二：关注辩论材料，选取有力的辩论论据

学习活动二：关注辩论的材料，谈一谈：辩论成功的秘诀

提示：围绕辩论所举的例子和观点之间的关系，思考：如果尝试调换两段视频的论据，会有怎样的效果？

请学生两人一组完成下表的填写。

表9-1　辩论观点、论据梳理任务单

视频一	观点：幸福是主观的	原论据：＿＿＿＿＿＿	新论据：＿＿＿＿＿＿
视频二	观点：＿＿＿＿ ＿＿＿＿＿ （答案：父母固执己见时，孩子应该选择倾听而不是争论。）	原论据：讲述了自己、妹妹和母亲在购买衣服上的不同消费观，以及自己和儿子谈论刷牙的理由，由此表达孩子自大地以为能代表新时代，而父母已被时代淘汰。综上可得，和父母据理力争是不对的	新论据：从三个层次例举。首先举了古希腊先贤、亚里士多德、孔子、庄子看待事物的主观性；其次，举颜回、陶渊明等人的例子，说明对幸福的认识来自主观；最后，梳理从人类诞生到生产力不断发展再到信息社会的发展，奴隶、资本家、现代人民对于幸福的认知都是主观的

　　小结：在国际辩论专业赛场上，对辩手思维、口才、语言文字功底、使用语言文字的技巧等方面都有较高要求，倘若不多读书、多积累文化则无法说服对方；而综艺更要贴合娱乐的情境，为节目效果服务，它需要最大程度引发观众共鸣。因此，生活事例更能体现表达效果。学过议论性文章的同学们都知道，辩论需要摆事实、讲道理，事实论据既可以是历史真实也可以是生活现实，但一定要贴合辩论情境，找准辩论角度，再去选择辩论的论据，这样辩论才更有力量。

四、学习任务三：攻辩练习，掌握辩论技巧

　　学习活动三：观看"傅首尔和反方冉高鸣攻辩"视频，请你扮演对方辩友，理一理：为成功的辩论锦上添花的技巧

　　学生尝试辩论，梳理视频中攻辩技巧，为辩论的高光时刻绝招命名。

表9-2　攻辩绝招命名任务单

攻辩的高光时刻	辩论绝招名称 （在序号处填写辩论技能名称）
傅首尔抓住冉高鸣的表达质问他："有害的观念和过时的观念有没有区别？" 冉高鸣回复："有区别，但是都要交流，所以要争论。"	1.＿＿＿＿＿： 强化己方观点，有力回击，扭转被动局势 2.＿＿＿＿＿： 顺应对方逻辑，推导我方需要

续表

攻辩的高光时刻	辩论绝招名称 (在序号处填写辩论技能名称)
傅首尔再次抓住冉高鸣的表达疏漏询问:"面对没有害但是过时的观念,你不会争论,对吧?" 冉高鸣快速反应:"不会,我要交流。因为我要让父母看一看我的新观念是什么,不是要他们一定要遵从,但是他们应该要交流。"	3._____: 剔除对方论据中存在缺陷的部分 4._____: 从看起来不重要的问题入手,引导对方离开辩论的正题
傅首尔发现冉高鸣的语言表达用词不当,于是追问:"新观念为什么不能用沟通来解决,而一定要用争论来解决?" 冉高鸣强调:"我可以用沟通来解决,但绝不能只用倾听来解决。" 傅首尔明确指出冉高鸣在混淆沟通和争论的概念:"沟通强调你说的什么地方是对的,而争论是发现你说的什么是错的要怼回去。所以沟通和争论完全不同。" 冉高鸣回应:"争论是你听到不同可以表达,你有选择权,而不是统一。"	5._____: 引入新概念混淆视听,化解困难 6._____: 判断对方立论中的要害问题,一攻到底 7._____: 矫正对方论据的立足点,使其为我方观点服务

明确:学生根据理解用四字词语或短语命名即可。

①借力打力,②顺水推舟,③移花接木,④引蛇出洞,⑤李代桃僵,⑥攻其要害,⑦正本清源。

五、学习任务四:评价辩论,彰显辩论的仪态

学习活动四:请扮演辩论评委,设计成功辩论的评价表

学生同桌探讨,设计成功辩论的评价表,进行设计说明。

如:

表9-3　成功辩论的评价表

评价项目 辩论的视频名称	第九届世界华语辩论锦标赛决赛(节选)	《奇葩说》第6季第23期的辩论赛(节选)
1.观点鲜明(30分)		
2.论据充分(30分)		
3.声情并茂(20分)		
4.仪态大方(20分)		

(屏显)结合上表,为节选视频打分,选出成功的辩论视频。

小结:有的同学喜欢西南政法大学辩手儒雅的谈吐、自信的微笑、非凡的气度,有的同学则青睐于傅首尔机智的拆解、真情的流露、幽默的表达。其实,根据评价表,我们会发现无论学院派辩论还是综艺派辩论,只是辩论的不同表达形式,在观点、论据上,他们是平分秋色,但在声情并茂上综艺效果更佳,而从仪态大方的角度,学院派辩论更胜。因此,2:2打成平手。

六、课堂小结

在语文课堂上,这两个视频的辩论都是成功的。这堂节课我们正是由此获得了辩论成功的秘诀——

辩论话题要谨记

辩论观点须明确

论据角度必准确

论据情境要贴近

攻辩技巧需丰富

仪态风度展优雅

这堂课学习后,老师期待大家在班级辩论中的精彩表现!

七、作业布置

1.基础型:观看课堂上提及的辩论完整视频,记录辩论流程和技巧。

2.发展型:设计制作"我的独家辩论宝典",至少包括辩论流程、辩论技巧,以及"我适合的辩论角色"三方面内容。

3.拓展型:拟好班级辩论赛辩论稿。

辩题——自媒体时代更容易/不容易接近真相。

案例研习

用辩论的方式学辩论

——《辩论》教学说明与反思

摘要

　　辩论对提高学生的逻辑思维能力、反应能力及增加其知识储备等有一定的积极作用。在语文学习中,"辩论会""辩论赛"是学生比较熟悉的活动形式,但围绕辩论准备、辩论实施、口语实践,以及辩论的原则和技巧而展开的辩论学习是口语交际中一次系统地认知。因此,提高学生的辩论能力,关键在对其进行逻辑梳理能力的训练,即在活动实践中梳理观点、事实与材料及其关系,进而培养学生的理性思维和理性精神。本案例按照"思辨性阅读与表达"学习任务群的第四学段要求,执教教师以三次教学设计思路的进阶变化,书写了教学的认知与思考,最终形成了"用辩论的方式学辩论"的情境体验式单元整体教学课例。

背景信息

　　"口语交际"学习内容以主题形式聚合,但我们对其缺少整体性的认知建构。因此,"口语交际"教学需要在系统性建构中提升学生语文核心素养。新课标中"思辨性阅读与表达"发展型学习任务群提出第四学段(7—9年级)的学习内容有学习"经典的思辨性文本(包括短小的文言经典),理解作者的立场、观点与方法。围绕社会热点问题,以口头或书面方式参与讨论"。并在教学提示中强调"应根据学生思维发展的特点,在不同学段创设适宜的学习主题和学习情境……将文本阅读和自主探究结合起来,为学生提供广阔的思考、表达和交流空间……引导学生基于阅读和生活实际,开展研讨等活动,表达要观点鲜明、证据充分、合乎逻辑"。由此可见,"辩论"的教学须从生活实际出发,引导学生围绕社会热点问题表达观点,运用思辨力认知事物。在思辨训练上,辩论具有其他"口语交际"学习无法替代的效果。在语言运用中,"辩论"能够让学生在理解语言内容的基础上进行独立观点的表达,积累优美而鲜活的语言材料,有效提高语言理解和表达能力;在思维能力上,学生基于单元阅读活动中的迁移运用,在具体辩论情境中独立思考问题,运用思辨策略,清晰流畅、有技巧地表达自我对客观事物的思辨性理解,形成鲜明的观点,进而树立评判意识;在审美创造里,"辩论"依据具体规则,给予学生展示语言经验性表达的舞台,学生在语言交际过程中能感受到人性的真善美;而"辩论"过程中学生对中华优秀传统文化的迁移运用,使得文化传承自然形成。语言文字的魅力激活了学生对祖国的热爱,进而实现文化自信。

"口语交际"中"辩论"作为"思辨性阅读与表达"学习任务群中重要的学习内容。初中生在教材中学习的思辨性文本已经为其初步形成了"辩论思维"的方法。教师要引导学生在前期学习的基础上,了解建构思辨性文章的阅读策略,并迁移运用到其他作品的鉴赏及自己的表达中,才能让学生获得思维能力的提升,才能提高思辨水平的语言学习场域。初中学生较小学生而言,其知识更丰富、视野更广阔、思维更敏锐,我们应抓住学生学习的最近发展区,提高学生思维能力。

但是在日常教学中,"口语交际"学习内容和评价往往呈现失衡态势。由于"口语交际"的评价几乎未进行书面检测,所以教师常常忽略此类教学,教学策略也存在短板,以致学生的"口语交际"能力相对弱化、相关训练不足。因此,依据课标、教学实际,执教教师选取辩论的"口语交际"学习内容进行案例教学有较强的示范意义。

就本课而言,教师应该把教材已有的知识做迁移运用,而把辩论的注意事项、方法和技巧,这类学生自主学习后的难点列为本节课教学的重、难点。

设计真实的学习情境和学习任务是落实本次教学策略的关键因素。按照美国教育心理学家加涅提出的"认知情境"理论和威金斯"逆向教学设计"理念,我们应让学生处在一个"体验式"的真实生活情境中,并设计真实情境下的学习任务,来带动学生语文认知能力和思维分析能力的提升。由此,教师进行了"三步走"的总体教学策略。首先,创设活动情境,在主问题引领下,学生以"辩论"的方式学辩论;其次,教师建构单元整体知识梳理策略,并设计学习任务,让学生用阅读中学到了思辨知识评价"辩论",进而习得"辩论"的知识技能;最后,面向批判性思维,师生在对比和质疑的辩论活动中建构新知识,完成"辩论"实践。

案例正文

"辩论"作为思辨性学习的一种"口语交际"形式,辩论技巧与论辩思维是本课学习的核心认知情境。在此基础上,课程设计需要添加生活情境的"外衣",让学生既主动又轻松愉快地参与到学习之中,有所获得。

一、第一次教学设计:将阅读与表达相融合,树立单元整体意识

初次教学设计,教师将单元内容串联起来发挥阅读与表达的合力。首先,学生以课文为范例自制知识储备卡,梳理辩论中"立"住观点的方法、整理论据类型;随后,教师给出辩题,学生进行一辩陈述;继而学生开展课堂讨论,对一辩的陈述给出修改意见。由此,整合本单元文本所学的并列式、总分式和递进式论证思路的资源,并与单元写作"润色"相契合。

以上教学活动运用"互文性"理念,围绕单元整体展开,学生在学习中迁移旧知,解决辩论的新问题。在辩论思路上,此方法给予学生有效引导,帮助学生实现在思维架构上学会思辨的目的。

而按照此次教学设计的要求,学生的主线任务是进行知识梳理的静态学习,而在教学难点突破上,学习支架不足。例如,实际课堂中学生用知识储备卡的知识没有达成分析一辩思路的目标。此时,学生缺少有效的思维勾连,

仅仅让学生一一对应地连线式积累知识,不利于学生思辨性思维的发展。如何引导学生实现文本与辩论知识的衔接,摆脱静态的学习,需要我们调整和优化教学思路及活动策略。

二、第二次教学设计:用思辨打通学习空间,优化学习活动策略

统编教材既遵循"口语交际"本身的规律,又加入新的内容和方法,让"口语交际"教学内容能够很好地满足当代教学的需求。在"口语交际"的选材上,特别注重情境的交互性和实践性。因此,我们的第二次教学设计注重引入了情境化任务驱动的方式来推进教学,以达成目标。

在单元整体教学认知的基础上,教师调整教学策略,采用学习任务单竞赛的形式,整合学生已有的论证知识,锻炼学生的信息筛选和整合能力;而后,学生观看优秀辩论视频,自由讨论"谁是最佳辩手";继而,学生总结辩论流程及技巧;最终,学生以感兴趣的话题作为辩题,开展班级微型辩论并修正辩论中的不足,把"口语交际"训练落到实处。和之前的教学活动相比,这次教学设计引入了很多新理念和新方法。借助竞赛的外壳完成对知识的整理和吸收,激发学生的学习兴趣。教师在学习任务单中设置思维进阶问题——如何把论说方法运用到你的辩论中?由此,成功打通了文本阅读与"口语交际"表达的思辨关键环节,解决了第一次教学设计的遗留问题。

素养型课堂重在学生的行为表现,为最大限度调动学生参与到辩论技能探讨中,辩论视频的选取尤为重要。一方面,视频要贴近九年级学生的生活实际,考虑学生的关注度和喜爱程度;另一方面,辩论视频本身的素材要素要与本课辩论语言和思辨技能相吻合。综合上述信息,执教老师选取了"第九届世界华语辩论锦标赛决赛"中西南政法大学的辩论,用学生身份和辩手年龄消除学生与辩论的距离感。在官方正统的辩论赛之外,教师选取了在学生心中喜爱程度较高的综艺性节目——《奇葩说》第6季第23期中傅首尔的辩论。这两段视频分别以"幸福是不是主观的""父母固执己见时,孩子应该选择倾听还是争论"为论题,正是初中学生关注并且有切身感受的。因此,学生的学习行为易于自然而然地产生。华语辩论锦标赛的辩手语言丰富、辩论规范,具有典型的借鉴意义;傅首尔辩论语言生动幽默、肢体语言个性鲜明,辩论间散发着思辨逻辑的光芒,让学生受益匪浅。

学生在课堂中围绕"我心中的最佳辩手"的核心问题,一边观看辩手风采,一边记录辩论技巧,切实发挥了多媒体资源在语文课堂的实效性。在评判最佳辩手的教学环节,学生的发言讨论从最初关注外在风采到聚焦内在的辩论技巧、语言风格,这丰富了学生辩论的元认知,展现了学生评判最佳辩手的独立思考过程。学生在自主互动的探究性学习中,习得辩论的知识及技能,达成论辩的"口语交际"训练,打通"教—学—评"一体化的学习空间。

三、第三次教学设计:以辩论的方法学辩论,构建情境体验式教学模式

"口语交际"内容的呈现方式是多元化和生活化的。交际场景、交际对象以及交际环境等是"口语交际"中不可缺少的元素。在进行教学设计升级时,我们要注重引入真实生活情境,让学生在"辩论"的情境中学会辩论。

第二次教学设计中"谁是最佳辩手"的争辩环节无疑成了课堂的亮点。这吸引了执教教师的注意,以学生学习的视角来审视教学改进的方向,成了这次优化升级教学设计的目标。"让学生来一场沉浸式辩论"是本次教学设计的起点和终点。

为此,本次教学设计采取了主问题情境设置的方法,始终让学生在思辨中体悟:你观赏的两个辩论视频,哪个是成功的? 就此,拉开课堂辩论的序幕。教师让学生在随即发生的真实情境中进入学习,在轻松参与中通过思辨性的反省来习得知识。

观看了第二次教学设计中的两个视频辩论片段后,学生进行了四次阶梯性学习活动。学生辩论视频观点的鲜明、辩析视频论据的有力、点赞辩论技巧的成功和评价成功辩论的要素。学生迁移运用本单元的文本阅读知识、视频中学习到的辩论技巧,不知不觉间实践了一场"车轮战式"的辩论。活动中,教师引导学生发现辩论的含义、原则、方法和注意事项,给予学生不同的视角进行思辨、表达。可见,"辩论"不仅是"口语交际"的体验,更是一场批判性思维的较量。

第三次教学设计中,我们关注到辩论的特点及其在思辨性阅读与表达学习任务群中的作用,进而设计学习任务,在学习任务活动中培养学生的批判性思维。教师让学生尝试互换两段辩论视频的证明材料,引导学生思考"论据是否唯一""辩论是否需要关注主体",调动学生发现问题,发挥思辨在辩论中的能动性。在攻辩练习中教师设计活动"扮演对方辩友,梳理成功的辩论技巧",在角色扮演中,学生激活思维潜能,积极参与攻辩。在观看的感性体验基础上,学生以文字形式归纳辩论技巧,获得理性认知,逐步达成在辩论中解决实际问题的目标。

四、第四次教学设计让生活增加教学效能,关注教学评价设计

在教学设计上,我们借助论说性文本的单元学习,在辩论中学辩论,在辩论中突出思维能力训练的重点,不仅注重创设情境,而且采用多项互动评价的方式增强目标意识。第四次教学设计中由于辩论情境的融入,执教教师注重综合运用学生互评、教师点评和视频辩论结果评述等评价方式,让每轮辩论地评价多元呈现。这时,学生从辩手的角色跳脱出来扮演了辩论评委。这不仅为善于辩论的学生提供了发言展示的平台,也为表达欠佳的学生提供思维展示的机会,让每个学生都能参与课堂,并有获得感。

本次教学设计以评价辩论为策略,延伸到学生生活实际,发挥语文学习最终解决生活实际问题的作用。在这节课后,我们采用"分层"的方式布置作业,学生采用"菜单化"模式选取作业。基础作业要求学生由课内到课外巩固知识;发展型作业引导学生思考辩论角色,在思辨认知中形成自我认同,将语文学习和社会生活联结;拓展型作业的实战辩论,学生须将读写结合起来,学以致用地解决生活问题,体现和考量语文综合能力。

整体教学设计能够将学生的课堂和课后时间联系起来,巩固学生课堂所学的同时提高学生的实践能力,为班级辩论赛奠定基础,充分调动和运用学生的思维,注重情境性和互动性,引导学生基于单元阅读和生活实际,开展辩论活动,进而建立语文学习、社会生活和学生语文学习体验之间的关联,从而提升学生语文课程的核心素养。

教学反思

在四次教学设计的进阶修改中,本案例呈现了"口语交际"专题学习的教学逻辑。学生在教师的引领下,从生活情境进入知识的探索,再由知识的习得融入生活实际,解决生活问题。思维建构中,"口语交际"专题学习培养了学生对已有的零散知识进行整合归纳的能力,提升了学生发现问题、自主探索和解决问题的能力。

当"口语交际"专题学习知识系统化地呈现在学生面前时,陌生感也随之而来。因此,在教学过程中,教师须关注"口语交际"学习支架的建构。本课例最终采用逆向教学设计,始终关注学生,在清晰的学习活动中,学生运用不同的学习支架,有的放矢地完成学习任务,从而习得辩论的知识。

综上,"口语交际"专题学习教学应该关注三个着力点——思维训练、情景设置和评价效益。"口语交际"教学应当增强课程实施的情境性和实践性,从学生语文生活实际出发,设计富有挑战性的学习任务,提升学生思维品质。

"口语交际"专题教学探析

　　"口语交际"在语言表达中占据非常重要的地位,其可以将知识和能力充分地展现出来。古代的人们通过"口语交际"来进行信息交流和传达。从《战国策》中邹忌给齐威王的讽谏用语,到《世说新语》里元方与友人的对话,再到闻一多先生的《最后一次讲演》,我们都清晰地看到"一言可以兴邦"的"口语交际"力量。人类社会发展离不开"口语交际"。因此,"口语交际"成为统编初中语文教材中突出语言实践能力的一种教学设置的方式,也是一种教学策略,其自成体系,又与单元内容相关联,这一点对我们开展教学很重要。

　　新课标中关于第四学段教学中"表达与交流"的要求:"讲述见闻,内容具体、语言生动。复述转述,完整准确、突出要点。能就适当的话题作即席讲话和有准备的主题演讲,有自己的观点,有一定的说服力。讨论问题,能积极发表自己的看法,有中心,有根据,有条理;能把握讨论的焦点,并能有针对性地发表意见。"而发展型学习任务群"思辨性阅读与表达"第四学段学习内容中明确提出:"学习思考与表达的方法,结合生活经验和阅读材料,阐述自己的感悟和观点。"可见,"口语交际"中"辩论"的学习要求是学生在具体实践中,根据具体交际情境和交流对象,表达出自己的所思所想。这一学习过程将逐步增强学生语言表达的准确性和规范性,进而提高其语言理解与运用能力。这是口语交际教学关注的要点。

　　日常学习中听、说占据了"口语交际"关键性位置。因此,大多数人以为"口语交际"就是说和听的语言活动,但依据新课标的目标与内容要求,学生要在实际训练中学会综合表达的运用,这不仅是让学生学会说和听,还要让学生在实际交际中形成判断、归纳、推理等逻辑思维能力,进而让学生多方面感受

"口语交际"的魅力。而单一和零散的听说学习是无法实现上述目标要求的。

因此,在统编教材中设置"口语交际"专题,有助于开辟特定的学习场域,营造合适的学习氛围,建立集中多样的学习任务,使学生在较短时间内收获语文课程核心素养。

统编教材一般会根据不同年级来进行内容设定。七年级学生的"口语交际"会和小学阶段的"口语交际"进行有效衔接,让学生在交流中能够有耐心地去听,可以对倾诉者进行观察,进而换位思考对方的所思所想。八年级、九年级的"口语交际"内容多以单元模块的主题形式呈现,如讲述、复述与转述、应对、即席讲话、讨论、辩论等,这样的主题模式能够将统编教材中单元课文或内容里零散的"口语交际"学习实践聚合起来,学生才能系统地学习"口语交际",进而更好地提升"口语交际"水平。

按照新课标的要求:"义务教育语文课程实施从学生语文生活实际出发。"可见,"口语交际"有很强的交互性,其基本发生在现实生活情境中。口头表达的经验是日积月累的,其能力提升是循序渐进的。所以要把"口语交际"专题学习和日常学习生活实践结合起来,同时,在语文课堂教学中教师应当特别关注并强调对学生进行"口语交际"的表达训练。

结合"口语交际"专题学习的教材特点,创设真实情境应当是融合"口语交际"专题学习和日常学习生活实践的基本策略。与此同时,我们不能完全脱离单元教学,应当充分把握"口语交际"的编排特点,充分运用统编教材中阅读教学的学习资源,习得"口语交际"专题的知识内容,进而在合作探究和自主表达过程中提升学生的语言运用能力、思维能力、审美创造能力和语文实践能力,最终在评价中实现"教—学—评"一体化的构想。

具体而言,教师可以用"三种意识,五个要点"来做好初中语文"口语交际"专题的教学。

一、用好统编教材中"口语交际"专题的三种意识

(一)关注学段要求的意识

依据语文学习知识的连贯性和认识的螺旋上升性要求,"口语交际"的学习,教师务必要关注学段要求,但又不能仅仅关注所教学段的要求,而是要纵观从第一学段至第四学段的要求,这样初中阶段的教师才能做到心中有丘壑。如新课标中"表达与交流"的第二学段目标指出:"学生初步学会转述、商讨、回应";进入第三学段后的要求则有所提高,学生不仅要有逻辑性地表达,还要积极地和其他同学进行讨论互动;第四学段则进一步要求:"学生在表达时要语言连贯且生动形象,复述转述有重点,且能对话题进行延伸拓展,进行随机演讲。"因此,教师只有清晰地梳理出"口语交际"学习的各学段路径、方向和难度,才能有效地落实"口语交际"学习的学段衔接要求。

(二)建立"口语交际"课型的意识

语文课程是围绕语言文字展开的多方面、多层次的实用性课程。"口语交际"课程在达成表达与交流的总目标要求下,突出体现了语文学习内容上的综合性和学习形态的实践性。因此,"口语交际"课程的课型也应当凸显此特点。

"口语交际"教学的课型可结合学情联结教材单元的方法建构。例如,"口语交际"中的"讲述"专题的学习,我们应以新闻学习的根本要求为出发点,考虑学生校园生活实际,设置真实生活情境,整体教学时可采用"班级新闻孵化记"的情境化设置,推开学生的"口语交际"学习之门;采用学习任务单的方式,引导学生在学习活动中实践,获得讲述策略和技能。

"口语交际"教学的课型还要与学习任务群实现关联。新课标的内容主要以学习任务群组织与呈现。语文学习任务群由相互关联的系列学习任务组成,共同指向学生的核心素养发展,具有情境性、实践性和综合性。学习任务群的目标和方法等根据学段特点的不同而相互区别。根据新课标中学习任务群定位和具体教学目标要求,"口语交际"课堂教学结构应当与不同的学习任务群相匹配。如通过"辩论"的实践活动,学生梳理观点、事实与材料及其关系,这与"思辨性阅读与表达"学习任务群完美契合。但需要注意的是,"口语交际"主题与学习任务群并不总是一一对应。如"思辨性阅读与表达"的学习任务群提出:"引导学生基于阅读和生活实际,开展研讨等活动,表达要观点鲜明、证据充分、合乎逻辑",这样的学习目标不但符合"口语交际"中

"辩论"的学习要求,而且与"讨论""即席讲话""应对"的学习要求也相对应。而"复述与转述"的口语交际特点同时在"文学阅读与交流"和"实用性阅读与交流"任务群中交织体现。因而,教学中老师可以组织学生参与语文体验活动,通过倾听、阅读、观察,学生获取和整合有价值的信息,根据具体交际情境和交流对象,清楚得体地表达。可见,"口语交际"教学策略要依据学习任务群要求,创设真实情境,分析类型属性,进而设置适合的学习任务和活动,引导学生自主探究体验,最终获得"口语交际"技能。

（三）强化资源利用的意识

学习"口语交际",必须有一定可借鉴的学习资源。资源从哪里来呢？其实要就近选材。这才能符合"口语交际"学习具有真实情境性、练习实践性和学习效果综合性的特点。

一方面,统编教材中的文本资源可以作为"口语交际"的例子。如《赫尔墨斯和雕像者》中的应对语言,《最后一次讲演》中的演讲技巧等。另一方面,"口语交际"的学习资源就来自学生的真实生活经历。如《辩论》教学中教师选取学生喜爱的综艺节目《奇葩说》作为辩论资源。教师从生活中就地取材,推进教学进程,达到学生主动参与学习的目的。对于其他"口语交际"单元模块,教师也可依照主题内容,在生活中选取学生关注的、感兴趣的或真实经历的资源,并发掘资源与学习的联结点,进而在教学中使用。此外,教师也可精选和学生息息相关的媒体信息资源,提供给学生更新鲜而有吸引力的语料,提高学生口语交际学习的互动和参与度。

二、把握统编教材中"口语交际"专题学习的五个要点

（一）注重"口语交际"教学的语言学用

"口语交际"的语文教学主要关注的是学生主动参与的程度、学习情境的创设和教学过程的优化。优化"口语交际"课堂结构,就要让语言实践活动有目的、有计划地推进。而落实语言学用的目标是"口语交际"优质课堂的基石。如《辩论》的教学中选取"第九届世界华语辩论锦标赛决赛"中西南政法大学的辩论作为学习资源,教师就是要引导学生关注辩手使用的引用和排比

的修辞技法；选用《奇葩说》第6季第23期中傅首尔的辩论，教师则在问句和短句的使用效果上给予学生示范。"应对"专题，教师可以选取《陈太丘与友期行》《社戏》和《西游记》的人物语言，引导学生分析语句特点所呈现的应对类型和策略。"讲述"专题的语言表达需要体现层次和条理，教师在教学时可以找出模型引导学生体悟运用，如《从百草园到三味书屋》中"不必说……也不必说……单是……"的句式，在逻辑层次上内容全面而表意清晰。

在开展"口语交际"教学活动时，老师一定要重视学生主观能动性的发挥，帮助学生养成良好的阅读、学习和沟通习惯，进而在口语交际的语言学用上学会反思、总结和实践。学生的"口语交际"能力想要获得真正意义上的提升，就不能仅依靠课堂听说，更需要学生充分发挥自身的主观能动性，在语文实践探索活动中提炼语言的使用方法和技巧，并形成个人风格，实现由量变到质变的升格。

（二）重视"口语交际"学习的思维训练

学生"口语交际"的语言实践活动是个性化的活动。"口语交际"的语文教学归根结底是要让学生自己去掌握理解和运用语言的本领。在指导学生开展"口语交际"实践时，教师要尽可能注意学生的思维训练。老师要善用多种教学方法，提高"口语交际"教学的趣味性，合理规划学习任务。虽然学习任务只围绕一个主题，但就此主题教师设计的学习任务应当是多样的、多维度的，如在语料丰富的前提下，设置内容相同但对象不同、要求不同的"讲述"任务，促进学生在多个相似又不同的学习任务中提高思维和表达能力。又如《辩论》教学中教师设置的学习任务是判定"哪个辩论是成功的"，围绕此任务，教师设置"观看视频片段，明确辩论观点""调换论据，关注辩论材料""攻辩练习，掌握辩论技巧""评价表设计，彰显辩论仪态"四个学习活动。最为重要的是教师在学习任务设置中务必要做到由易到难，不断增加学习的思维难度，让学生饶有兴致、又不知不觉地完成突破性学习。在此过程中教师要关注"口语交际"学习支架的建构，图表、思维导图、问题清单及技巧宝典等多种形式，都可以让学生在清晰的活动中有的放矢地完成学习任务，从而习得"口语交际"的知识,进而提升语文课程素养。

(三)讲究"口语交际"教学的情境设置

"口语交际"离不开具体的教学环境和实际的教学情境。我们要把生活情境和语文学习密切连接起来,学生的语文学习才能在真实的学习状态下,获得学以致用的成果。换言之,语文学习能够让学生解决生活问题,从而获得学习语文的价值感和成就感。

情境设置中我们要关注"口语交际"学习主体的调动。新课标中指出:"语文课程围绕核心素养,体现课程性质,反映课程理念,确立课程目标。而核心素养的养成则要依靠老师的引导和学生的探索实践,在运用语言的过程中慢慢积累,能够反映学生的综合能力和学习水平。""口语交际"教学就应发挥其综合性、实践性的特点,达成培养核心素养的目标。因此,教师可以采用"自主阅读进行知识梳理——问题思考推动学习思考——实践分析"口语交际"技巧"的思维模式,锻炼学生语言运用能力和思辨能力。此外,学生运用学习过的课内外文章进行"口语交际"实例分析时,还可以拓展关注名著阅读内容,引导学生进行文本的审美再加工和再创造,进而关注生活事例,在实践中不断提高文化自信。通过由浅入深地学习,学生的语言表达能力、发现问题的能力以及"口语交际"能力都能得到提升。整个教学的过程散发出着"思辨探索"的魅力,从而在不知不觉中愉快地推动学生主动参与的学习进程。如"辩论"教学中教师设计辩论主题"哪个辩论是成功的",开展班级辩论,让学生始终沉浸在辩论情境中学习辩论。另外,班级朗读者读书会的"讲述"情境和假期游玩时民风风俗的"转述"情境、今日班级生活小结的"即席讲话"情境等,都可以让学生在生活情境中学习"口语交际"。无论何种形式的情境创设,"口语交际"教学要做到情境创设中学生以实践学习为主,帮助学生在真实情境的状态下更好地感受、体悟"口语交际"专题中的知识要领,从而总结属于自己的"口语交际"实践经验,建构系统的"口语交际"实践认知。

(四)实现"口语交际"活动的育人功能

"口语交际"教学要立足语言学习,渗透育人价值。"生活即教育",教师要学会贯通课堂与生活的联系,拓展文本空间,向生活要素材,向生活要体验。教师要指导学生有意识地在日常生活中练习"口语交际"。我们在执教《辩论》一课时,班级辩论赛就是作业设计中的实践活动。教师所选辩题"自媒体时代更容易/不容易接近真相",就是在关照学生的生活认知。学生在辩论的"口语交际"实践活动中,感受、体验和认识外部世界,甚至通过思辨性地表达交流,学生不断丰富和完善对于世界的生命认知,进而充分发挥了语文学科的育人功能。此外,"口语交际"教学还应关注与跨学科学习任务群的融合。如"口语交际"表达与美术作品赏析、音乐配乐融合,让"口语交际"在生活实际中发挥功用,并实现价值。

教师要站在学生交际素养发展的视域看"口语交际"教学,要看到显性的言语能力提升背后有思维发展、精神成长、文化习得等素养的发展。如"辩论"的教学设计中主题任务"哪个辩论是成功的",就是要引导学生在完成这个辩论任务的过程中,不断体验、探究、总结出辩论的知识和技巧。同时,在辩论知识技能习得的同时,学生自然而然地通过语言风格地品味、辩论技巧地运用,感受到"口语交际"实践地礼仪和风范,既实现了审美创造地渗透,又丰富了学生精神世界的建造。

教师还应当识别、理解语言的文化内涵,根据不同对象、环境、目的和内容,引导学生运用适当语言进行表达。教师通过设计一定的语言实践活动,在语言和文化的熏陶下,在心心相容的交流中,让学生学会倾听、启发智慧、培育情感、涵养身心、提升人格。如"即席讲话"的教学,教师可以结合学生校园生活实际,设置撰写"校园传统文化展示节"国旗下讲话的学习任务,或者"红色研学"学习感想发言的学习任务,引导学生在实践活动中感受中华优秀传统文化、革命文化、社会主义先进文化的魅力。这样不但提升口语表达能力,而且实现育人价值。

可见,"口语交际"教学要在语文实践活动中提升学生的口语表达能力。通过有主题、有任务设计的实践活动来实现"口语交际"实践活动的育人价值。

（五）落实"口语交际"教学的评价效益

综合性、实践性是"口语交际"特征。教师不但要关注学生自主学习能力，而且要提升学生合作探究的学习水平。因此，教学中"放手"的情况也将更多。但这并不意味着让学生处于绝对自由、无人管束的学习状态中。由于说话人人都会，"口语交际"教学看似没有可教授的内容，但是要让说话有艺术这还是有讲究的。这就要求"口语交际"的教学要有针对性和指导性的评价，学生已知的内容不必重复，学生未知的要领必须落实，那么教师的评价就显得尤为关键。充分交流是"口语交际"评价的关键，畅所欲言，将自己的所思所想都表达出来，同时在表达中抓重点，做到表达有条理、有中心。在和他人"口语交际"中，需要耐心认真地听对方表达的内容，同时抓住其中突出的重点；对合适的话题有自己的逻辑思考，能够做到即时演讲，有自己的想法和思路，能够让人心悦诚服。因此，学生"口语交际"中过程性的评价，包括了学生的对象与场合意识、把握重点与要素的能力及表达的具体生动程度等。教师则应当把"口语交际"教的方法、学生学的过程表现和口语实践能力三个方面，与课堂评价和作业评价等结合起来，这样才能给学生切实有效的帮助，同时也提升教师自身的"口语交际"能力。

综上所述，在"口语交际"专题教学中，我们应当立足教材，树立学段教学要求的意识和课型意识，树立学习资源利用意识；基于新课标的教学实践要求，讲究情境设置、注重语言学用、重视思维训练、落实教学的评价效益。最终，教师要以学生为主体，搭建多元的学习支架，实现"口语交际"教学的育人功能。

（乌鲁木齐市第七十四中学　郝蕾）

参考文献：

[1] 中华人民共和国教育部. 义务教育语文课程标准（2022年版）[S].北京:北京师范大学出版社,2022.

[2] 方杰. 中年级学生口语交际学习问题诊断及改进措施[J]. 教学月刊小学版（语文）,2020(Z1):20-22.

[3] 任宏云. 高中课内"口语交际"初探[D]. 华中师范大学,2018.

第十章
整本书阅读教学案例与研习

祥子的"微信"世界

——《骆驼祥子》整本书阅读教学设计课例

【教学目标】

1.梳理人物关系图的发生与发展,深入理解悲剧"一波三折"的艺术结构。

2.感受主要人物形象特点,聚焦"小人物"和"北京洋车夫"群像,挖掘祥子人生悲剧的成因。

3.揣摩"京味"语言,感受作者对社会和人生的热爱与思考。

【教学重、难点】

1.通过对祥子北漂之路的梳理,体会中国传统小说"一波三折"。

2.通过人物形象的类型化对比,分析小人物"和"北京洋车夫"的形象塑造,推衍祥子悲剧的原因及意义。

3.通过经典片段的欣赏,感受"京味"语言在表情达意上的巨大魅力。

【教学内容】

第一课时

一、请同学们填写祥子的微信通讯录,梳理复杂微妙的人物关系

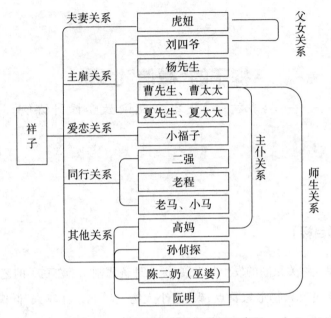

图10-1 《骆驼祥子》人物关系示意图

明确:《骆驼祥子》展现的是20世纪20年代的时代苦难和社会黑暗,书写的是人力车夫祥子的悲剧故事。

祥子经历的那些事,一步一步吞噬了他的梦想,击碎了他的信念,让他沉沦。

祥子身边的那些人,一点一点毁坏了他的生活,改变了他的个性,让他堕落。

祥子居住过的那些地儿,一处一处熏染了他的性情,破坏了他向上的生活态度,让他走向了彻底的毁灭。

二、感受人物形象

1.以下是祥子发布的朋友圈,"北漂之路",请大家完成排序,并用一句话进行评点。

(1)我确乎有点像一棵树,坚壮,沉默,而又有生气。我决定去拉车,就拉车去了。赁了辆破车,我先练练腿。(1章 租车)

(2)我的手哆嗦得更厉害了,揣着保单,拉起车,几乎要哭出来。拉到个

僻静地方,细细端详自己的车,在漆板上试着照照自己的脸!(1章 买车)

(3)我心里想两块钱到底是两块钱,我盘算着……还没拉到便道上,我和光头的矮子连车带人都被十来个兵捉了去!(2章 丢车)

(4)我带走这几匹牲口,虽然还没想起骆驼能有什么用处……我由黑暗中迈步,再走入黑暗中;身后跟着那不声不响的骆驼。(3章 出逃)

(5)我想找个地方坐下,把前前后后细想一遍,哪怕想完只能哭一场呢,我愿意找个清静地方,我知道自己眼眶中转着的泪随时可以落下来。(4章 孙侦探抢了钱后)

(6)我刚想收步,脚已碰到一些高起来的东西。脚到,车轮也到了。我栽了出去。咯喳,车把断了。“怎么了?”曹先生随着自己的话跌出来。(7章,拉包月)

(7)把车买好,可是我总觉得有点别扭。最使我不高兴的是黑漆的车身,而配着一身白铜活,老觉得这有点丧气,像穿孝似的。(17章 虎妞买车)

(8)我的车卖了!我像傻了一般,看着大家忙乱,他只管往外掏钱。(19章 虎妞去世卖车)

(9)街灯发着寒光,我心中觉得舒畅的发热,从此要重打鼓另开张,照旧去努力自强,今天战胜了刘四爷,永远战胜刘四爷。(22章 碰见刘四爷)

(10)多么体面的我,变成个又瘦又脏的低等车夫。我的车也不讲究了,什么新车旧车的,只要车份儿小就好。(23章 小福子吊死)

小结:

这是“洋车迷”祥子的故事,他拼命买车,丢车、卖车、租车终失车的凄惨经历,让人同情。

这是“倒霉蛋”祥子的故事,他受尽了大兵、虎妞、刘四爷、孙侦探等人的凌辱,让人愤怒。

这是“末路鬼”祥子的故事,他从人和车厂到宅门、再到大杂院、白房子处处,让人悲叹。

2.试着为“我”设计微信头像,并阐述原因。

$$
骆驼祥子 \begin{cases} 表层:与情节相关。偷骆驼、卖骆驼、说梦话。 \\ 深层:与人物有关。他善良纯朴,热爱劳动,对生活具有骆驼一样 \\ \qquad 的积极和坚韧的精神。 \end{cases}
$$

三、发现小说主题

以下是祥子通讯录里的人物备注和标签,请大家仔细阅读,完成任务。

1.猜猜她是谁。

(1)她是全院里最矮最丑的妇人,奔脑门,大腮帮,头上没有什么头发,牙老露在外边,脸上被雀斑占满,看着令人恶心。(二强嫂)

(2)她是车厂主刘四爷的女儿,长得虎头虎脑,还有一对虎牙,"象个大黑塔",她什么都和男人一样,连骂人也有男人的爽快。(虎妞)

(3)她比小福子美多了,而且香粉香水地沤着,绫罗绸缎地包着。不过,她虽然长得美,打扮得漂亮,可是他不知为何一看见她便想起虎妞来。(夏太太)

(4)她是圆脸,眉眼长得很匀调,可是结结实实的并不难看。上唇很短,无论是要生气,还是要笑,就先张了唇,露出些很白而齐整的牙来。(小福子)

(5)她拿着药瓶,立在屋门口里:"待会儿你自己抹抹吧。我说,为这点事不必那么吃心。今儿个的事,先生既没说什么,算了就算了,何必呢。"(高妈)

(6)她敢破口就骂,不论先生,哪管太太,招恼了她就是一顿。他们遇到张妈的蛮悍,开始感到一种礼尚往来,英雄遇上了好汉的意味,所以颇能赏识她,把她收作了亲军。(张妈)

2.给他分分类(北京的洋车夫)。

《骆驼祥子》一开篇就用很长的篇幅介绍了北平人力车夫的各个派别,以及每个派别的"跑法"、路线、与客人交往的规矩等。请你按照作者的划分,给下列车夫们分分类:

老马、小马儿、老程、祥子

北京的洋车夫是一群被榨干了血汗,最后走向乱坟岗子的人,他们无一不是丢了车子,丢了人生追求,丢了人格与坚强,最后沦落为街头流氓。

3.围绕话题"小人物有大作用"说话。

(1)有车的小马儿和他的祖父,不过是继续贫困的生活直至死亡。最后,小马儿对祥子说的一番话让祥子放弃了最后一次要强的打算。

(2)有钱的虎妞,她性格异化是不合理的社会和剥削家庭造成的,而她介入祥子的生活,又造成了祥子身心崩溃的悲剧结局。

(3)无车的二强子,有正义感的他因生活的重压变得扭曲,变得不再"要强",落魄潦倒、自暴自弃,甚至逼迫女儿做暗娼,让人哀其不幸,怒其不争。

(4)无钱的小福子,被逼迫着走上了卖身的道路,最后上吊自杀,是被侮辱的、可悲的人物。她的一生也许就是那些大杂院里的女孩必经的道路。

小结:小人物往往生活在社会的底层,社会地位低下,被称为"底层百姓"。

《骆驼祥子》中的小人物们,在祥子"北漂之路"中一一穿插登场,对祥子艺术形象的塑造起到了推动作用。

《骆驼祥子》中的小人物们,他们勉力维生的悲剧命运从一开始就被安排好了,他们以群像的方式出现,对祥子艺术形象的塑造起到了衬托作用。

《骆驼祥子》中的小人物们,他们没有自"强",没有"祥"瑞,没有"福"祉,他们都走投无路,被逼向绝望和绝境。对祥子形象的塑造起到了深化作用。

他们的存在,聚便是一团火,即凭一群小人物之力去反映主旨;散又是满天星,即借个人丰富的人物形象塑造展现人间百态。他们的存在,印证了老舍"人民艺术家"的称号。

四、拓展型作业布置

自主二选一。

1.《骆驼祥子》围绕祥子的"北漂之路",写了很多人、很多事、很多场景,却集中紧凑、跌宕起伏。老舍先生曾说:"故事在我心中酝酿得相当的长久,收集的材料也相当的多,所以一落笔便准确,不蔓不枝,没有什么敷衍的地方。"请完成《〈骆驼祥子〉好书推荐——结构艺术篇》。

2.很久很久,祥子再也没有出现在老北京城的胡同里,周围的人们都说祥子"死了"。请完成黑名单的填写,分析谁是祥子最大的噩梦,谁杀死祥子的灵魂。

表10-1　有关祥子灵魂被异化的黑名单

姓名		性别		年龄	
灵魂被异化前的心理、身体状态描述					
灵魂被异化后的心理、身体状态描述					
可能的凶手A		理由		实质	
可能的凶手B		理由		实质	
可能的凶手C		理由		实质	

第二课时

一、作业交流

1.请同学们交流并整合《〈骆驼祥子〉好书推荐——结构艺术篇》。

明确:

(1)单线索结构。围绕祥子"希望—奋斗—绝望"直到堕落(三起三落)的奋斗史展开情节,引出人物,充分展示了祥子性格发展变化的轨迹。

(2)螺旋式叙述。用三个相同的叙述模式来表现祥子的"压迫—挣扎—恶变",揭示了主人公在悲惨年代里努力挣扎却还是坠入深渊的悲剧命运的必然。

(3)对比、呼应式手法。小说利用喜剧开头突显祥子悲剧的结尾,迸发出撼人心弦的力量,进而向万恶的社会提出强烈的控诉。

2.请同学们交流并整合《有关祥子灵魂被异化的黑名单》。

明确:

这是命运悲剧,表达了对被侮辱、被损害的弱者和挣扎在社会底层的劳动人民命运的关怀和同情。

这是时代悲剧,揭示了在半殖民地半封建的时代背景下,"底层劳苦大众的悲苦命运是共同的"这一事实。

这是社会悲剧,批判了摧残人的旧社会,说明了仅靠个人奋斗去摆脱贫穷是行不通的路。

老舍先生用文字将一群被遗忘在社会角落里的人物鲜活地显现在纸面上,表现了对城市底层的劳苦大众的人生出路的思考。

二、圈点批注

(第一章节选)此外,因环境与知识的特异,又使一部分车夫另成派别。生于西苑海甸的自然以走西山,燕京,清华比较方便;同样,在安定门外的走清河,北苑……

(第十四章节选)刘家的事办得很热闹。刘四爷很满意有这么多人来给他磕头祝寿。更足以自傲的是许多老朋友也赶着来贺喜……

(第十八章节选)街上的柳树,像病了似的,叶子挂着层灰土在枝上打着卷;枝条一动也懒得动的,无精打采的低垂着……

以上三则材料是祥子朋友圈发布的工作日常和所思所想。请大家进行圈点批注,评点一下这则带有“京味儿”的“微信记录”。

明确:

1.风光化——取材具有地方特色。

(1)描写北京特有的地理风物,如西安门大街、南北长街、天桥等,北京城变成了活生生的场景,可知可感。

(2)描写北京特有的“洋车夫”职业行为以及人物的职业性格和气质,使得人物本身成为一种可以识别的景观,使得故事真实、亲切、立体。

2.通俗化——创造性地运用北京市民俗白浅易的口语。

用词:儿话音、北京口语。“您横是快六十了吧?”

用句:长短句的精心配置与灵活调度,善于运用三项并列的结构。

“四六步儿不快不慢,低着头,目不旁视的,贴着马路边儿走,带出与世无争,而自有专长的神气”

3.生动化——极具生活气息。

“狗趴在地上吐出红舌头,骡马的鼻孔张得特别大,小贩们不敢吆喝,柏油路化开”贴切的比喻,再现老北京人普通的生活画面,鲜活纯熟,平易而不粗俗,精致而不雕琢。

4.民俗化。

如刘四"庆寿"还保存着旧有的仪式与气派,彰显了20世纪20年代初北平独特的文化印记,表现了京腔京韵特有的北京风情。

5.细腻化。

文中以天"发了狂"为引线,从多方面描写街市上天气的酷热,以及在这样天气里人们的种种表现,展示了一幅夏季北京街头的风情画。而笔墨的重点则是祥子变化、矛盾的心理,使人具体地感受到他的痛苦与辛酸。

三、拓展写作

关注了很久祥子的微信世界,请你选择以下任一专题进行有意重读,分析,写作,试着研究平实俗白语言的反差意味,挖掘主题的含蓄性与深刻性。

1.人名的反讽:"骆驼祥子""小福子""杨太太"。

如:祥子,用"祥"字之美好的表象暗示其一生之不幸的真相。祥子的人生从美好的至真至善中开始,却在丑陋的行尸走肉中结束,真是悲哀、讽刺。这种吉凶征兆的暗藏、美好的毁灭,是作者将自己的同情和悲悯藏在了这个名字里的。

2.语言的反差。

(1)简单平实的人物语言。

"况且,可以拿到手的三十五块现洋似乎比希望中的一万块更可靠,虽然一条命只换回来三十五块钱的确是少一些! 就单说三条大活骆驼,也不能,决不能,只值三十五块大洋! 可是,有什么办法呢!"

这是矛盾的心理。几句朴实无华的话是卖骆驼的生意账,也是劳动人民无奈账。白话朴素通俗,却不缺深度和力量:作者对生活中祥子的想法进行实录,恰当地展现了祥子的性格。

(2)耐人寻味的叙述语言。

"雨下给富人,也下给穷人;写给义人,也下给不义的人;其实,雨并不公道,因为下落在一个没有公道的世界上。"(十八章)

其实只是单纯的雨而已,所谓不公道,不过是下落在一个没有公道的世界上。这句实际上是表达了对社会的不满,呈现在统治阶级的剥削和压迫下,穷苦人民没有公道的现实。

3.景物的象征。

如:十七章"大杂院"。

生活在这个环境中,祥子继续为着自己的奋斗梦想,他的抗争显得这么无力,那些大杂院的肮脏与丑陋、虎妞的自私与懒惰、邻居们的贫穷与颓丧、艰难与绝望,这一切似乎成了祥子的宿命。

小结:

1.京味儿语言通俗简白,延展开一幅老北京的底层人民的生活画卷,使主题更加生动。

2.反差式语言深刻警示,鞭挞旧社会的罪恶,闪烁着进步思想的奇光异彩,使得主题更加深刻。

课堂小结:

老舍用鲜活幽默而又意味深长的语言写尽祥子风雨度岁月的旧中国老北京贫苦市民的典型命运,这样的凄惨悲剧具有震撼人心的深远意义。

四、作业布置

人物欣赏,二选一。

1.祥子很挂念死去的小福子,请在朋友圈,备用五张照片回忆他与她的生活点滴,给每张照片拟一个恰当的小标题,并记录"这一刻的想法……"

2.虎妞难产死去,祥子心中百味杂陈,请在朋友圈,备用五张照片回忆他与她的生活点滴,给每张照片拟一个恰当的小标题,并记录"这一刻的想法……"

《骆驼祥子》整本书阅读教学说明与反思

背景信息

新课标提出的"整本书阅读的目标",强调了课程的综合性与实践性,着眼于学生的核心素养。教师的"导读"影响着学生的独立、深度阅读的高级能力。但这一内容以课内导读的方式实施,还是存在现实困难。随意性阅读、应试型阅读、教师代读的情况普遍。《骆驼祥子》讲述了旧中国北平城中人力车夫祥子的悲惨故事。老舍对城市平民的生活进行了细致的描写,拓宽了新文学作品的表现范围;巧妙的叙事策略(三起三落的人物命运、反讽、象征等)是老舍高超而又艺术化的情感表达;原汁原味的北京口语生动、凝练、精当、幽默,又颇具地域的韵味和讽刺的意味;大面积地反映了旧中国底层城市人民的苦难生活,表现出了老舍对"病态的城市文明给人性带来的伤害"进行思考的独特立意……这都彰显着这部小说在现代文学中的代表性地位。若能真实发生深度阅读与梳理、鉴赏式阅读与品味、思辨式阅读与表达,那么学生的收获亦是丰厚的。

小说"单线索结构、螺旋式叙述"的传统模式看似简单,却是此类现实主义作品第一次以这样直接、沉重、复杂的一面走进语文课堂,走进十三四岁的少年学习生活。情节的梳理与概括、人物的理解与分析、主题的思辨与阐释和语言的深读与品析,都是文学类阅读无法规避的教学内容。以"教师代读"的导读模式虽然能够用最经济的时间实现小说基础知识的漫灌,但缺少了学生实践的过程。常态的"训练化"阅读模式,又让学生失去了大量的语用资源和思想提升的机会,使得"长篇""文学"作品失去了光彩。

为此,教师的设计活动,关注实践活动的情境和生成,实现"导—读—评"一体化的阅读路径,解构浩繁的名著极为隐性的工具性与人文性特点,带来最好的课堂收益。

初次设计是根植于教材中《骆驼祥子》的名著导读。我们关注整本书阅读出现的位置:七年级下册第三单元"平凡微光"之后,名著导读除《骆驼祥子》之外还有《红岩》《创业史》。不管是长篇还是短章,编者都是把"小人物大时代"当成一个群文阅读任务在组材。因此初次导读,是一篇沉重的主题阐释,更像是抽象的小说阅读指导手册。我们试图从整体规划具有连续性和差异性的学习内容:将宏观视野下的"讲了什么故事""为什么讲这样一个故事"和微观角度的"怎么讲的故事""故事讲得怎样"纳入导读的课堂,有针对性地开展考点辅导和阅读鉴赏,面面俱到。繁复的教学环节也许可以完成,但学生一定缺少有深度的见地,"京味儿"似乎除了儿话音、方言再无其他认知,特殊年代下的"小人物"的个人奋斗意义也就是粗浅的"悲剧"而已。我们经过交流和研讨,反思了以下问题:①《骆驼祥子》的诸多基本情况怎样统整到单元教学活动中? ②名著导读所给专题仅是一个方向上的参考,教师能不能放手让七年级的学生自主阅读、写作? 怎么设计具体的语文实践活动更有操作性的抓手? ③"圈点批注"的阅读方法怎么和小说的语言风格和艺术特色高度融合? ④关于《骆驼祥子》的这类"整本书",该如何调动学生的积极性,跨越时代的隔膜和生活的鸿沟来看待祥子的生活遭遇、城市"文明"和人性的异化这类深刻的命题呢?

教师应思考:"整本书阅读"学习任务群的设计要有宏观意识,在着眼培养文本理解能力的基础上,充分顾及教材所给的专题导向,努力实现学生自主合作的个性化、创造性的阅读:第一,活动任务要有"大单元"意识。本单元"小人物"的群文阅读是具有共性的,教师要抓住琐碎与平凡之下表现的深刻与艺术。第二,活动任务要有实操的可能。对于七年级的学生,要降低长篇小说的阅读难度,课堂活动就要化繁为简,积极搭建学生的阅读平台,减少大篇幅的归纳、整合与写作，利用好传统的分类整理、朗读、概括、分享、讲述等方式，划定阅读区域，给出范例，规范小结。第三，活动任务要有挑战的情境。尝试改变核心知识识记和精彩句段鉴赏的教学形式，融入中考的整本书阅读考查题型（推荐写作、思维导图绘制，表格填写、情节排序等形式），结合学生的年龄和认知，变检索式阅读为表达式阅读，变接受式阅读为思辨式阅读。

案例正文

《骆驼祥子》是运用全知视角来叙述的，对后续的此类"整本书"阅读有着非常重要的意义。通过三次不同教学设计思路的变化，可以看出师生共读、巧设任务、创设情境的做课理念，将整本书阅读由"提要钩玄"发展到"圈点批注"，将学生由课堂聆听者转变为主导者，将课堂活动由检索与印证变为思维的碰撞和认知的更新。

一、基于名著导读教材要求的初次教学设计：以师代读式"长篇"导读教学

最初的"导读"，我们亦步亦趋地实践着单篇短章的阅读经验，由"整体感知"到"细部观察"再到"探索发现"。《骆驼祥子》是长篇，教学素材繁多。教材给出的教学内容是纲领，所以我们设计的导读课是"连续剧"。

首先，老师采用讲解法，"告诉"小说的相关基础知识，让学生在最经济的阅读时间内有了清晰、初步的感知，再以"最'好'的一本书"为任务实现对学生前置性阅读和阅读重点展开了解。但每一位教师对《骆驼祥子》的阅读体验和整合侧重是不一样的，这样的讲解难免落入教师理解矮化和通识共性浅化的窠臼，虽然有引导，但缺少吸引力。

接下来老师依托名著导读中的四个专题展开分组阅读，将学生完成的读书报告进行交流与分享。但是这样的任务有对阅读资料的摘选，有对相关内容的梳理，有对具体问题的分析，有对"读书报告"文体的熟练运用，有对语言表达能力高标。这样的综合性任务，学生仅仅运用前期的浏览成果是不可能

有"真"的表现,课堂上看似有深度的见地,可能都是网络借鉴的结果。

最后,运用"圈点批注"的方法细读选段,感受小说的艺术风格。老师"细致地辅导不同的批注类型和范例,然后就第一章和第二十四章中印象深刻的一处文字展开应用,并进行对比阅读。可是"印象深刻"的标准是什么?是语用方面的炼字、析句、修辞、表达方式、谋篇布局,还是人文领域的人物形象、悲剧命运、情感表达?这样的阅读任务,学生的"有话可说"是浮泛于表面,是可以自主完成的,并没能实现将学生的认知水平和思维发展引向纵深的教学目标。

观察上述教学设计思路,整本书阅读的导读教学任务是"厚重"的。经典著作的阅读需要老师有"真"的引导。我们提前阅读,提炼一整本书的教学素材并进行整合,导读设计既要结合单元教学和同体作品的特点,又要有较高的课程站位,既要有师生"真参与"的设计理念,又要有灵动的、有吸引力的活动组织。教材无非是个例子,我们一旦拘泥于此,我们的设计可能就是僵化的,这样"以师代读"的导课就会带出许多走捷径的、功利的"做题家"。

二、斟酌任务活动实施的改进教学设计:有了探究的味道

教师继续探索了教与学方式的变革,就有了第二次设计:准确定位课程性质(导读课、推进课、提升课),有取舍地计划每节导读课都设计相应的阅读

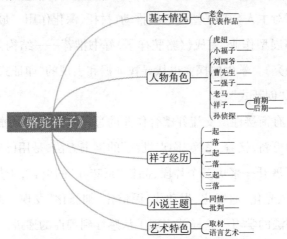

图10-2 《骆驼祥子》整本书阅读思维导图

任务和活动形式,驱动学生的自主阅读和深入阅读,完成教材导读标高。

导读课,教师试图运用思维导图的活动,了解学生前置性阅读的情况,完成小说基础知识梳理。在学生在自主阅读的前提下,放手课堂教学时间,进行初步的"阅读与鉴赏、表达与交流、梳理与探究"。绝大多数学生都能很顺利地通过自读完成任务。而"要求学生在这张思维导图上添加图片要素并说明理由"的任务安排就有了学生个性化的阅读体验。

推进课,教师设计了"小人物欣赏与探究"的任务群。首先,引导学生填写表格,梳理复杂微妙的人物关系。明确《骆驼祥子》书写的是以人力车夫祥子为主人公的悲剧故事,他的人生受到那些事、那些人和那些地儿的影响,一步步走向了毁灭。然后,展示十个祥子"北漂之路"的关键节点,要求学生完成排序,并用一句话进行点评人物故事,明确"洋车迷"祥子的奋斗故事、"倒霉蛋"祥子的悲剧人生、"末路鬼"祥子的命运之绳,从而顺理成章地探究出标题"骆驼祥子"的含义。接着,教师设计了更多"小人物"的欣赏:"猜猜她(女性)是谁""给他(洋车夫)分分类"的活动任务,再次重读小说,并将教材导读中的专题探究主题"话说'洋车夫'"融合在活动中。"小人物"的大量出现,强调了城市贫民阶层的悲哀,他们的丰富存在,展现了人间百态唯"苦"一统的残酷现实。"假如没有这个人"的话题,又能将学生在自主探究的过程中发现这些"小人物"对主人公祥子塑造起到推动、衬托、深化作用。最后,教师设计了二选一的拓展型作业,完成《〈骆驼祥子〉好书推荐——结构艺术篇》和《祥子悲剧命运探究》。学生的探究也从寻找证据和表现的"印证式""检索式"变成了"开放式""创新式"。

提升课具有衔接性。交流并整合作业的过程有思维的碰撞和提升,更有认知的变化和更新;接着,落实"圈点批注"的读书方法,是用已知单篇精读习得的"鉴赏法"展开—聚焦三个片段,品析"京味儿"的语言,于是"京味儿"的解读就有了"风光化、通俗化、生动化、民俗化、细腻化"发现。此时顺势导入圈点批注读书法的学习。这样就实现了从感性到理性的递进。"应用"的活动设计:试着研究"平实俗白语言的反差意味,挖掘主题的含蓄与深刻"。我们示例,引导学生圈画出质疑之处、感悟之处,就"人名的反讽""简单平实的人物语言和耐人寻味的叙述语言之间的反差""景物的象征"做出批注,实现了对"质疑式批注"和"感悟式批注"的习练。

整个课程设计,既有较高的大单元教学目的的站位,又有实践性强的任务规划,又有"圈点批注"的读书方法的学习,较好地激发学生阅读的主动性。

三、增设情境的升级教学设计:营造了"活泼有趣"的学习氛围

《骆驼祥子》是以20世纪20年代的旧北京为背景的,虽然祥子的故事生动,市民的生活立体,老北京风情特别,但怎样实现学生由"做任务"到"有兴趣",由"我得读"到"我要读"的转变? 我们努力创设了真实而富有意义的学习情境,将第二次的设计融合,出现了"活泼有趣"的第三稿:祥子的微信世界。比如:填写祥子的微信通讯录,阅读祥子发布的"北漂之路"朋友圈系列文案,阅读祥子"通讯录里的人物备注和标签"完成猜谜、分类,阅读祥子的京味儿"微信记录"进行点评……对"微信"极为熟悉的中学生一定会乐于完成这样的阅读任务。这样美好的学习氛围,一定会带来有深度、有创意的个性表达。

教师对于整本书阅读的认识:导读教学要努力做到"真实、有效"离不开老师"大单元、大任务、大情境"精益求精的设计。

整本书阅读,教师要努力对标大单元的教学目标,以学生的实践活动为主线设计任务群。"导读"的开展,既要有课标的上位要求,又要拉近学生与名著之间的距离;既要"教读、共读、导读"三位一体,又要对学生有更多的尊重与理解。

这就需要教师在设计教学活动时,真正做到"以生为本"。常识类、应试类的内容,完全交给学生通过各种跨媒介阅读自主完成了解与识记;规律类(小说的阅读、圈点批注的读书方法)的知识,则需要老师的引导和整合,做好由具体到抽象的认知再到实践运用的过程;生成性的阅读能力和思维进步,则需要老师运用智慧搭建平台、拓宽领域。

当然,越是有趣的情境,教师越要关注学生的阅读走向。学生对经典作品的感知不能脱离文体的共性,对主题的把握不能脱离时代的背景和作家的思维体系,对艺术风格的鉴赏不能脱离实事求是的考量。对于学生的阅读生成,教师的尊重与理解是在纠偏扶正的基础之上的。

教学反思

"整本书阅读"是培养学生语文能力和语文素养的"重头"课程,蕴含着"以文化人"的国家课程意志。通过反复设计教师应当逐渐认识到:每一部经典的艺术魅力和打开方式是无限的,探索和创新导读设计会让语文课堂充满生气。这就需要教师在认真研读课标和整本书的基础上,不断提升自身素养,统整课程内容,设计增效的任务群,让学生在实践的过程中不断进步。"百尺竿头不动人,虽然得入未为真",以此激励教师最好的导读课设计是下一稿。

整本书阅读专题教学探析

　　"整本书"是相对于语文教科书中单篇短章的阅读而言的,是指具备"主体独立性"与"生命独特性"的书。这一学习任务表现在统编本语文教科书中是以"名著导读"的板块形式来具体体现的。

　　新课标对"整本书阅读"的课程目标有了明确的界定,在义务教育第二学段(3—4年级),要求"初步理解主要内容,主动和同学分享自己的阅读感受"。到了第四学段(7—9年级),则要求"每学年阅读两三部名著,探索个性化的阅读方法,分享阅读感受,开展专题研究,构建阅读整本书的经验,感受经典名著的艺术魅力,丰富自己的精神世界"。这样的课程目标加强了各学段的衔接,依据学生在认知、情感、社会性等方面的发展,进行了合理安排,体现了名著阅读板块学习的连续性与进阶性。

　　新课标提出的"整本书阅读"的相关要求,坚持了目标导向,增添了语文课程的思想性,精选对学生终身发展有更大价值的内容,进行减负提质,强化了语文课程的综合性与实践性,着眼于学生的核心素养。但是"整本书阅读"这一课程内容以课内阅读的方式实施起来还是存在现实困难,随意性阅读、应试型阅读、教师代读的情况较为普遍。我们将这一课程定义为"拓展型任务群",就是要运用整本书的相关阅读任务进行驱动,培养学生的理解能力和鉴赏能力,形成个性化的解读,培养学生独立进行深度阅读的高级能力。为此,教师应对整本书阅读教学进行了具象化分析,聚焦文化自信、语言运用、思维能力和审美创造的核心素养,努力实现这一板块关键阅读能力的形成。

一、基于新课标的思考

新课标关于名著阅读的"教学提示"是这样要求的：

第一，要合理安排好课内外、个人与集体的读书活动，最好把每个学期的整本书的读书时间都集中起来，老师的引导与同学的自学相结合，确保同学们有足够的时间在上课时完成一本书的读书。引导学生对各种类型书籍的特征和价值有充分地了解，并以自己的实际情况为依据，来确定阅读的目的，对书籍和合适的版本进行选择，对阅读时间进行合理安排。要营造一个自由阅读、快乐分享的气氛，要善于发掘学生在阅读一整本书过程中所获得的成功体验，并适时地进行交流和分享；善于发现，维护，支持自己的原创观点。

第二，在整体的阅读中，要注重学生的自主阅读，引导学生了解并熟练运用各种阅读策略（粗读、精读、略读等）；通过阅读全文，把握全文的主旨，注重整体与部分、部分与部分的相互关系；要重视序言，目录等内容的在整本书阅读中的重要作用。设计并组织各种形式多样的语文实践活动，比如师生共读、同伴共读、朗诵会、故事会、戏剧节等，还可以组建一个读书共同体，让大家一起交流读书心得，一起分享阅读经验。

第三，在进行读书活动的实际需要的基础上，合理地推荐并使用合适的学习资源，例如，拓展阅读的书目、参考资料，以及相关的音频、视频作品等，以此来提高他们的阅读兴趣，充实他们的阅读经验，扩大他们的阅读范围。利用信息技术，帮助学生拓展他们的学习空间，为他们提供一个可以写作、展示、研讨和交流的平台。

第四，注重对整个阅读过程的动态评价，以阅读态度（读了没有），阅读方法（读好了没有）、读书笔记（读懂了没有）为依据进行全面评估。老师们可以以阅读的主要环节为中心，制定出一个评估量表，并制作出一个阅读反思单，指导学生从阅读方法、阅读习惯等方面展开自我反思、自我改进。

教师应关注到，新课标对这一拓展型任务群进行了统筹规划与重点发展：名著导读中推荐的整本书学习是以中华优秀传统文化、革命文化和社会主义先进文化等为主的。在这一背景下，我们要积极地开发、合理地利用各种资源,积极地探索在互联网环境下的新的教学方法,对学生的个体化的阅读选择给予足够的重视,发挥师生在教学过程中的主观能动性和创造性,从而设计出一种具备宏观视野的阅读任务,驱动学生完成任务,用以匹配语文的核心素养的发展。

教师应关注到,"整本书阅读"拓展型任务群有全方位与多角度的教学抓手。层次井然递进的名著文选,内容丰富多彩的学习情境,形式灵活生动的实践活动都是宝贵的教学资源和方式。我们可以采用一些方式,比如,学生在小组和班级之间进行交流、展示学习成果等,对他们的阅读量、阅读面以及阅读的兴趣和习惯进行了测试和调研,从而将静态的语文知识转化为动态的能力发展,并与其他五大语文学习任务群形成多元叠加,试图通过整本书阅读的层次性、情境性、实践性和综合性,来提升学生的语文核心素养。

教师应关注到,"整本书阅读"拓展型任务群实现了"导—读—评"一体化的阅读路径,解构浩繁的名著极为隐性的工具性与人文性特点。在具体的教学过程中,教师应当在认真研读新版课标和名著导读材料的基础上,不断提升自身素养,统整整本书的课程内容,创新多种不同课型的教学模式,加强阅读的过程性评价,使这一任务群真正成为培养学生语文能力和语文素养的重点课程,真正实现"以文化人"的国家课程意志。

二、教材中"名著导读"选篇概况素养目标构建

统编初中语文教科书把语文的育人价值与学科的专业属性有机地结合起来。同时有序整合相对零散的阅读版块,单篇选文、单元主题、单元选文与名著导读互有联系,架构了教读、自读、课外阅读三位一体的阅读教学框架。纵观整个义务教育阶段"整本书"的阅读教学,就像一张大网,脉络纵横交织,又各有侧重。第四学段的整本书阅读指导重点体现于十二次的"名著导读"栏目。兴趣是最好的老师,方法是最佳的伙伴,实践会帮助学生提高阅读水平,为终身学习奠定基础。

横向观察,"名著导读"有古今中外诗歌集、中长篇小说、散文集等文学名著,如《红星照耀中国》的入选,使得革命英雄的爱国精神和人格魅力充分展现,正确的价值观和必备品格在阅读中潜移默化,从而发挥语文课程的育人功能;"名著导读"有专题任务,通过大量的阅读情境和实践,"在语言文字运用情境中,发现、感受和表现语言文字的魅力",从而促进不同阅读方式的变化与提升,不同体裁的阅读技巧的通晓与实践,类似名著的拓展阅读和自主阅读等。

纵向梳理,推荐阅读的读本的多种类型与读书方法的环环相扣、循序渐进,共同构成"名著导读"为板块的阅读网络。如《湘行散记》位于七年级上册第一次名著导读"消除与经典的隔膜"中推荐的选读著作,对于后续的八年级下册第五单元"现代游记散文"的深入学习提供方法和指导,我们发现名著阅读与现代游记散文的单篇教学之间的递归关系,整体观照单元目标,我们设计了这样的教学活动:抓住文体特质,解决游踪风貌、观感的基础型任务群,在共情与理性中游山历水;设计结构性问题:"最美的景、最真的人、最纯的情"的鉴赏类活动、"我读到了这样的沈从文"的发现类活动中读出散文的厚重感与责任意识,在学习与思考中提升素养;构建审美支架,通过品味意象、感受表现手法和分析叙事技巧,在沉浸与体会中感受诗意湘西。这样成系列化的读书活动立体化的学生阅读体验,真正为学生的鉴赏与表达赋能。

于是,教师在"导读"的过程中,必须完成三个引导使命——走进名著、持续阅读、走出名著,使学生在阅读的语文实践中获得个性化的审美体验,提高审美品位,并且学会表达与思考。

三、整本书阅读教学策略

新课标要求广泛阅读各种类型的读物,课外阅读总量不少于260万字,每学年阅读两三部名著。对于动辄上万字的名著我们怎样举重若轻地把书读薄?怎样才能实现语文核心素养的积淀?这就需要老师运用教学智慧实现整本书的内容解构与重建,艺术价值的深入探究与发掘,围绕主题阅读广泛勾连。

1.统筹好整体规划,让学生在期待中成为无畏的探索者。

整本书阅读,重在"整",要求学生在浅阅读的基础上,对名著的所有内容从不同的角度进行重新梳理、整合,内容重构必须在贴合名著内容的基础上,以某个线索为纲,提炼关键信息,重新梳理整本书内容。

(1)利用整本书的周边资源。目录、前言和后记对于解构整本书的角度包括人物关系、因果关系等逻辑关系的角度,事件发生、发展的时间关系角度,事件发生地点的空间角度等。如《钢铁是怎样炼成的》有多个版本并没有章节标题,只标注顺序,教师可以让学生在读完每一章节后,概括内容拟写标题。这就是将每一章节内容进行提炼、整合、内化的过程。在掌握整本书内容的基础上,引导学生从空间角度、人物关系角度梳理整本书内容,形成新的体系、新的理解,学生对内容的掌握和理解也会更加深刻。以下是学生从人物关系和事件发生地点的角度梳理的结果。通过以上内容解构、重构的过程,学生对于《钢铁是怎样炼成的》中主人公保尔的人生经历更加熟悉,理解也更加透彻,这对把握保尔形象、作品主题等起到了重要的作用。

(2)做好具体的阅读计划。对绝大多数中学生来讲,名著历经岁月淘洗,其间人物生活的血泪、作者对人生的独特感悟对现在的学生而言,缺少共鸣。我们要让学生在阅读中将数万字的阅读量分解到每周每天,让学生逐步达到规定的要求,实现由兴趣阅读到意志阅读的跃进。所以名著阅读的展开必须结合课内与课外。课外开展具体明确的阅读任务,课内进行形式多变的分享交流,才能实现阅读成果的沉淀。如《骆驼祥子》全书共二十四章,大约21万字。设计好"整本书阅读计划",建议用到4—5周时间完成整本书的阅读及相关活动。同时还要设计"一周阅读计划"规定阅读的章节和阅读指导检查方案。第一章"洋车夫"有很多派,祥子到底属于哪一派? 祥子的梦想是什么? 为什么有这样的梦想? 祥子是如何拥有第一辆车的?《骆驼祥子》第二章:祥子有了新车后是怎样接下"清华园"那单生意的? 他是怎样逃出大兵的营地的? 这样持续阅读能够保证学生能在任务驱动下进入沉浸式阅读模式。

(3)建设恰当的课程类型。在阅读名著两个月左右,我们可以根据阅读的阶段建设恰当的课型来积极推进这一拓展型任务群的开展。一般说来,我们设置四种课型:导读课,可以明确阅读目标,激发学生的阅读兴趣,保障学生能够快速进入阅读状态的环节,使学生的阅读更有针对性和方向性。推进课,指导学生进行深度阅读,培养对知识的长久的兴趣与好奇心。分享课,属于阅读后巩固的一种重要方式,在进行交流的过程中,学生们可以将自己的阅读内容、阅读感悟、阅读方式等进行交流,从而达到取长补短、共同提高的阅读效果。总结课,需要针对该部名著的最重要的相关知识进行重新整合和梳理,用最直观、最密集的有意强化,让学生可以顺利地应对中考。师者不同的授课形式突出了阅读中学生的主体地位、个性化体验,更有针对地促进阅读效率的提升,更加高效地沉淀阅读成果,从而形成语文核心素养。

2.设计好课堂活动,让学生在获得中成为主动的阅读者。

(1)放手课堂时间,推进学生的专题阅读。阅读是需要时间的。"双减"背景下,我们更要舍得占用课堂时间,只有老师重视了、分享了、表率了,学生也会有意识模仿起来。如课前三分钟安排了"朗读者"的活动,每周一节名著阅读分享与交流,课后服务安排每周一次的"集体阅读""专题阅读",如《骆驼祥子》的导读中专题三:话说"洋车夫"。我们先选定关联"洋车夫"的章节展开精读,梳理。第一章(祥子)、第五章(杨先生家包月)第十章(老马、小马)、第十七章、二十章(二强子)二十章(夏家包月),然后交流阅读感受,提出阅读目标,分工撰写读书报告。洋车夫的分类、洋车夫的细节描写鉴赏、洋车夫形象的重要意义。最后,完成阅读任务,整合《话说"洋车夫"》,选择表达能力较强的组员进行班级展示。"放羊式阅读"和"专题化欣赏"的名著阅读推进模式能够让学生在自主、自由的阅读状态下去实现个性化的选择与认知,提升学生在"语言学用"和"能力训练"上的收获。

(2)设计学习任务,锻炼学生的阅读思维。教师可根据现行统编版教材对于名著阅读的指导和建议进行发掘,研究教材的名著导读部分给出的每部名著值得深入探究的艺术价值,并以此作为探究点,根据不同课段,设计课堂活动,推动学生进行名著整本书的深度阅读,从而达到深度阅读。如:导读课《昆虫记》可以通过昆虫连线相关习性、外形;推进课《西游记》可以制作兵器谱、美女图、神妖法力大比拼、最美神仙府宅的交流;提升课《傅雷家书》可以辑录"最受启发的教育箴言",交流对"父子之情"的理解。在这些活动过程中,都不只停留在名著内容感知的层面,而需要对作品的语言艺术、人物塑造艺术、思想主题价值等进行有意注意,并深入思考和专题分析。学生不仅读得兴味盎然,形成个人的独特分析、理解,而且会在阅读实践中渐渐形成自己的阅读习惯和阅读兴趣。

(3)教学读书方法,提升学生的审美体验。当名著阅读与读书方法相遇,我们要明确方法和目的的区别,"方法"是为达成"目标"而服务的。王荣生教授在《语文教学内容重构》中提到:"从真实的阅读状态中抽调具体的阅读对象(读什么),而光关注怎么读,很容易导致阅读方法、阅读技法的抽象化,导致读什么和怎么读两者的割裂。"我们要教给学生如何使用浏览法、泛读法、略读法、精读法及慢读与速读等,让学生学会摘录、裁剪、编写读书卡、编写阅读提纲等,引导他们通过阅读任务实现知识渗透,努力将零星的知识点进行系统整合,最大限度发展思维能力,这就是实践的妙处。

3.制定好多维评价方案,让学生在激励中成为积极的分享者。

新课标要求在"整本书阅读"中要重视学生的阅读全过程。教师可根据学生的阅读态度、阅读方法和阅读笔记进行评价,也可以通过小组合作、汇报展示过程中的评价量表,关注学生的知识基础、认知过程、思维方式等表现。多维评价,尊重学生个性化的阅读体验和收获,让学生在激励中成为积极的分享者。所以我们以动态的阅读评价为导向来明确名著阅读路径。宏观上,从学情、单元目标以及名著学习目标出发,设定阅读教学评价总目标,以引领整个名著阅读教学活动;从学习效果出发,让学生自拟评价标准,明确任务要求;运用过程性评价实时评估学习我们可以设定教学总目标。微观上,可以有以下三个阶段:阶段一,理清情节,通过思维导图梳理情节和内容,多角度把握典型人物形象;阶段二,探究主题,研究所读名著中情感指向、意志品格,理解小说主题;阶段三,品味语言特色,鉴赏艺术风格。

在具体的动态评价过程中,可以有以下几个维度:

首先,立足中考,做好标准化测评。当前的中考命题导向就是重视整本书阅读。经典文本的阅读题以考查考生"真读书"为主要特征,在题目类型上采用主观与客观相统一的方式,常用的有"记忆辨别题""理解概括题""赏析评论题"等,将重点放在了对名著的内容进行的剖析和欣赏上,比如对其人物形象、结构模式、思想主旨、表现手法、语言风格等进行简单的欣赏和剖析,这是对学生对其进行欣赏和评估的一种方式。这是比基本的阅读任务更高一个层次的技能。这就需要学生通过识记文章中的人物和情节,并结合自己对文章的理解做出正确判断。所以文学名著阅读必须通读原著,不能用读导读或故事梗概的方式代替原著阅读,更不能用"识记作家作品"来敷衍了事。我们可以对学生进行笔试形式的标准化考试,由教师编写考查试题,学生独立完成。除考查人物、情节、主题、写作特色以外,还可以对具体的内容进行品析、鉴赏、评估。

其次,要充分调动学生的学习积极性,注重活动表现。这种评价角度,可以让教师和学生对在学习的过程中学习成果,尤其是阅读技巧和方法的关注,进而对阅读能力的提升起到推动作用。它要求老师制定特定的教学计划,并根据学生在教学计划中的表现,对其进行有效而又真诚地评价。这种务实的操作,突出了学生本位,使"读"成为真正的"行动"。在阅读过程中,可以给予更加具体、直接的引导,解决阅读瓶颈,助推精神成长。"教学的艺术不在于教授技巧,而在于激发、唤醒和激励。"与其不断地督促学生读书,不如给他们营造一个读书的场域,带动阅读的内驱力和紧迫感。

再次,提升能力,完善过程性评价。教师对学生的阅读过程的监控要重视,细致做好适时地引导,杜绝"唯分数论""标签式"评价,努力引导学生对自己的学习进行思考和总结,从而更好地保证了阅读的质量和效果。

4.系统化学习任务群,让学生在实践中成为创意的表达者。

新课标在初中生阅读方面重视课外的拓展阅读,注重课外阅读量的积累,同时兼顾阅读面的广泛性,倡导多媒介阅读,这都建立在课内名著整本书阅读的基础上,是对课内名著整本书阅读的延伸和深化。"名著导读"虽然自成板块,但也不完全孤立于教材之中。如七年级下册第三单元的课文都是关于"小人物"(旧式女人长妈妈、不幸的老王、建造台阶的父亲、观射艺的卖油翁)的故事,在学习该单元的单篇选文时,都与阅读《骆驼祥子》形成互补互助之势,都与自读《创业史》《红岩》形成强化运用之局。这些"小人物"为什么拼尽全力去抗争去奋斗? 怎么抗争的? 最后的结局如何? 为什么有的只能被时代和社会所吞噬,有的却能取得最后的成功?类似的这样的任务群可以有效激发阅读兴趣,让学生不自觉地尝试实践阅读策略,拓宽了学生的阅读视野,深化了专题研究,让学生在实践中成为创意的表达者。

四、重视教师在"整本书阅读"中的引导作用

在很多情况下,因为没有老师的引导,很多人的课外读书都是"自由阅读",导致阅读的品质下降。阅读效果要提高,教师就要在"造境"上下功夫。我们一般可以通过如下方式来实现:

第一,设计统一的教学活动。教师要筛选合适的必读名作版本,让阅读材料一致,阅读指令一致。要求他们能够快速在同一时间、同一页数的阅读中,快速地找到自己所读的东西,从而更好地确保了教师与学生之间的课堂能够同步阅读,在课外阅读摘记本上完成备忘笔记。在这种条件下的适时交流更容易实现情感的共鸣和知识的沉淀。

第二,指导具体的阅读方法。在课堂之外,学生进行自主阅读,他们一定要掌握的是浏览法、泛读法、略读法、精读法及慢读与速读等方法,还要掌握一定的阅读内化方法,如摘抄、剪裁、编写读书卡、编写阅读提纲等。我们在教学中要努力做到讲练一致,到任务夯实,再到及时评价的系列参与。例如,阅读笔记的指导就要体现思维的培养。先概括重点,完整简洁地归纳大意,再发表评论,对文章中印象深刻的片段展开阅读品析与评价。最后就是书写感受,联系自己的生活实际,写出真情实感。最后给出恰当的范文。这样的活动支架能够辅助学生规范地写作和有观点地表达。

第三,制作匹配的课型学案。从名著考查点来看,相关信息是需要梳理并识记积累的。所以我们必须根据不同课型,有整合、有取舍、有针对地制作学案,精细化每一个教学环节,清晰化每一个阅读阶段的必备知识,让学生在具体的阅读实践中提醒学生有意注意,从容面对相关考试。

"可不可以陪我读书,而不是教我读书?"每一个语文老师都要努力成为名著阅读的践行者、陪伴者和引导者,坚守整本书阅读的底线,让有效阅读真实发生,让阅读任务多次开展,让阅读鉴赏助力中考。

(乌鲁木齐市第五十中学　李蓉)

参考文献:

[1] 中华人民共和国教育部.义务教育语文课程标准(2022年版)[S].北京:北京师范大学出版社,2022.

[2] 刘筱,郑宇.基于大概念的初中语文整合性教学初探——以现代游记散文教学为例[J].语文教学与研究,2021(11):85–89.

[3] 于保东,刘志刚."单篇"与"整本"的辩证处理[J].中学语文教学参考,2019(08):38–40.

[4] 汤飞平.借助读写任务设计探寻祥子堕落之因——《骆驼祥子》思辨阅读教学设计[J].中学语文教学参考,2021(14):39–41.

[5] 朱欣圆.以动态评价为导向的项目式名著阅读教学探析——以《骆驼祥子》阅读教学为例[J].教育观察,2021,10(39):90–92.

[6] 裴丽明.用圈点批注法研读《骆驼祥子》[J].文学教育(上),2021(09):124–125.

后　记

　　本书由十个中学语文教学案例汇编而成，落实了新课标提出的"以学习任务群组织与呈现课程内容"的教学要求，依托现行统编语文教材经典篇目，精选阅读、活动探究、口语交际、整本书阅读四大板块内容，参照语文学习任务群教学的不同形态，设计好真实情境中的学习任务。每个专题的教学案例整合了学习内容、情境、方法和资源等要素，阐释了紧扣教材单元主题情境，以任务驱动为载体的语文经典单篇教学和专题教学实施的路径，强调了教学实施流程的可操作性。

　　本书对指导一线教师的教学，对师范生具体、真实和有效地认识语文教材、教学规律提供了较为真实可感的教学借鉴；为师范生做好上岗前的教学技能训练提供了实操性的帮助；为引导语文教师开展具有教学意义和学术研究的教学探究活动提供了示范指导。本书可以作为汉语言文学专业师范类本科生《中学语文教学设计》《中学语文课程标准与教材研究》及学科教学（语文）专业教育硕士《语文教学案例研习》《中学语文教学与教材研究》等相关课程的教材，也可以当作中学语文教师继续教育研修用书。

　　本书是由来自高校、教师发展中心、中学的老师们合作完成的，主要分工如下：

　　赵新华（新疆师范大学）：全书框架的设计

　　康金娥（乌鲁木齐市水磨沟区教育研究室）：经典篇目的选择与指导

　　崔婷婷（乌鲁木齐市第六十中学）：第一章 新闻教学案例与研习

袁红梅(乌鲁木齐市第五十中学):第二章 说明类文本教学案例与研习

赵凤芳(克拉玛依市第一中学):第三章 小说教学案例与研习

安亚敏(乌鲁木齐市第八十六中学):第四章 现代诗歌教学案例与研习

王琼(乌鲁木齐市第五十三中学):第五章 中国古代诗词教学案例与研习

赵艳英(乌鲁木齐市第五十中学):第六章 古代写景散文教学案例与研习

李蓉(乌鲁木齐市第五十中学):第七章 古代议论文教学案例与研习

王文韬(乌鲁木齐市第三十二中学):第八章 现代议论文教学案例与研习

郝蕾(乌鲁木齐市第七十四中学):第九章 口语交际教学案例与研习

李蓉(乌鲁木齐市第五十中学):第十章 整本书阅读教学案例与研习

本书的出版特别感谢新疆师范大学中国语言文学学院的资助。

编者

2024.5